JN440460

긍정의
미학

황 · 계 · 정 · 교 · 수 · 의 · 수 · 필 · 집

글 · 황계정

도서출판 동인

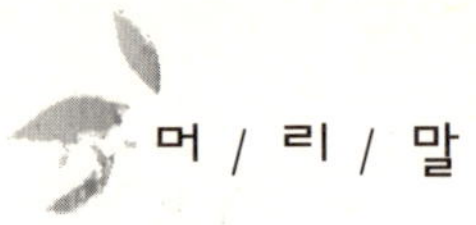

머 / 리 / 말

문학은 체험의 기록이다. 체험에는 사실적 체험과 상상적 체험이 있다. 문학은 대체로 후자를 지향한다. 상상적 체험은 보다 광대한 가치체계를 구현할 수 있기 때문이다.

문학은 인간 행위의 모방이다. 모방에는 개연성의 문제가 제기된다. 개연성에 있어, 상상적 체험은 사실적 체험에 필적할 수 없다. 콜리지는 효율적인 문학 감상을 위하여 독자에게 "불신의 정지suspension of disbelieving"를 호소하였고, 톨스토이는 문학의 개연성을 담보하기 위하여 창작에 사실적 체험을 상상적 체험 못지않게 중시하였다.

수필 문학은 사실적 체험과 상상적 체험을 아우르는 포괄적인 장르라 할 수 있다. 개연성과 가치체계를 제고하여 보다 진솔한 체험의 기록을 엮을 수 있는 것이다.

수필의 멋은 해학에 있다. 상상적 체험에서 솟아나는 해학은 독자에게 청신한 쾌감을 제공하고, 사실적 체험에서 묻어나는 지적

정보는 독자에게 잔잔한 감동을 준다. 지적정보의 관건은 해석상의 묘미와 의미상의 윤색이다. 수필은 상상적 체험과 사실적 체험을 매끄럽게 융합한 언어의 미학인 것이다.

긍정은 쾌락주의나 낙천주의의 소산이 아니다. 긍정은 끝없는 시련을 분쇄하고 극복하려는 백병白兵 용사의 투철한 의지다. 그것은 수난을 넘어 새로운 생명에 이르는 부활이며 영생인 것이다. 생명은 언제 어디서나 그 자체로 아름답다.

한 챕터가 끝날 적마다, 정독을 하며 격려도 하고 교정도 봐준 아내에게 감사한다. 매 챕터를 거치며 아내의 사랑을 확인할 때 참으로 기쁘고 행복했다.

어려운 여건 속에서도 집필의 취지를 수용하여 이 수필집을 출판해준 도서출판 동인의 이성모사장께 심심한 감사의 말씀을 드린다. 동인의 무궁한 발전을 기원한다.

2009년 2월 28일

차 / 례

뿌리

감동적인 이야기는 언제 다시 들어도 물리지 않는다. 들을 때마다 더욱 감흥이 솟고 더욱 멋질 뿐이다. 춘향의 목숨이 경각에 달려있을 때, 틀림없이 걸인신세로 낙향한 줄로만 알았던 이李 도령이 돌연히 암행어사로 군림하는 장면을 머릿속에 재현해보라.

천만 뜻밖에 천지가 개벽되어 하늘이 무너지고 땅이 꺼지며 산천초목이 부들부들 떤다. 눈 깜박할 사이에 일어난 사건이다. 흥청대던 주연은 아수라장으로 변하고, 기세가 등등했던 변학도 무리들은 기절초풍하여 풍비박산한다. 청천벽력에 놀란 춘향이는 뜨거운 눈물을 쏟으며 수줍은 듯 이李 도령의 가슴에 머리를 묻는다. 기품 당당한 이 도령은 생명을 걸고 끝까지 정절을 지켜낸 춘향이가 고맙고 자랑스럽다는 듯이 그녀의 흐느끼는 두 어깨를 어루만진다. 이 얼마나 멋진 반전反轉인가? 선악의 투쟁에서 시적 정의poetic justice가 실현되면 우리의 정의감은 통쾌하기 그지없다. 반전은 기원의 응답이며 소망의 구현이다.

조형 예술의 경우에도 감동은 마찬가지다. 프랑스의 화가 밀레1814-75의 만종을 되새겨보라. 낙조가 아스라이 깔린 너른 벌판에서 소박한 농촌 부부가 여념餘念 없이 들일을 계속한다. 때마침 들려오는 은은한 저녁 종소리Angelus에 그들은 잠시 일손을 놓고 창조주께 감사하며 기도한다. 그 경건하고 평화로운 정경. 이 또한 일종의 반전이다. 영성이 넘치는 숭엄미崇嚴美가 불현듯 우리의 정서를 고조시킨다. 정서란 사물에 대한 감성과 이성의 유기적인organic 반응을 말한다.

2007년 2월 6일. 미국의 CBS는 당사가 단독으로 방영한 슈퍼볼 프리게임 쇼에서 전년도의 슈퍼볼 최우수 선수인 하인즈 워드Hines Ward의 이야기를 재구성하였다. 인기 절정에 있는 여성 앵커 케이트 케리가 직접 방송을 맡았기 때문에 축제의 분위기는 더욱 고조되었다. 전 세계적으로 수천만 명에 달할 것으로 추정되는 시청자들이 눈시울을 뜨겁게 적시는 격정의 시간이었다. 황홀한 인생 드라마였다.

CBS가 프리게임 쇼에서 방영한 하인즈의 이야기는 이미 전년도에 모든 매스컴들을 화려하게 장식했던 내용을 다소 윤색한 것이다. 단순히 시사성만으로 볼 때에는 구문舊聞에 속한 이야기이다. 그럼에도 불구하고 광고료가 30초를 기준으로 260만 달러, 그러니까 우리나라 돈으로 약 25억 6000만 원이었다고 한다. 방송사와 광고주들이 하인즈의 정보가치를 최고가로 평가하고 있는 것이다. 아마도 이 방송의 주제가 "작은 거인" 김영희씨의 끈질긴 모정이 일구어낸 인간승리였기 때문일 것이다.

그 동안의 내외신 보도에 따르면, 하인즈 워드는 미국인 흑인 아버지와 한국인 어머니 사이에서 태어났다. 그는 혼혈아로 태어난 자신의 처지에 불만을 느끼다 못해 부모를 혐오하고 경멸하였다. 가정생활은 물론 학교생활에서도 탈선적이고 난폭하기 시작하였다. 그는 자기를 만나려고 학교를 찾아 간 어머니를 따돌리고 기피하는 등 매사에 부정적이고 반항적이었다. 하기야 하인즈의 입장에서 보면 자기 나름대로 까다롭고 예민한 사춘기를 보내기가 무척 창피하고 곤혹스러웠을 것이다.

백인 우월사상이 팽배한 미국 사회에서 흑인으로 태어난 것도 어린 마음에 서러운 일일 터인데, 하인즈의 경우에는 어머니마저 동양의 황색인종이다. 무엇보다도 학교의 친구들이 비아냥거렸을 것이며, 주위로부터도 달갑지 않은 시선을 적지 아니 받았을 것이다. 아버지는 가정에 무책임하여 아예 가족을 등져버렸고, 어머니 혼자서 가정을 꾸려가다 보니 가계의 형편도 말이 아니었을 것이다. 하인즈의 눈에는 어머니가 초췌하게만 보였고 언어 소통마저 쉽지 않았으니, 그의 혼란한 가슴을 위로하고 감싸줄 가족이 아무도 없었다. 하인즈는 갈수록 한멸에 빠져들었고 그럴수록 그의 행동이 거칠어질 수밖에 없었다.

어머니 김영희씨는 눈물로 나날을 보냈다. 그녀는 막노동으로 가계를 지탱하며 무엇보다 먼저 아들 하인즈의 삐뚤어진 마음을 바로 잡아야 했다. 그녀에게는 남편으로부터 버림받은 상실감을 아들로부터 보충하려는 보상심리도 작용했다. 가족의 관념에서 보면 김영희씨에게 아들 하인즈는 아들 이상의 존재이었음에 틀림없다. 어머니의 마음은 그래서 더욱 절박했다. 그런데도 하인즈의 마음은 좀처럼 돌아오지 않았다. 가정이 완전히 와해된 것만 같았다. 수억 만 리 이국땅에 와서 외톨이가 된 그녀는 완전히 위기의식에 사로잡혀 있었다.

김영희씨는 어떻게든 아들의 마음을 돌려놓으려고 아들에게 말을 걸어보지만, 하인즈는 어머니의 입에서 말만 떨어지면 얼굴을 붉히고 반항했다. “나, 엄마 싫어. 엄마를 혐오한다고! 창피해!! 더 이상 괴롭히면 엄마를 저주할거야!!!” 하인즈는 독설을 퍼붓고 그 길로 학교로 내달리곤 하였다. 김영희씨는 학교로 찾아갔다. 하인즈는 학생들 앞에서 더욱 강폭하게 반발했다. “나, 엄마를 저주해! 저주한단 말이야!!!” 김영희씨는 어디론가 숨어버리는 아들의 뒷모습을 바라보며 울컥울컥 쏟아지려는 눈물을 간신히 참아냈다.

하늘이 노랗고 눈앞이 캄캄했다. “이 못난 어미 때문에 내 아들이 왕따를 당하면 어떻게 해?” 어머니는 발을 동동 굴렀다. “차라리 내가 죽어 없어지는 것이 우리 하인즈에게 도움이 될지도 몰라! 사실이 그렇다면 내가 열 번이라도, 아니 백번이라도 죽어야지. 아니야, 그 것은 정말 아니야! 이 시점에서 나마저 죽어버리면 우리 하인즈는 고아가 되고 말아. 그럴 수는 없어. 어미 된 도리로 근원根源의 역할만은 다 해야 돼. 몸이 가루가 되는 한이 있더라도 나로서는 최선을 다 해야 해!! 과연 이 일을 어찌하면 좋단 말인가?”

이런 생각 저런 생각, 별의별 생각이 다 그녀의 뇌리를 스쳐 지나갔다. 그 번민과 괴로움을 어찌 다 형언할 수 있으랴? 그녀는 먼저 상실감에서 벗어나야만 했다. 상실감을 극복하지 못하면 좌절에 빠질 수밖에 없기 때문이다. 그러나 여성은 상대적으로 감성에 예민한 존재다. 한번 상실감에 빠져들면 벗어나기가 여간 어려운 것이 아니다. 나는 경험을 통하여 잘 알고 있다. 안타까운 체험이었다.

우리 아버님이 세상을 뜨신지 얼마 안 되었을 때였다. 매제妹弟의 신상 문제로 가족들 간에 다소 예민한 이견이 생겨서, 내가 어머님께 한 말씀 드린 것이 화근이었다. 어머니는 와락 화를 내시며 말씀하셨다. "너 지금 아버지가 안 계신다고 나를 얕보는 거냐? 나쁜 아범 같으니. 너 지금 내가 혼자라고 날 무시하는 거지?" 어머님은 큰 성화를 내시고 울음까지 터트리셨다. "어머님이 오해하신 것"이라고, "제가 잘못 했다."고 아무리 빌고 빌어도 소용이 없었다. "전에는 내가 무슨 일을 해도 말 한마디 않던 아범이었어. 그런데 아버지 세상 뜬지가 얼마나 되었다고 벌써부터 이러는 거야? 아범, 정말 이래도 되는 거야?"

어머니는 화가 풀리기는커녕 눈가에 노기가 더욱 등등하셨다. 우리 어머님은 본래 잔정이 많으신 분이시다. 내가 방학 때 집에 가면 언제나 나를 붙들고 우시고 서울로 다시 돌아가면 언제나 눈물로 배웅하시는 분이시다. 그런데 그날만은 다르셨다. 나는 빌고 또 빌며 참으로 진땀을 흘린 끝에 가까스로 어머니의 마음을 나소나마 진정시킬 수 있었다. 그때 내 나이 불혹이 훨씬 넘었는데도 철이 덜 든 탓이었다. 어머니의 상실감과 그 보상심리를 미처 헤아리지 못했던 것이다. 두고두고 잊지 못할 통렬한 후회였다.

김영희씨의 경우에는 어찌 보상심리뿐이었겠는가? 그녀는 어떻게든 이 난국을 극복하여 무너진 가정을 다시 구축해야만 했다.

그녀는 눈물로 호소하며 아들을 설득하기 시작하였다. 김영희씨는 눈물이 마르고 혀가 닳도록 아들에게 타일렀다. "사람은 자신의 근원을 잊어서는 안 된다." 기나긴 고뇌의 기간이 흘렀다. 천년처럼 느껴졌다. 어머니는 마침내 아들의 얼음처럼 굳어버린 냉혹한 마음을 녹여냈다. 하인즈는 어머니의 눈물을 이해하기 시작한 것이다. 사랑의 힘이었다.

어느 날 비 내리는 밤이었다. 무엇인가 하인즈의 가슴을 짓누르고 있었다. 아버지에 대한 생각이었다. "우리 아버지는 왜 집을 떠났을까? 그런데 왜 어머니는 나를 떠나지 못하고 자나깨나 울며불며 나만을 걱정하고 있는 것일까? 다 같은 부모인데 왜 아버지와 어머니는 그렇게도 다를까?" 생각이 생각의 꼬리를 물고 집요하게 하인스의 뇌리를 압박했다. "어머니가 나를 진정으로 사랑하는 거야!!!" 생각이 거기에 미치자 어머니가 그렇게 불쌍하고 고마울 수가 없었다. 그 동안의 자기 행실이 너무 철부지였다. 죄송했다. 그는 소리 내어 울면서 주먹을 불끈 쥐었다. "무슨 일이 있어도 어머니의 말씀을 따르리라. 어머니의 사랑에 보답하리라!!"

하인즈는 어머니의 끈질긴 노력 끝에, 인간은 이질적인 요소를 조화시킬 줄 알아야 한다는 삶의 철학까지도 터득하게 되었다. 인간이 변한 것이다. 어머니의 모성애도 위대하였지만 천륜과 위계질서에 순종하는 아들의 용기도 못지않게 훌륭했다.

하인즈는 연습이 힘에 겨울 때마다 어머니의 뜨거운 사랑을 떠올리며 난관을 극복하였다. 그는 드디어 2006년도 슈퍼볼 최우수 선수의 영예를 안게 되었다. 극에서 극으로 굴절하는 반전이었다. 그의 영광은 경기의 승리에 앞서 인간적 고뇌를 극복한 위대한 승리이었기에 더욱 찬란하다. 하인즈는 어머니의 나라 한국을 찾았다. 금의환향한 것이다. 한국인들은 그를 열광적으로 환영하였다. 어머니와 아들은 명예 서울시민증을 수여받고 뜨거운 눈물을 흘렸다. 영욕이 교차하는 가슴 벅찬 오열이었다. 그들은 한국의 혼혈 아동들을 돕기 위한 후원회도 결성하였다. 불우한 아동들을 도우려는 그들의 보람찬 눈길은 천사들의 가슴처럼 포근해 보였다.

신약성경의 마태복음 기자는 1장 25절을 모두 할애하여 예수 그리스도의 근원을 밝히고 있다. 뿌리는 인간의 정체성 확립에 중대한 인자가 되기 때문이다. 인간은 자신의 정체성을 혼돈하거나 상실하면, 자긍심뿐만 아니라 인간 고유의 존엄성마저 박탈당하는 법이다. 물론 가문의 뿌리에는 품격의 차이가 있기 마련이다. 화려하고 세도 있는 가문이 있는가 하면, 당장 보기에는 초라하고 미천한 가문도 있을 것이다. 그러나 누구도 부정할 수 없는 것은, 뿌리가 없이는 어느 개체도 존재할 수 없다는 사실이다.

자신의 뿌리에 불만을 품고 근원을 부정하려들기 이전에, 내가 나의 뿌리를 명예롭게 상승시키겠다는 비장한 각오를 가지고 분발해야 한다. 척박한 땅에서 생산되는 포도가 좋은 포도주를 만든다. 척박한 땅에서 자라야 뿌리를 깊게 내리고, 뿌리가 깊은 나무라야 자양분이 풍성한 포도를 결실하게 되는 것이다. 영국의 속담대로 "나무는 열매에 의하여 알려진다." 열매가 좋으면 나무는 물론 뿌리까지 저절로 유명해지는 법이다.

내가 대학에 다녔던 1950년대에 나돌던 충격적인 이야기가 생각난다. 이 시대는 대학을 희화하여 "우골탑"이라 부르기도 하였다. 많은 사람들이 초근목피로 연명을 하던 어려운 시기이었지만,

어떻게 해서라도 자녀만은 가르쳐야 한다는 일념으로 농촌 사람들이 가장 소중히 여기는 농우를 팔아 대학 등록금을 마련한 데서 나온 풍자적인 말이다. 하늘 높은 줄 모르고 일기 시작한 우리나라의 교육열과도 관계가 있는 풍자다.

편모슬하에서 어렵게 자란 한 시골학교 여학생이 서울 소재의 한 명문여대에 합격하였다고 한다. 딸 하나를 유일한 희망으로 알고 살아온 어머니에게 딸의 명문대 합격은 더없이 큰 축복이었고, 또한 그 고을의 경사이기도 했다. 홀로 사는 여인으로서 딸을 서울에 유학시키기는 참으로 힘에 버거운 일이었다. 그렇다고 입학을 포기할 수도 없는 일이다. 어머니는 있는 것 없는 것 다 정리하고 빚까지 얻어 등록금을 납부하고 자신은 행상에 나섰다. 어머니는 가가호호를 전전하며 전국을 밟고 누볐다. 끼니때가 되면 한 술씩 얻어먹고, 잘 때가 되면 집주인의 양해를 얻어 되는 대로 한 쪽 구석에 끼어서 새우잠을 잤다. 그 시대의 행상이라는 것이 다 그러했었다. 굴욕을 느낄 때가 어찌 한두 번이었겠는가?

그러나 대학에 다니는 딸을 생각하면 모든 굴욕감이 봄눈 녹듯 순식간에 사라졌다. 그렇게 2년을 보내고 3년째가 되었다. 어머니는 딸의 얼굴도 보고 싶었고 딸이 다닌다는 학교도 구경하고 싶었다. 그녀는 행상의 발길을 서울로 잡았다. 서울에 도착한 어머니는 물어물어 딸의 대학을 찾아가 정문 수위실 앞에서 꿈에도 보고 싶었던 딸을 만나게 되었다. 난생 처음으로 서울에 올라온 시골뜨기 어머니의 감회가 어떠하였을까?

어머니는 딸의 모습을 본 순간, 큰소리로 딸의 이름을 부르며 딸에게 달려갔다. 바로 그 찰나였다. 딸은 난데없이 고함을 쳤다.

"아니, 식모인 주제에 어머니라고 속여 나를 불러내다니? 집에서 도망 나와 갈 곳이 없으니까 이제 어머니라고 속여 나를 찾았구먼! 어서 내려가지 못해?" 딸은 몸을 휙 돌려버렸다. 그리고는 옆에 모여든 학생들에게 말했다. "여러분, 이 일을 남의 일로만 생각하지 말아요. 여러분들도 조심해야 해요."

그 모습을 본 어머니는 억장이 무너지고 금방이라도 숨이 끊어질 것만 같았다. 어머니는 입도 열지 못하고 부들부들 떨다가 그 자리에 쓰러져서 울기만 했다. 마음 같아서는 다시 딸년을 찾아가 머리끄덩이를 낚아채며 난리를 치고도 싶었으나 도대체 자식이 무엇인지 딸의 얼굴에 먹칠을 할까봐 누구에게 말도 못하고 그냥 물러서기로 마음을 고쳐먹었다. 입이 쓰고 침이 마르며 땅이 빙빙 돌고 요동을 쳤다.

어머니는 미친 사람처럼 중얼거렸다. "이 몰골로 찾아온 내가 죽일 년이지, 내가 죽일 년이어. 이곳이 어디라고 이 상판대기를 쳐들고 찾아와?" 어머니는 시골로 내려와서 시름시름 앓다가 그만 세상을 뜨게 되었다는 것이다. 참으로 믿고 싶지 않는 이야기다. 이래도 천륜이 살아 있다는 말인가? 필자가 다소 차분한 말로 정리를 해보았지만, 당시로서는 몹시 충격적인 소문이었다. 그놈의 신분상승 욕구 때문에 눈이 멀고 환장이 되어서 자신의 뿌리를 조개처럼 팽개쳤다. 하늘이 격노할 패륜이다.

미국의 극작가 밀러Arthur Miller. 1915-2005의 ≪세일즈맨의 죽음≫에도 비슷한 장면이 나온다. 아버지 윌리 로만은 60이 훌렁 넘은 나이에도 두 아들 비프와 해피가 사회에 정착하지 못하여 고심한다. 그 날도 세 부자가 새로운 가업의 창출을 논의하기 위하여 식

당에서 회동하였다. 그러나 일이 잘 풀리지 않자, 부자간에 정체성 문제로 언쟁이 벌어졌다. 큰아들 비프는 가장으로서 아버지의 정체성을 인정하지 않으려 한다. 아버지로부터 뺨을 얻어맞은 비프는 화장실을 간다며 먼저 자리를 떴고, 해피도 형의 뒤를 따랐다. 그들은 환락가의 여성들과 만나기로 이미 약속이 되어 있었던 것이다.

종업원 스탠리가 "연세 든 아버지를 혼자 두고 나가면 어떻게 하느냐"고 묻자, 아들들은 거리낌 없이 대답한다. "그 사람, 우리 아버지 아니야. 조금 전에 만난 사람일 뿐이야." 그들은 인정사정 없이 자신들의 뿌리를 걷어차 버린 것이다. 딱하게 여긴 종업원은 윌리를 동정하며 자기가 밥값을 대납하려 하지만, 윌리는 기어코 자신이 음식값을 지불하고 종업원의 손에 팁까지 후하게 쥐어준다. 더러는 타인만도 못한 자식들을 보게 된다. 천륜의 재앙이다.

윌리는 조급한 마음으로 집으로 돌아온다. 무엇인가 머리에 떠오른 것이 있었다. 그는 야릇한 미소를 머금고 급조된 구상을 결행한다. 그는 자신의 승용차에 오르며 중얼거린다. "비프, 그놈이 우송된 보험금 지불증서를 받아들면 버나드를 크게 앞지를 거야. 맞아, 그 놈이 보험금 2만 불을 손에 쥐는 날에는 이 애비를 달리 보게 될 거야! 암, 틀림없어. 그러고 말고." 윌리의 눈가에는 미묘한 미소가 번졌다.

승용차에 오른 윌리는 가속 페달을 힘껏 밟아댔다. 안타까운 일이다. 예나 지금이나 사고사와 자살을 구별 못할 정도로 허술한 보험회사는 하늘 아래 어느 곳에서도 찾아볼 수 없다. 맹목의 모정이 허술하고, 맹목의 부정이 허술할 뿐이다. 자녀로부터 걷어차이고도 아프다는 소리 한 번 못하고 머리가 완전히 돌아버리는 그 "뿌리"보다 더 허술하고 서글픈 존재가 세상에 어디 있단 말인가? 빛도 없이 어둠을 삼키며 생체에 영양을 공급하는 고독한 뿌리여!!

어찌된 일인지 요즘에는 대한민국의 뿌리마저 걷어차려는 자들이 자주 눈에 띈다. 전에 같으면 간첩들이나 소곤소곤 나눌 수 있었을 비밀같은 이야기들을 이제는 서슴없이 외쳐댄다. 마치 대한민국은 "태어나지 말았어야 할 나라인 것"처럼 말하는가 하면, 6.25 동란을 가리켜 "민족통일 전쟁"이라느니 참으로 말 같지 않은 말들이 거침없이 쏟아져 나온다.

심지어 어느 부처의 장관은 6.25 전쟁이 북침인지 남침인지 확신이 서지 않는다는 말까지 늘어놓았다고 한다. 나 같은 문외한의 생각으로는, 상황이 이쯤 되었으면 실정법을 들이댈 만도 한데 사정기관은 아무런 움직임이 없다. 전에는 "법 위에 사람 없고 법 아래 사람 없다."는 법언도 나돌아, 우리나라가 법치국가임을 긍지로 여겼는데 지금은 법 위에 어느 그림자라도 나타났다는 것인지 문외한의 마음은 그저 궁금하고 답답할 뿐이다.

누가 무어라 해도 우리 대한민국은 상해 임시정부에 뿌리를 둔 자유민주주의 국가다. 건국 초기에는 한때 미숙한 점이 비일비재하였고 국력이 열악하다보니 필요악도 없지 않았지만, 시간이 경과되면서 자정 능력을 발휘하여 "쓰레기통에서 장미꽃"도 피웠고 "한강의 기적"도 일구어 냈다. 경제규모가 세계 10위로 급부상했다. 결코 과소평가 할 일이 아니다. 그만하면 국민으로서 자긍심을 갖기에 충분하다. 누가 감히 대한민국을 탓할 수 있단 말인가?

대한민국에 살면서 또 대한민국 국민으로서 그 혜택을 톡톡히 받으면서, 자신의 뿌리를 폄하하면 그것은 자기기만과 자가당착이며 또한 자멸 행위이다. 우리가 지금 두 눈으로 똑똑히 보고 있지 않는가? 소속 정당이 천신만고 끝에 대권을 창출하여 자당의 후보자에게 권력을 위임하더니, 수임자는 "백년정당"을 외치며 권력의 뿌리를 즉각 단절해 버렸다. 새로 급조된 정당은 5년도 못 되어 흔들렸다. "백년정당"은 공염불이 된 것이다. 뿌리를 가볍게 여긴 탓이다.

링컨Abraham Lincoln. 1809-1865은 누가 봐도 초라한 뿌리에서 태어났다. 아버지는 구멍가게 같은 작은 구두 수선방에서 생활비를 마련하였고, 온 식구가 통나무집 단칸방에서 지냈다. 학력은 초등학교를 겨우 9개월 동안 다녔을 뿐이다. 그는 주경야독하며 오랜 도전 끝에 변호사 시험에 합격하였고 정계에 입문하여 대통령에 당선되었다. 그는 길고도 먼 고난의 대 역정 속에서 수없이 많은 실패를 거듭하였다. 그러나 그는 자신의 뿌리를 단 한 번도 원망한 일이 없었다 한다. "못되면 조상 탓이요, 잘 되면 제 덕"이라는 우리의 속담과는 전혀 달랐다.

링컨이라고 어찌 주위의 경멸과 질시가 없었겠는가? 그의 정적들은 심지어 대통령 취임식 당일에도, "구둣방집 아들이 미국 같은 대국을 통치 할 수 있겠느냐?"고 면전에서 비아냥거렸다. 그는 조용히 대꾸하였다. "오늘처럼 뜻 깊은 날에 우리 아버지를 상기시켜주어서 고맙네. 나는 아버지 덕분에 대통령이 된 것을 감사하며 잊지 않고 있네." 2007년도 여론 조사에서도 링컨은 미국의 역대 대통령 중에서 가장 훌륭한 대통령으로 선정되었다. 뿌리를 중히 여기는 사람은 가지와 열매도 귀히 여길 줄 아는 것이다.

대전에 가면 뿌리공원이 조성되어 있다. 만성산 낮은 자락에(침산동 산34번지), 136개 성씨의 종중에서 각기 가문의 유래를 밝혀놓고 성씨를 상징하는 조형물을 설치해 놓았다. 유등천의 맑고 깊은 물살이 뿌리공원을 감싸 안으며 풍요롭게 흐른다. 공원의 "조성 유래" 문文에는 이렇게 적혀 있다. "뿌리공원은 모든 사람들에게 자신의 뿌리를 알게 하여 경로효친사상을 함양시키고 한겨레의 자손임을 일깨우기 위하여 세계 최초로 성씨 조형물을 세운 충효의 산 교육장이다." 가문의 역사는 유등천의 강물처럼 유유히 흐르는 것이다.

정과 집착

흔히 동물들은 본능에만 의존하여 산다고 말한다. 인간에게는 이성이 있고 교육이 있지만, 동물에게는 이성도 없고 교육도 없다는 것이다. 모두 미신이다. 중국인들은 까마귀를 경조조敬祖鳥로 예찬한다. 까마귀는 어미가 늙고 병이 들면 죽을 때까지 새끼가 어미를 봉양한다고 한다. 효도할 줄 아는 동물을 가리키어, 어찌 이성이 없다 할 것인가?

기러기는 부부 금실이 좋아서 평소에 정절을 지키기로 유명한 조류다. 불행히도 짝을 잃는 경우가 되어도 암수 모두가 수절하며 살아갈 뿐 절대로 다시 짝을 짓지 않는다고 한다. 가히 정조조貞操鳥라 할 것이다. 법망法網도 없고 사정기관도 없이 스스로 부부의 도를 잘 지켜가는 동물을 두고 어찌 이성이 없다 할 것인가? 플라톤Platon의 ≪공화국≫*The Republic*을 읽을 수 있어야만 이성이 있다는 말인가? 정도의 차이는 있을 지라도, 동물들에게도 이성이 있고 감성이 있으며 교육이 있다는 증거가 속속 밝혀지고 있다.

텔레비전에 방영된 "동물의 왕국"을 보면, 코끼리들은 동료의 주검을 발견하면 슬픈 표정으로 몸소 주검 앞에 나아가 냄새를 맡음으로써 조의를 표한다. 일종의 장례의식인 것이다. 고래들의 장례식은 더욱 체계적이며 사회적이다. 연만한 고래가 임종에 다다르면, 수십 마리의 고래가 떼를 지어 그 죽어가는 고래를 중심으로 빙빙 돌며 애도한다. 마침내 그 고래가 사망하면 개별적으로 시체에 접근하여 조의를 표하고 침통하게 사라진다. 분위기가 엄숙하고 진지하다. 드물지 않게 발견되는 장면이라 했다. 최근에 해명된 사실이란다.

동물에게 교육이 없다는 말도 사실과 다르다. "동물의 왕국"에 나타난 동물들의 교육 현장은 너무너무 열성적이다. 수달은 자기의 복부에 조개를 올려놓고, 돌로 쳐서 조갯살을 꺼내 먹는다. 새끼에게 반복해서 시범을 보이고 실습을 시키는 교육 과정이 매우 체계적이다. 어떤 원숭이는 야자나 견과를 따서 바위에 올려놓고 돌로 쳐서 까먹는다. 비버는 나뭇가지를 잘라다가 개울을 막고 거처를 마련한다. 동물들은 바위와 돌 등을 연장으로 사용할 뿐만 아니라 지형지물도 이용할 줄 아는 것이다. 동물은 연장을 사용할 줄 모른다는 과거의 주장도 빈 말이 되었다. 동물들에게는 생활 현장이 곧 교육의 실습장이다. 동물은 학행일치의 산교육을 시키고 있는 것이다.

동물들의 생활 교육은 윤리 수업으로 수료된다. 하이에나는 잔학한 먹이사냥과 처절한 "내 몫 챙기기" 교육이 끝나면 새끼들과 헤어지는 학습을 시작한다. 어미와 새끼사이에 정을 떼고 천륜의 집착을 버리는 잔인한 윤리 공부다. 어미는 새끼를 한 마리씩 개별적으로 외진 곳으로 데리고 가서 비정한 작별을 고한다. 어미는 새끼를 매정하게 내몰지만 새끼는 어미에 대한 정을 떼지 못하여, 아니면 어쩐지 겁이 나고 불안해서 어미 곁을 떠나지 못하고 되돌아온다. 어미는 원수처럼 달려들어 당장에 물어뜯기라도 할 듯이 으르렁대며 더욱 표독스럽고 다부지게 몰아붙인다. 새끼는 몇 번이고 반복하며 어미에게 돌아가려 하지만, 이미 원수로 변해버린 어미의 곁을 떠날 수밖에 없다. 야속하고 정처 없는 발길이다. 어미는 새끼가 보이지 않을 때까지 자리를 뜨지 않는다. 어미의 속이 얼마나 아프고 허전할까?

참으로 고뇌어린 장면이었다. 나는 눈물이 핑 돌았다. 그러나 어찌하랴? 강해야 사는 것이 그들의 숙명인 것을. 험악한 정글에서 생존하려면 정도 뗄 줄 알고 집착도 버릴 줄 알아야 한다. 새끼에게 독하고 강한 의지를 심어주어야 한다. 살기등등한 허허벌판으로 새끼를 내모는 어미의 마음이 얼마나 쓰리고 애절할까? 가슴을 저미는 아픔이 따를 것이다. 그러나 집착을 버리지 못하면 새끼의 장래를 망치고 종이 공멸한다. 달리 도리가 없다. 한계상황에서는, 어미의 집착이 더 이상 사랑이 아니다. 원색적인 이기주의에 불과하다. 하이에나처럼 흉측한 짐승도 "동물적인" 애정을 단절하는 지혜와 용기가 있거늘, 우리 인간은 과연 어떤가? 그 오묘한 생활철학을 터득하고 있는가?

겨우 삼사 세밖에 안 되는 어린 아이를 이곳저곳으로 끌고 다니며 사교육의 열기에 불을 붙이는 부모들이 있다. 자식이 목전에서 공중도덕을 파괴하며 난폭한 행위를 행하는데도 자식의 "기"를 살려주겠다고 오히려 등을 밀어주는 부모가 있다. 자식을 훈육한 교사를 찾아가 감사의 인사를 표하지 못할망정, 도리어 교사에게 폭행을 가하는 부모가 있다. 이들은 자녀의 사랑을 앞세워 자신의 욕망을 만족시키려는 자애의 이기주의자들이다.

진정으로 자녀의 "기"를 살려주고 싶은 부모가 있는가? 강인한 의지를 심어주시라. 진정으로 자녀의 성공을 바라는 부모가 있는가? 자율성을 길러주시라. 빙판의 김연아를 부모가 대신할 수 있는가? 수영장의 박태환을 그 누가 대신할 수 있는가? 아무리 고독해도 경쟁은 자신이 혼자서 하는 것이다. 착각하지 마시라. 대타代打로는 절대로 안 된다.

정윤철의 말아톤은 헌신과 집착의 문제를 숙고하는 영화다. 주인공 초원은 신체 건장한 20세의 청년이지만, 지능은 다섯 살 난 아이의 수준을 넘지 못한다. 자폐증 환자이기 때문이다. 다행인 것은 초원은 달리기를 좋아하고 그 점에서만은 다른 사람에게 뒤질 바가 없다. 어머니 경숙은 달리기에서 아들의 가능성을 발견하고 마라톤을 시킨다. 그러나 초원은 매번 체력 안배에 실패하여 완주를 못 하고 쓰러진다. 경숙은 그때마다 초원의 눈물을 보면서 자신의 집착 때문에 아들을 고생시키고 있는 것은 아닌가하고 고민한다. 그녀는 결국 마라톤은 자신의 집착이 아니라 초원의 집념인 것을 확인하고 분발하여 완주에 성공한다. 동기 부여가 적절하고 일관되었던 것이다.

초원의 어머니 경숙은 훌륭한 인생교사다. 그녀는 위대한 아들을 두어서 훌륭한 것이 결코 아니다. 자폐증을 앓고 있는 한 장애인의 소박한 어머니에 불과하지만, 그녀는 아들의 가능성과 집념을 찾아내고 최대한의 가능성을 실현시킨 인간 승리의 교사이기에 훌륭한 것이다. 초원은 손기정도 아니고 황영조도 아니다. 그러나 장애인 초원의 풀코스 완주는 올림픽 금메달 수상 못지않게 빛나고, 그 이상의 가치가 있다. 초원은 인생 경주의 승리자이기 때문이다. 경숙은 자신의 집착을 버리고 자신을 소거消去하여 인간 승리에 모든 영광을 바쳤다. 오늘도 자녀 교육에 바쁘신 어머니들이여, 자신의 영광을 위하여 자녀를 혹사하지 마시게나. 그들의 고귀한 가능성을 고사시키지 마시게나. 화분에 물을 너무 많이 주면 뿌리가 썩는다. 진리는 소박한 일상 속에 숨어있는 것이다.

어느 방송이던가? 아침마당 노래 경연에서 감동적인 장면이 방영되었다. 양O호 형제 팀이 우승한 장면이었다. 우승팀답게 노래 솜씨도 출중하였지만 양O호 씨의 신상에 관한 이야기가 감동적이었다. 양씨는 어느 대학의 졸업반 학생인데 신장이 94센티밖에 안 된다. 어릴 때 왜소증을 앓았기 때문이다. 그러나 양씨는 얼굴이 밝다. 어떤 의미에서 그는 행복한 청년이었다. 어머니의 등에 업혀 학교에 다닐 수 있었고, 양씨의 실토대로 "형이 창피를 마다하지 않고" 누구에게나 동생을 소개했다. 양씨의 어머니와 형은 양씨를 위해서라면 속으로 울고 겉으로 웃을 줄 아는 지혜와 용기를 가지고 있었던 것이다. 그렇다. 어머니와 형의 헌신이 있었기에 양O호 씨는 지금까지도 자신감을 잃지 않았고 내일의 소망을 펼칠 수 있었던 것이다. 헌신적 사랑은 죽은 영혼을 살려내는 비방秘方이다.

부모는 누구나 자녀를 위하여 헌신적인 노력을 아끼지 않는다. 아름다운 애정이다. 그러나 중요한 것은 부모의 헌신이 자녀의 자율성을 제고하고 자립정신을 강화하는 것이어야 한다. 그것이 진정한 자녀 교육이다. 자녀의 자율성을 둔화시키고 자립정신을 파괴하는 일체의 행위는 사랑도 아니고 헌신도 아니며 교육도 아니다. 지지리도 못난 자기 집착이며, 타락한 이기주의에 불과하다. 선진국들의 경우에는, 자녀가 성년이 되면 무조건 독립하는 것이 원칙이다. 자녀가 성년이 되었는데도 독립을 못 하고 있다면, 일차적으로 부모의 책임이요 부모의 수치인 것이다. 무모한 애정은 약이 아니라 병이다. 우리는 정의 바이러스를 차단할 줄 알아야 한다.

우리 집 막내는 미국에 유학하는 동안 학비를 집에서 가져가지 않았다. 등록금과 생활비를 대학에서 장학금으로 지급했기 때문이다. 집안의 큰일이 있을 때 두어 차례 귀국하였으나, 그 때마다 왕복 항공권을 끊어가지고 왔다. 승용차를 샀다기에 차 구입비라도 우리가 부담하려 했지만, 막내는 "아들의 마음을 약하게 만들면 안 된다"고 극구 사양했다. 아들이 유학을 떠난 지 4년이 넘어서야 우리 부부는 아들을 찾아갔다. 기숙사의 방안 한 벽면에 누렇게 퇴색된 메모지가 붙어 있었다. 가족들의 생일과 어느 경전에 나오는 시구절이 적혀 있었다.

소리에 놀라지 않는 사자처럼
그물에 걸리지 않는 바람처럼
흙탕물에 더럽히지 않는 연꽃같이,
무소의 뿔처럼 혼자서 가라.

나는 마지막 한 행을 읊조리다 "흑"하고 울먹이고 말았다. 아들의

"혼자서 가라"는 결심에 재를 뿌린 것만 같아서 부끄러웠다. 역시 나는 못난 아버지였다. 아, 그놈의 정 때문인가?

막내아들은 박사 학위를 취득한 뒤 소정의 포스닥 과정을 마치고 귀국하여 모교의 교수가 되었다. 하루는 화사한 넥타이에 정장을 차려입고 우리 부부를 거실로 불러냈다. 절을 받으라는 것이었다. 우리는 난데없이 무슨 절이냐고 의아해 했지만, 아들은 정중하게 큰절을 하고나서 꿇은 자세로 말하였다. "어머님 아버님, 그동안 수고 많으셨어요. 감사합니다. 오늘 첫 봉급을 받았습니다. 조금 넣었어요. 용돈으로 쓰세요." 아들은 두 손으로 봉투를 내밀었다. 집사람은 받기가 쑥스러운지 머뭇거리더니 냉큼 받아서 가슴에 품어보고는 와락 아들을 안으며 울음을 터뜨렸다. 나는 같은 실수를 두 번 다시 범하지 않으려고 미소를 지으며 여유를 보이려했지만, 본시 못난 사람인지라 어찌 젖은 미소를 면할 수 있었으랴?

큰 일이든 작은 일이든 뜻을 이루는 것은 일대 성공이며 위대한 행복이다. 그 과정이 어렵고 힘이 들었다거나, 오직 혼자의 집념 하나로 일구어낸 일이라면 그 행복은 더더욱 값진 행복이 될 것이다. 부모는 자녀의 소중한 상담자가 되어주되, 자녀가 혼자서 가도록 길을 터 주어야 한다. 자녀의 저력을 믿고 그 저력을 혼자서 개발해 나가도록 기회를 주어야 한다. 부모는 어떤 명분으로도 자녀의 "혼자서 가는" 행복의 기회를 박탈해서는 안 된다. 가정만이 아니다. 국가도 그렇다. 지도자가 "나" 아니면 안 된다는 생각을 버리지 못 하면, 국민은 항상 어리석고 미약한 존재로만 파악되는 것이다. 그것이 바로 독재자의 심리다.

워싱턴George Washington 대통령은 역시 미합중국The United States

of America의 위대한 국부다. 그는 독립 혁명군의 총사령관이 되어 독립 전쟁을 승리로 이끌었고, 제헌 의회의 의장에 선출되어 건국을 주도하였다. 그는 초대 대통령으로 선출되어 내정을 체계화하는 한편, 유럽 세력권에서 탈피하여 독자 노선을 주장하는 강력 외교를 폈다. 그는 국민에 의하여 삼선 대통령에 추대되었지만, "민주주의적 전통을 수립하기 위하여" 국민의 열화 같은 삼선 추대를 수락하지 않았다. 참으로 위인다운 결정이었다. 워싱턴 대통령인들 권력에 대한 집착이 어찌 없었겠는가? 많이 고민했을 것이다. 정치권의 역학 관계가 그리 간단치 않기 때문이다. 집착을 버리자면 지혜도 지혜지만 용기가 필요하다. 용기 없이는 불가능한 일이다.

이승만李承晩 대통령은 워싱턴의 정치철학을 답습하려 했을 것이다. 이 대통령 역시 제헌 국회의 의장에 당선된 데 이어 초대 대통령에 선출되었다. 그는 대한민국 건국의 초석이 되었고, 자본주의 경제 체제를 취택하는 민주주의 법치국가를 설립하였다. 6.25 동란 때에는 미국과 유엔의 협조를 얻어 북한의 적화 남침을 격퇴했고, 독자적으로 반공 포로를 석방하는 강력한 외교조치도 취했다. 그의 인기가 하늘로 치솟았다. 그쯤해서 집착을 버렸어야 했다. 안타깝다. 그는 기상천외한 소위 사사오입 개헌을 강행하여 삼선 대통령에 당선되었다. 공든 탑이 무너지는 순간이었다. 이 전 대통령은 국부의 자리매김에 스스로 먹칠을 한 것이다.

임종이 가까웠을 무렵이던가? 망명지 하와이로부터, 이 대통령의 육성이 전파를 탔다. "호랑이도 죽을 때는 제 굴에서 죽는다던데." 오죽 마음이 허전했으면 수구지심首邱之心으로 노구를 달랬을까? 그러나 국민의 마음은 무서운 것. 한번 이반한 민심은 돌이킬 수가 없었다. 그의 애절한 전파는 메아리 없이 한반도의 허공을 스치다가 어느 순간 고요히 사라졌다. 한 정치가는 국민의 저력을 믿고 신뢰하여 자기 집착을 버릴 수 있었고, 한 정치가는 국민을 무시하고 멸시하여 자기 집착을 버리지 못했다. 전자는 국부의 영예를 얻었고, 후자는 독재자의 지탄을 면치 못했다. 치맛바람 몰아가는 한국의 어머니들이어, 들리는가?

미국 최초의 흑인 대통령 당선자 오바마Barack Obama는 자신을 길러주고 보살펴준 할머니 던햄Meddley Dunham을 영웅이라 불렀다. 그는 대통령 유세 마지막 날에 할머니의 부음을 듣고 눈물을 흘리며 말했다. “그녀는 미국 어디서나 만날 수 있는 조용한 영웅들 중의 하나다. 그들은 매일 자녀와 손자들을 위하여 헌신하는 사람들이다.” 그렇다. 현대적 의미의 영웅은 결코 설치지 않는다. 현대의 영웅은 말없이 봉사하며 헌신한다. 그 조용한 소시민의 영웅이 미국의 역사적인 대통령을 키워냈다. 정에 흐르면 이미 헌신이 아니다.

한국은 “정”의 사회다. 역사적으로 아주 먼 옛날로부터 약소국가의 서러움을 서로 위로하며 정으로 달랬다. 경제가 어려워서 서로가 나누어 먹고 살 때에도 하나를 주면 “정 없다”고 두 개를 주었고, 밥을 덜어줄 때에도 한 숟갈은 “정 없다”고 두 숟갈을 떠 주었다. 우리는 정으로 살아온 민족이다. “정”이야말로 우리민족의 아름다운 유산이다. 그러나 세상은 변했다. “정”의 논리는 약자의 변이 되었다. 정에 따른 병폐 때문이다. “다정도 병”인 것이다. 자녀에 대한 정을 다스리지 못하여 학교에 치맛바람이 일고, 향토에 대한 정을 제어하지 못하여 정치에 지역 구도가 생겨났다. 선거운

동 기간에는 절대로 안 찍겠다고 벼르다가도 기표소에만 들어서면 "차마 그럴 수야 있나?" 하고 뚝딱 찍고 만다. 이래가지고 어떻게 교육이 살고 어떻게 민주주의가 성장하겠는가?

"미운 자식 떡 하나 더 주라."고 했다. "떡"은 "잔정"의 비유다. 자식을 확실하게 망치고 싶다면 잔정을 퍼주라는 말이다. 반대로 자식을 진정으로 성공시키고 싶다면 정을 아끼라는 경고다. 정에도 철학이 있다. 큰 정을 위하여 잔정을 버릴 줄 알아야한다. 잔정이 잔잔한 행복의 실상일지라도 최후의 큰 행복을 위해서는 잔정을 십자가에 매달아야 한다. 희생 없이는 큰 행복은 고사하고 잔잔한 행복마저 놓치게 된다. 하이에나는 그 철학을 실천에 옮기고 있는 것이리라.

프로메테우스의 인류애

프로메테우스Prometheus는 희랍 신화에 등장하는 신들 중에서 가장 생각이 앞서가는 신이다. 이름 자체가 "먼저 생각하는 자"를 뜻한다. 이른바 선각자인 것이다. 그는 우주를 멋진 공간으로 여기면서도, 그 체계에 있어서는 못마땅하게 생각했던 모양이다. 신과 동물만이 존재하는 생태 구조가 허술하게 느껴졌던 것이다. 상층과 하층만 존재하고 중간 계층이 없는 체계는 아무래도 불안하고 미학적 가치가 미흡해 보였던 것이다.

프로메테우스는 찰흙을 물에 개어 사람을 빚었다. 용모와 자세는 신을 모방하였다. 전자는 사람에게 위풍을 부여하려는 발상이었고, 후자는 날렵하고 용감한 짐승들을 능가하려면 신들처럼 직립 자세가 필요할 것이라는 발상이었다. 그는 아테나Athena 여신으로 하여금 사람의 모형에 코를 통하여 생기를 불어넣도록 하였다. 생명 체계에서 정精은 남성에 기인하고, 기氣는 여성에 기인하기 때문이다. 흙으로 빚어진 사람은 생동하기 시작하였다. 이제 우주에도 중간 계층의 생체가 대두한 것이다.

어느 조직이든 중간 계층이 역동적이어야 건강한 사회가 된다. 영국은 중간 계층이 굳건한 지배 계층으로 건재하였기 때문에, 프랑스와는 달리 무혈 명예혁명을 통하여 중세에서 근세로 넘어올 수 있었다. 사회 구조뿐만 아니라 경제 구조도 마찬가지다. 중산층이 지배적이어야 경제 구조가 건강하다. 우리나라의 경제가 막강한 탄력을 지녔던 80년대 후반과 90년대 초반에는 중산층을 자처한 인구가 전체 국민의 70%를 넘었었다. 체감 경제가 그 만큼 건강했던 것이다. 프로메테우스는 건강한 우주 공간을 창건하려는 예언자적 신이었다.

프로메테우스의 탁월한 구상에도 불구하고 그가 만든 사람들은 얼굴에 표정이 없었다. 안타까운 일이었다. 인간은 몸에 따뜻한 온기가 돌고 훈훈한 가슴을 지녀야 서로 웃기도 하고 울기도 하며 감정을 표현하는 것인데 이들은 도무지 아무런 감정이 없었다. 마치 요즘에 대두하기 시작한 로봇 인간처럼 기쁨도 없고 슬픔도 없는 목석같은 인간이었다. 원인은 불이 없었기 때문이었다. 프로메테우스는 고민하였다. 불은 최고의 신인 제우스Zeus가 관장할 뿐만 아니라 하늘 밖으로는 가져갈 수 없도록 규정이 되어있기 때문이었다.

하늘에는 두 종류의 불이 있다. 하나는 따뜻하고 훈훈하며 뜨거운 태양의 불이요, 다른 하나는 징벌로 벼락을 내려치는 공포의 번갯불이다. 프로메테우스는 고민고민 하다가 용기를 내어 태양에서 불을 붙여 인간에게 건네주었다. 인간들의 생활은 삽시간에 달라졌다. 인간들은 서로의 체온을 의식하며 서로를 사랑하기 시작하였다. 프로메테우스는 마음이 흐뭇했다. 인간들은 실생활에도 불을 사용하였다. 인류에게 불의 문명이 시작된 것이다. 우주는 이제 기능적으로도 중간 계층이 강력하고 건강한 아주 멋진 공간으로 변모하게 되었다.

호사다마랄까? 뜻밖의 사고가 발생하였다. 번제燔祭의 제물 때문이었다. 신은 번제의 희생犧牲을 흠향歆饗함으로써 제사를 열납하는 것이다. "희생"의 본뜻은 깨끗이 씻은 송아지를 말한다. 송아지를 번제물로 사용했던 언어학적 흔적이다. 프로메테우스는 인간을 너무나 사랑한 나머지 제물의 뼈와 내장을 하얀 기름으로 그럴듯하게 포장하여 신에게 번제하고 살코기는 거무튀튀한 가죽으로 덮어서 인간에게 주어왔다. 이 사실이 제우스신에게 발각된 것이다. 제우스는 대노하였다. 프로메테우스의 천려일실千慮一失이었던가?

제우스신은 프로메테우스가 하늘의 불을 훔쳐다가 인간에게 넘겨준 사실도, 그리고 인간들이 이미 불을 사용하고 있었던 사실도 다 알고 있었다. 그저 알고도 모르는 척 지켜보고 있었을 뿐이었다. 그것이 신들의 도량度量이었다. 어느 경우에나 도가 지나치면 탈이 나는 법이다. 제우스신을 우롱하고 번제를 폄하하는 행위는 간과할 수 없는 죄악이었다. 울화가 치민 제우스신은 당장에 불을 걷어들이라고 엄명을 내렸다. 프로메테우스는 어쩔 수 없이 불을 걷어들여 환원시킬 수밖에 없었다.

불을 잃은 인간들의 사회는 그 형편이 처참하였다. 밤이면 어두워서 활동을 제대로 못할 뿐만 아니라, 난방도 할 수 없고 요리도 할 수 없었다. 무엇보다도 따뜻한 가슴이 없는 사회는 더 이상 인간의 사회가 아니었다. 사람들은 다시 "로봇" 인간으로 되돌아가고 말았다. 어찌 사회뿐이랴? 사람에게는 냉 체온증이라는 게 있다. 우리는 흔히 동사凍死라는 말을 사용하는데, 실제로는 사람이 얼어서 죽는 것이 아니라 체온이 섭씨 26도 이하로 떨어지면 죽게 된다. 이러한 상황을 의학용어로 냉 체온증이라 부른다. 불을 빼앗긴 인간 사회는 냉 체온 증상에 시달리는 유기체와 마찬가지였다.

프로메테우스는 마음이 괴롭고 아파서 도저히 견딜 수가 없었다. 최고의 신 제우스의 명령이 아무리 추상같다 할지라도 프로메테우스는 그의 명령에 거역하지 않을 수 없었다. 그는 인간에게 다시 불을 가져다주었다. 인간들의 사회는 훈훈하고 생동감 넘치는 옛 모습을 되찾았다. 서로 사랑을 나누는 모습이 그렇게 아름다울 수가 없었다. 프로메테우스는 행복했다. 사랑에는 어떠한 두려움도 능히 물리칠 수 있는 파괴력이 있는 것이다.

사랑은 헌신이다. 프로메테우스의 사랑이야말로 유례를 찾기 어려운 헌신이었다. 제우스는 자신의 명령에 거역한 죄를 물어 프로메테우스를 카우카수스 산의 한 바위에 몸을 결박하고 그의 배를 갈라 솔개로 하여금 간을 쪼아먹게 하였다. 간은 인체에서 가장 재생이 빠른 부분이다. 밤새 동안 재생된 간을 다음날 낮이면 솔개로 하여금 쪼아먹도록 하여, 평생토록 고통을 겪게 하는 혹독한 형벌이 내려진 것이다. 프로메테우스는 그러한 응징이 내려질 것을 사전에 다 알고 있었다. 예견하는 신이기 때문이다. 그러나 프로메테우스는 제우스의 처벌이 두렵다고 인간 사회를 싸늘한 가사상태로 방치해 둘 수는 없었다. 그는 스스로 그 혹독한 고통을 감수한 것이다. 자신이 뿌린 씨는 자신이 가꾸어야 하기 때문이다.

사랑은 외롭지 않은 법이다. 사랑의 씨앗은 아무리 황량한 가시밭에 뿌려질지라도, 온갖 풍상을 다 겪으며 움이 트고 싹이 나기 마련이다. 더러는 더디고 지루할지라도 사랑의 씨앗은 기필코 그 청아하고 온화한 꽃망울을 피워내는 것이다. 프로메테우스가 카우카수스의 외진 바위에 속박되어 홀로 고통하며 신음하고 있었을 때, 그가 영어의 몸에서 풀려날 것을 그 누가 상상이나 할 수 있었으랴? 그러나 인간 영웅 헤라클레스Heracles가 나타나 프로메테우스를 괴롭힌 솔개를 단 한 발의 화살로 사살하였다. 사랑의 열매를 거둔 것이다.

나는 영아시절에 심한 병고를 치렀다 한다. 입에 들어가는 것마다 토하고 쏟고 종잡을 수 없는 병을 앓았다는 것이다. 집안 어른들이 무당을 부르고, 굿을 하는 등 동네가 시끄러웠던 모양이다. 무당의 말이 황당하다. "조상님들이 요동을 쳐서 그러니 아이에 대하여는 너무 욕심부리지 말고 그저 조상들을 달래라."고 하더란다. 괜히 조상의 비위를 건드리면 정말 집안에 큰 풍파가 몰아닥친다고 겁을 준 것이다. 집안 어른들은 가족의 생명은 뒷전이고 조상치례가 더 급해졌다. 분위기가 그러다보니 우리 아버님조차도 어른들의 눈치만 살피셨다는 것이다. 비록 어린 생명이지만 생명보다 더한 풍파가 무엇이겠는가? 딱한 일이다.

어머님은 무당을 경멸했다. 모정은 탯줄만큼이나 강인한 것인가? 어머님은 죽어가는 생명을 안고 밤새껏 우시다가 날이 밝자마자 뼈만 앙상한 나를 등에 업고 외가 쪽 증조부가 계시는 오수면 소재지까지 공의公醫를 찾아 나섰다. 아들이 죽는 모습을 그저 보고만 앉아있을 수가 없었던 것이다. 그것은 생명에 대한 모독이요, 어른들의 비겁이며, 미필적 고의의 살인행위였기 때문이다. 어머님은 5십리가 넘는 길을 달려가 병원 문을 두들겼다. 하지만 입원실은 고사하고 간호원도 없이 의사 혼자서 환자를 보는 시골 병원이 오죽했으랴?

어머님은 낙담하여 집으로 돌아오려는데 할아버지가 극구 만류하셨다는 것이다. "이 추위에 아이를 데리고 가다가는 너도 고생이지만 아이가 얼어죽는다. 아이는 내게 맡기고 너나 늦지 않도록 어서 가거라." 어머님은 다 죽어가는 아들을 할아버지에게 맡기고 집으로 돌아오시면서 얼마나 우셨던지 눈이 부어 길을 분간하기조차 어려웠다고 한다. 그런데 이것은 또 무슨 조화인가? 밤은 어둡고 갈 길은 먼데 멀리서 수십 개의 불이 요동치더라는 것이다. "말로만 들었던 도깨비불이란 말인가? 아니면, 내가 무당을 경멸하고 혐오했는데 혹시 나를 보복하려고?" 어머님은 속으로 "하나님"을 부르며 두 손을 꼭 쥐고 앞만 보며 걸었다. 어머님이 예수를 믿게 된 계기가 바로 이 시점이었으리라. 위기는 기회인 것이다.

멀리서 난리치며 어머님을 놀랬던 불은 도깨비불도 아니고 무당불도 아니었다. 다름 아닌 프로메테우스의 불이었다. 어머님이 아침 일찍부터 집을 나가 밤늦게 까지 돌아오지 않게 되자 동네 이웃집 사람들 20여명이 횃불을 피워 들고 어머님을 찾으러 나온 사랑의 불길들이었다. 고마운 일이었다. 프로메테우스가 우리에게 사랑의 불을 가져다주지 않았던들, 간을 쪼이면서도 그 불을 수호해 주지 않았던들, 어찌 그처럼 많은 사랑의 횃불들이 밤거리의 한파를 녹이며 쏟아져 나올 수 있었을까? 헌신은 어디서나 불꽃처럼 빛나는 것이다.

무소식이 희소식이라 했던가? 6개월이 흘렀다. 아들의 병세가 어떠한지 직접 찾아가 보려고도 했지만 "젊은 것이 제 새끼만 챙긴다."고 야단을 칠까봐 그러지도 못하고 그저 소식이 오기만을 기다리고 있었다는 것이다. 입술이 부르트고 숨이 끊어질 듯이 괴로웠지만 그렇다고 어른들 앞에서 큰소리로 울 수 있는 처지도 못되었다. 괴로워 보채는 아이의 모습이 순간순간 환상으로 파노라마처럼 떠올랐으리라. 속이 터질 듯이 답답하고 가슴이 못에라도 박힌 듯이 아팠을 것이다. 나는 어머님의 간장을 녹일 대로 다 녹인 사람이다. 생각해보면 프로메테우스의 간을 쪼아먹던 그 잔인한 솔개는 안타깝게도 바로 나였던 것이다.

사랑은 기적을 낳는 것일까? 하루를 넘기기 어려워 보였던 나는 기적적으로 소생하였다. 할아버지는 습한 땅을 뒤지고 다니며 머리 부분에 하얀 띠가 있는 지렁이를 잡아다가 잘 고아서 그 물을 조금씩 입에 떠 넣었다 한다. 거짓말처럼 토사가 그치고, 신열이 내리며 몸에 화기가 돌더라는 것이다. 지렁이는 한방에 좋은 약재다. 구인蚯蚓이라 하여, 이질이나 장염에 의한 만성열慢性熱과 단독열丹毒熱에 특효가 있다. 할아버지는 구인 탕을 처방(?)하여 외측증손자를 치료하셨던 것이다. 할아버지는 자격증은 없으셨지만 나름대로 침술도 익히셔서 무의촌의 공의(?)로 봉사하는 고을의 덕인이셨다.

나는 할아버지의 극진하신 치료와 간병 끝에 토실토실한 우량아(?)로 변하였다. 겨울에는 지렁이가 땅속 깊이 숨어버릴 터인데 지렁이를 찾아 언 땅을 파고 다니자니 그 어려움이 얼마나 컸을까? 불과 이십 세의 젊은 어머니와 환갑을 훌링 넘기신 할아버지의 헌신적인 사랑에 의하여, 나는 열병과 탈수 증세를 극복하고 생명을 다시 얻은 것이다. 이 순간에도, 나는 옷깃을 여미며 두 분께 감사한다. 생명의 은인이기 때문만은 아니다. 사랑과 봉사와 책임의식은 언제 어디서나 참으로 존귀한 덕목들인 것이다. 프로메테우스처럼 말이다.

사랑은 천륜보다 강한가 보다. 함흥차사咸興差使의 생각이 떠오른다. 이 태조는 두 차례에 걸친 왕자의 난을 겪은 후에, 정치도 싫고 궁궐도 싫고 자식도 싫어졌다. 인륜과 천륜을 스스로 닫아버린 것이다. 이 태조는 고향인 함흥으로 내려가 한 동안 한양으로 돌아오지 않았다. 태종은 차사를 보내어 아버지를 모셔오려 하였지만 이 태조도 돌아오지 않고 차사도 돌아오지 않았다. 차사는 수없이 갔는데 돌아오는 차사는 하나도 없었다. "함흥차사"의 고사성어가 거기서 나온 것이다. 이 태조는 태종이 보낸 차사와 정겹게 환담을 나누다가도 차사의 입에서 "환궁"이란 말만 튀어나오면 즉석에서 차사의 목을 베어버렸다는 것이다. 최초의 희생자는 판승추부사 박순朴淳으로 알려져 있다. 수많은 생명이 희생되었지만 결국 이 태조를 환궁시키는 데에 성공한 차사는 왕사王師 무학 대사였다.

대사는 출산한지 삼 일밖에 되지 않은 어미 소를 이 태조의 처소 근처에 매어놓고, 새끼 송아지를 떼어놓게 하였다. 어미 소는 밤낮을 가리지 않고 구슬프게 울어댔다. 목도 쉬었을 것이다. 이 태조가 먼저 입을 떼었다. "대사의 귀에는 들리지 않소? 무슨 짐승이 저리도 처량하게 울어대는지?" 무학 대사는 말이 없었다. 이 태조는 다시 물었다. "어찌하여 저리도 애처롭게 울어대는지 모르겠구려, 대사!" 무학 대사는 그제야 대꾸를 했다. "소승의 귀에는 새끼를 뗀 어미 소의 울음소리처럼 들립니다만-" 무학 대사의 말이 채 끝나기도 전에 이 태조는 환궁을 서둘렀다고 한다. 어미 소의 울음소리는 천길만길 깊은 단층으로 내려앉은 천륜을 이어 놓았다. 그렇다. 진솔한 사랑은 미물의 목소리에도 묻어나는 법이요, 사랑이 묻어나는 음성은 무쇠처럼 굳어버린 마음도 뜨겁게 녹여내는 감동을 주는 것이다.

안타깝게도 현대는 벼락불이 난무하는 시대다. 사랑이 메마른 탓인지 날벼락 소리가 도처에서 요란하다. 시도 때도 없이 티엔티가 폭발하고 미사일이 날며 핵무기가 버튼 누르기만을 기다린다. 제우스신의 벼락불을 과신하는 광신자들이 날로 늘고 있다. 중간계층이 너무 비대해져서 신을 압도over reach하려는 하극상이 일어난 탓일까? 히틀러의 나치가 그러했고, 도오조 히데키의 군국주의가 그러했으며, 스탈린의 철의 장막이 그러했고 모택동의 죽의 장막이 그러했다. 지금도 북한의 세습체제가 그러하다. 불의 장막이랄까?

우리는 저간에 남북 장관급 회담에 관한 보도기사를 자주 대했었다. 회담의 주된 의제가 북한에 대한 경제 지원으로 일관되었었다. 착시 현상이기를 바란다. 그런데 북쪽은 그렇게도 할 말이 없는 것일까? 쌀과 비료 등을 수십만 톤 물량으로 수십 차례나 가져가고도 도무지 고맙다는 말 한 마디가 없다. "남쪽 동포여, 감사합네다." 이 무뚝뚝한 한마디가 그렇게 어렵다는 것인가? 가져갈 것은 다 가져가면서 수틀리면 한다는 소리가 "서울을 불바다로 만들"거라느니, "혹독한 대가를 치르게 될"거라느니 불벼락만 내려치고 있으니 말이다. 이 순간에도 북한이 미사일 발사를 준비하고 있다고, 내외신이 떠들썩하다.

그럼에도 불구하고 나에게는 확신이 있다. 프로메테우스는 날마다 사나운 솔개에게 간을 쪼이는 혹독한 고통을 겪으면서도 자신의 행위를 단 한 번도 후회하지 않았다. 그는 다시 인류로부터 사랑의 불을 걷어가지는 않을 것이다. 그에게 어떠한 고난이 다시 닥쳐와도, 인간으로부터 그 훈훈한 사랑의 온정을 박탈하지는 않을 것이다. 프로메테우스신은 인간을 사랑하며 헌신하는 그 값진 행복을 결코 포기하지 않을 것이다. 그의 험난한 수난은 처음부터 위대한 사랑이며 장엄한 열정이 아니었던가?

프로메테우스의 신화는 천지창조의 경전과 십자가 사건의 예표Sign이다. 천지창조의 영광이 시온성의 아침을 밝히고 있는 한, 십자가의 열정이 흑암의 동토를 해빙하고 있는 한, 절망은 세상에서 영원히 퇴각하리라. 프로메테우스의 인간 영웅 헤라클레스가 불현듯 나타나서 사악한 솔개를 퇴치하였듯이 십자가의 희생제물로 오신 독생자 예수께서 성령의 역사를 통하여 부정否定의 그림자를 이 땅에서 영원히 축출할 것이다. 이 순간에도 부정의 중압에 눌려 신음하는 자 있는가? 소망만은 잃지 마시라. 세상은 역경의 반환점을 넘어 귀환 길에 돌입하였다. 조금만 더 기다리시라. 판도라 Pandora의 선물 상자 속에는 아직도 "희망"이 보존되어 있다지 않던가?

신발위감

지난달에는 우리 조카딸이 초등학교를 졸업하고 중학교에 입학하였다. 기쁘고 반가웠다. 명절이면 한복을 예쁘게 차려입고 귀엽게 세배를 하던 어린 현정이가 학도가 되었다니 대견스럽다. 벌써 50년 하고도 9년이 더 지난 일이지만, 내가 중학교에 들어가 처음 맞는 시간에 담임선생님은 이렇게 말씀 하셨다. "여러분은 이제부터 학생이 아니라 학도입니다. 나라와 사회를 짊어지고 나가야 할 학도란 말입니다."

선생님은 우리에게 사회적 감각을 불러일으키시며, 노래도 불러주셨다. "학도야 학도야 청년 학도야. 역상의 배정을 들어보아라.—" 배재학당에 다니던 한 학생이 작사를 했다는 찬송가 조의 노래였다. 그 당시에는 선생님이 불러주신 노래의 의미를 잘 이해하지 못했지만, 나는 두 어깨가 무거워지면서 막연하게나마 자존심과 사명감 같은 그 무엇을 느꼈다. 어깨가 으쓱했다. 우리 현정이도 역시 "학도"가 되던 날 그러했을 것이다.

우리 조카는 졸업생 전체에서 수석을 하고 품행이 근실하여 "모범상"을 받았다고 한다. 나는 또 한 번 반가움을 느꼈다. 나도 59년 전에 "모범상"이라는 이름의 표창을 받았기 때문이다. 나 역시 전체 졸업생 중에서 수석을 하였고 학생 활동이 출수하다하여 그 상을 받았던 것이다. 세월도 많이 지나 격세지감이 없지 않고 지역도 경향을 달리하였으니, 어찌 단순 비교가 될까마는 큰아버지로서 감회가 새로웠다. 흔히 노령에 나타나는 과거 편집증 탓만은 아닐 것이다.

우리가 초등학교에 다닐 때에는 자치회라는 것이 있었다. 4학년부터 6학년까지 학급자치회가 있었고, 학급 자치회의 정부회장들이 모여 전교 자치회를 구성하였다. 시기가 광복직후 건국 초기이었기 때문에 자치회는 자유 민주주의 학습장이라 할 수 있었다. 투표를 통하여 회장을 선출하고 다수결로 의결을 하는 등 민주주의 회의 절차를 실습하였던 것이다. 그런데 하필이면 부족한 내가 전교 자치회 회장에 당선이 되다니, 여러모로 과분했다.

그 무렵에 우리학교는 매주 월요일에 운동장 조회를 했었다. 전교 자치회장이 조회대(조회 때 사용하는 강단을 우리는 그렇게 불렀다)에 등단하여 주간보고를 하였다. 조회가 시작되면 제일 먼저 교장 선생님께서 등단하여 학생들과 인사를 교환하셨다. 대체로는 인사만 받고 하단하시지만, 특별한 경우에는 한 두 마디 짤막한 훈화도 해주셨다. 교장 선생님이 하단하시면, 바로 뒤를 이어 전교 자차회장이 등단하여 주훈을 발표하고, 전주前週의 경과보고도 하였다. 청소 상황과 미화 작업, 그리고 용의 검사 결과 등 제법 발표할 사항이 많았다. 어느 선생님은 나를 "꼬마 국회의원"이라 부르시며 격려를 해주셨던 기억이 난다.

나는 사실 월요일이면 참으로 괴로웠다. "맨발의 소년"이었기 때문이다. 우리 학교가 깊은 산골에 있는 임간 학교 같았으면 짚신을 신든지 했을 터인데, 명색이 국도와 국철이 지나는 요지(?)에 위치하고 있는 터라 짚신을 신고 다니는 학생은 한 명도 없었다. 적지 않은 학생들이 검정 고무신을 신고 다녔고, 운동화를 신었던 극소수의 학생을 제외하고는 모두 맨발로 다녔다. 맨발족에 속하는 학생들도 수효가 적지 않았기 때문에 다른 때에는 별로 문제될 것이 없었다.

그런데 월요일 운동장 조회 때 맨발로 조회대에 올라가기는 참으로 부끄럽고 창피했다. 대중에 대한 예절의식 때문이었을 것이다. 어쩔 수 없이 전후좌우에 서있는 학생으로부터 신발을 빌려 신고 조회대에 올라가곤 하였다. 처음 몇 주 동안은 별 탈 없이 잘 돌아갔다. 나의 주위에는 세 명의 학생이 신발을 신고 다녔는데, 자기들끼리 스스로 순번을 정하여 신발을 빌려주었기 때문이다. 참으로 고마운 친구들이었다.

두어 달쯤 지났을 것이다. 그들이 스스로 정한 순번에 고의적인 착오(?)가 발생하였다. 월요일 운동장 조회 시간에 교장 선생님이 하단하시고 주번 교사께서 "전교 자치회장의 주간 보고가 있겠습니다." 라고 안내하셨다. 그런데 신발을 빌려주어야 할 학생이 순번을 놓고 딴소리를 하기 시작하였던 것이다. "이번에는 네가 빌려줄 차례야! 나는 전 번 차례였어." 상대방 학생이 반발하였다.

"아니, 전번에 내가 빌려주었잖아? 지금 무슨 소리하고 있는 거야? 이번에는 네 차례야!!" 나는 순번을 너무나 잘 알고 있었다. 그러나 어디 내가 끼어들 수 있는 처지이던가?

주번 교사의 안내가 있었는데도 전교 자치회장이 단상에 나타나지 않자, 대열에서 학생들이 웅성거리기 시작하였다. 나는 가슴이 두근거리고 이마에 신열이 났다. 등골에서 식은땀이 흘렀다. 입에는 침이 마르고 얼굴이 벌겋게 달아올랐다. 그때였다. 성길환이라는 학생이 신발을 재빨리 벗어주었다. 구세주가 따로 없었다. 성길환은 참 좋은 친구였다. 용모도 귀공자처럼 생겨서, 특히 여학생들로부터 호감을 많이 받고 있었다. 나는 그 친구의 배려로 어려운 일이 있을 적마다 고비를 잘 넘길 수 있었다.

나는 "순번"을 놓고 서로 다투던 두 친구를 야속하게 생각하지 않는다. 아침부터 자신의 신발을 남에게 벗어주고 맨발로 서 있을 때 기분이 좋을 리가 있겠는가. 그때에는 신발이 천하에 없는 귀한 보물(?)이어서 발에 신지도 못 하고 손에 들고 다니며 자랑을 하는가하면, 잘 때에도 머리맡에 놓거나 가슴에 안고 잔다고 하지 않았던가? 순번을 가지고 억지를 부릴 만도 하다. 아무리 작은 일이라 할지라도 헌신獻身이 아니고서는 베풀기가 어려운 것이다. 나는 그 세 친구들 덕분에 적어도 3주일 간격으로 주마다 신발을 갈아 신고 조회대에 당당하게(?) 올라가 선생님들과 학생들 앞에서 폼(?)을 잡았었다. 그것만해도 얼마나 감사한 일인가? 더 이상의 욕심을 부린다면, 그것은 과욕이다. 과욕은 범죄나 다름이 없다.

5년 전인가보다. 캄보디아에 갔을 때의 일이다. 우리가 탄 버스가 목조 교량을 건너려는데 무슨 문제가 생겼던 모양이었다. 버스가 잠시 정차하고 있는 동안에 20여명의 잡상인들이 닫힌 차창을 두들기며 물건을 팔아보겠다고 이리 몰리고 저리 몰리고 바삐 움직였다. 단속반이 나타나자 진흙과 쓰레기가 뒤섞인 흙탕 속으로 피신하여 달아났다. 물론 맨발이었다. "저러다가 깨진 유리 조각이나 녹슨 쇳조각에 발을 다치면 어쩌나?" 하고 걱정이 되었다. 그들을 바라보며, 나는 60여 년 전의 내 모습을 회상하였다. 목전에서 전개되는 모습들이 영락없는 나의 자화상이었다. 아니, 대한민국의 자화상이었다.

신발의 기원은 애굽에서 출토된 산달sandal로까지 소급된다. 기원전 3300년경에 사용되었던 것으로 추정되는 소박한 신발이다. 불구덩이 같은 열사를 지나는 사람이 따가운 모래와 발 사이를 차단하기 위하여 목판에 끈을 달아 사용한 일종의 보호 장비였다. 북방의 냉한 지역에서도 비슷한 목적의 장비가 필요했을 것이다. 설원이나 빙판의 혹한으로부터 발을 보호해야 했을 것이다. 사치와는 거리가 먼 오로지 보호막이었다.

신발에는 크게 두 종류가 있다. 발과 발등을 덮는 신을 화靴라 부르고, 발바닥만 받치고 발등을 열어 놓는 신을 이履라 부른다. 전자는 북방인의 신발이며, 후자는 남방인의 신발이다. 전자에는 방한화, 장화, 목화木靴 등이 속하고, 후자에는 혁리, 초리草履, 목리 등이 속한다. 신발이 사치스러워지면서, 지금의 여자 고무신처럼 보이는 여인들의 신은 혜鞋라 하였다. 종류로는 궁혜, 당혜唐鞋, 운혜雲鞋 등이 있다. 궁혜는 궁중의 여인들이 신었고 당혜는 양반가의 부녀자들이 신었으며, 운혜는 여염집 아낙네들의 신발이었다.

동서양을 막론하고 신분의 귀천에 따라 신발의 재질이 달랐을 뿐만 아니라, 귀족과 승려와 전사戰士에게만 신발의 착용이 허용되기도 하였다. 특히 전쟁 포로와 체포된 범인은 신분의 고하를 막론하고 신발을 벗겼다. **구약성경** 이사야서에 보면, 애굽과 구스의 포로들이 앗수르 왕에게 끌려갈 때 노소를 가릴 것 없이 모두 신발을 벗겼다(20:4). 신발에 계급적 성격이 나타난 것이다. 우리나라의 목화는 재료가 바닥은 나무이고, 목은 천인데 검은 융이나 비단으로 단장을 하였다. 목화는 원래 국가 공복의 관복에 속하는 신발이었으나 결혼식의 예화禮靴로도 사용되었다. 신랑과 신부는 각기 목화와 당혜를 신고 대중 앞에 예를 갖추어 결혼을 신고한 것이다.

성소에서는 신발을 벗었다. **구약성경** 여호수아에 보면, 여호와의 대행자가 여호수아에게 이렇게 이른다. "네 발에서 신을 벗으라. 네가 선 곳은 거룩하니라(5:15)". 신발에도 예절 문화가 있었던 것이다. 신발 문화는 모자 문화와 흡사한 면이 있다. 대중 앞에서는 의관을 썼듯이 신발을 꼭 신었다. 문화는 인간의 철학과 가치의식에 따라 변하는 것이다.

케네디J. F. Kennedy 미국 대통령의 경우가 생각난다. 케네디는 대통령에 당선된 뒤 영국을 공식 방문하였다. 그는 특히 앞머리가 매력적인 대통령이었다. 그래서 그랬던지 모자를 쓰지 않고 여왕 앞에 나타났다. 그는 험악한 비난을 받았나. 보수적인 영국 언론들은 일제히 케네디가의 내력을 들먹였고, 급기야 3대조가 주점을 경영했었다고 폭로했다. 졸지에 쌍놈이 되었다. 의관을 차려입지 못한 탓에 케네디가의 치부가 도마 위에 오른 것이다.

여성들이 애용하는 하이힐의 근원은 실용성에서 출발한 신발이었다. 사상 최초로 굽을 높인 신발은 도살장에서 일하는 남자들이 발에 피가 묻지 않도록 하기 위하여 고안한 것이었다. 기원전 4세기경에 축조된 고대 희랍의 고분 벽화에서 밝혀진 것이다. 키를 크게 보일 목적으로 굽을 높인 최초의 신발은 고대 희랍의 무대 배우들이 착용하였던 코토르노스kothornos이다. 3만 내지 4만 명의 관객을 수용하는 초대형 원형 극장에서 배우의 신장은 난제중의 난제였다. 코토르노스는 바닥 전체에 두꺼운 목판을 붙여 키를 높인 투박하고 묵직한 신발이었다. 사치와는 거리가 먼, 실용의 목적으로 고안한 신발이었다.

르네상스시대에 접어들면서 상류 사회의 여성들이 키를 높이기 위하여 신었던 사치성 신발은 초핀chopin이었다. 이 시대에는 여성의 사치풍조가 강하여 몸에 장신구를 많이 달았을 뿐만 아니라, 스커트의 실루엣을 넓게 부풀리다보니 기장과 폭의 균형을 유지하기 위하여 엄청나게 두꺼운 목판에 산달을 붙였다. 귀부인들은 초핀을 스커트 속으로 감추기는 하였으나, 하녀의 부축 없이는 걷기가 힘들었다고 한다. 초핀 때문에 얼마나 많은 귀부인들이 실족하거나 발목을 삐어 부상을 당했을까? 그들의 끝없는 허영심에 연민의 정이 느껴진다.

셰익스피어는 ≪햄릿≫에서 여성들의 초핀을 신랄하게 풍자한다. 왕자 햄릿은 한 여배우에게 짓궂게 말한다. “이 숙녀 분은 전번에 만났을 때보다 초핀의 굽 높이만큼 천당에 가까워졌는걸!” 하늘 높은 줄 모르고 높아만 가는 초핀에 빗대어, 치마폭에 쌓인 여성의 사치 심리를 꼬집고 있는 것이다. 셰익스피어 시대에는 여배우가 없었다. 아직 변성기를 겪지 않은 소년이 여장을 하고 출연하였다. 여성 역을 맡는 소년은 성장기에 있었기 때문에 볼 때마다 신장이 달랐다. 엘리자베스 시대에는 가면과 허위가 난무하였다. 유럽에 만연된 마키아벨리즘의 오남용 때문이었다. ≪햄릿≫의 중요한 주제들 중의 하나는 가장disguise의 퇴치다.

초핀이 사라지고 지금의 하이힐 구두로 형태가 바뀐 것은 베르사유 궁전과 유관하다는 속설이 있다. 하이힐 구두는 권력의 온상에서 부산물로 등장한 것이다. 작금의 멋들어진 하이힐 구두처럼 사치품이 결코 아니었다. 효용은 언제나 합목적적인 것이다.

바로크 양식의 베르사유 궁전은 루이 14세가 17세기 초반에 창건한 프랑스 최대의 궁전이다. 베르사유 궁전은 프랑스의 절대 왕정을 구축하는 데에 지대한 역할을 하였다. 루이 14세는 궁전의 창건을 이유로 제후들로부터 막대한 재산을 국가에 헌납하도록 압력을 가하였고, 궁전이 창건된 이후로는 거의 매일 밤에 수백 명의 문무백관과 그 가족들이 먹고 마실 수 있도록 대형 연회를 열었다. 비용은 제후들이 돌아가며 감당하였다. 제후들의 재정을 약화시켜 그들의 정치 세력을 견제했던 것이다.

베르사유 궁전은 그 큰 구조에 비하여 화장실이 터무니없이 적다. 연회에 참석한 그 많은 인원들을 수용할 수 없었다. 새벽이 되어 연회가 끝나고 밖에 나와 보면, 궁전의 뜰 안이 대소변으로 범벅이 되었다 한다. 화려하게 성장을 한 귀부인들이 안전하게 빠져나오기가 어려웠다. 가능한 한 최대한도로 구두의 굽을 높이되 땅에 접촉되는 단면이 최대한 작도록 고안한 것이다. 권력투쟁의 악취 나는 외연 속에서 오늘의 날씬한 하이힐이 탄생한 셈이다.

신발의 발전사는 연년이 이어지겠지만, 신발에 대한 나의 사념은 1949년 11월 어느 날에 고착된다. 1940년대의 우리나라 도로 사정은 국도라 해도 포장이 되지 않아서 도로에 자갈을 깔았다. 춘추로 일 년에 두 번씩 도로부역을 통하여 자갈을 깔다보니 매끄러운 개울자갈은 이미 고갈이 되었고 바위 돌을 부수어 도로에 깔 수밖에 없었다. 돌 끝이 사납고 날카로웠다. 맨발 족들은 날카로운 돌 끝을 피하여 엉금엉금 갓길을 걸어야 했다. 어쩌다가 뾰족한 돌부리를 밟게 되면, 눈에서 불이 번쩍할 정도로 아팠다. 성한 발가락이 없었다. 10월 중순이 지나면 날씨가 하루가 다르게 추워진다. 맨발 족들의 근심이 시작되는 시기다.

그날따라 날씨가 을씨년스러웠다. 수업을 마치고 집으로 걸어오는데 찬바람이 몰아치고 발끝이 심하게 저려왔다. 눈이라도 내리면 큰일이었다. 어린 마음에 걱정이 태산 같았다. 오원강 다리를 거쳐 사선대 입구를 지나 삼거리 내리막길을 막 지나려는데, 눈발이 세차게 날리기 시작했다. 첫 눈치고는 제법 요란했다. 그런데 난처하게도 동네 아주머니가 시야에 들어왔다. "이를 어떻게 하나? 못 본 체하고 재빨리 지나쳐버릴까?" 망설이며 살금살금 걷고 있는데 아주머니가 먼저 나를 보시고 큰 소리로 외치지를 않는가? "아니, 세상에 눈이 이렇게 내리는데 맨발로 다니다니. 이게 웬 일이냐, 계정아!!"

아주머니는 나에게 다가오셔서 어서 업히라고 아우성이었다. 나는 "다 왔다"고, "뛰어가면 금방"이라고 사양을 해도 아주머니는 막무가내로 길을 막고 어서 업히라고 등을 내밀었다. 비록 내가 체구는 작았지만 열세 살이 넘었으니 아주머니의 가냘픈 몸으로 나를 업고 간다는 것은 도저히 불가능한 일이었다. 그러나 어떻게 하겠는가? 아주머니가 그렇게 강경하게 나오시니 어쩔 수가 없었다.

나는 하는 수 없이 아주머니에게 업혔다. 아주머니의 어깨에 매달리는 자세로 얼마동안 업혀서 갔다. 아주머니는 배관규라는 초등학교 2년 선배의 어머님이시다. 바늘방석에 앉은 기분이었다.

아주머니는 힘이 드셨을 텐데도 한 손으로는 나의 엉덩이를 받치고 다른 손으로는 치맛자락으로 나의 발을 감싸주셨다. 손을 번갈아가며 계속해서 나의 발을 꽉 쥐어주시는 것이다. 아주머니의 따뜻한 손길이 나의 발을 휘감을 때 나의 가슴은 타는 듯이 벅차오르며 온 몸이 뜨겁게 녹아내렸다. 나는 더 이상 업혀있을 수가 없었다. 실제의 시간으로는 길어야 10분 정도이었을 것이다. 그러나 나의 체감 시간은 10시간이 아니라 10년도 더 되는 것 같았다. 나의 눈에서는 눈물이 흐르기 시작하였다. 감격의 눈물이었다. 일초만 더 지나면 금방 울음이 터져 나올 것만 같았다. 나는 가까스로 울음을 참으며 아주머니의 등에서 내렸다. 나는 눈물을 보이기가 싫어서 아주머니를 바라보지도 않았다. “감사해요. 아주머니. 저 먼저 뛰어갈게요.” 이 한마디를 남기고, 나는 내달렸다.

진정한 사랑은 활화산처럼 뜨겁고 영원히 식지도 않는다. 아니, 시간이 흐를수록 더욱 뜨거워진다. 벌써 60년도 더 넘은 일이지만 나는 아주머니의 그 따뜻한 손길을 잊을 수가 없다. 세상이 날로 시능화되면서 실천적 사랑은 산 곳이 없고 선언적 사랑만이 요란하다. 교회의 십자가를 바라봐도 사랑은 신기루처럼 달아나고, 산사의 법종 소리는 들려도 자비는 아지랑이처럼 산등성이를 넘는다. 나는 십자가보다 강하고 불심보다 훈훈한 아주머니의 사랑을 잊지 못 한다. 거창한 사랑의 선포보다 작은 사랑의 실천이 절실한 세상이기 때문이다. 아주머니의 가정에 신데렐라의 행운이 깃들기를 간절히 기원한다.

나는 눈을 좋아한다. 누구 못지않게 좋아한다. 나는 프로스트 Robert Frost의 눈 나리는 밤 숲속에서를 자주 음미한다. 시인은 약속을 지키기 위하여 수 마일을 더 가야하는데, 하얀 눈꽃이 바람결에 나부끼며 숲속을 채워가는 정취가 너무 아름다워 가던 길을 멈추고 마냥 숲속에 서 있는 것이다. 날은 이미 저물었는데 주인은 움직일 줄을 모르니, 주인을 태운 애마는 웬일인지 몰라 궁금하다. 말은 방울을 울려대며 갈 길을 재촉해보지만 주인은 거대한 숲이 눈 속에 묻혀가는 화려한 정경에 매료되어 좀처럼 숲을 떠나지 못한다. 꼭 지켜야할 약속이 있고 약속을 지키자면 아직도 수 마일을 더 가야하는데도 말이다. 시인은 눈과 숲과 자신이 하나 되어 속세를 망각해버린 것이다.

환속還俗을 모르는 프로스트의 시심詩心이 마냥 부럽다. 하기야 감수성의 차이는 있을지언정, 설경을 싫어하는 사람이 어디에 있을까? 첫눈이 내리면 자신도 모르게 환호성을 지르며 밖으로 뛰쳐나가는 사람들이 어디 한 둘인가? 그러나 모를 일이다. 나는 웬일인지 첫눈이 그리 달갑지가 않다. 아마도 첫눈에 얽힌 나의 신발 유감 때문일 것이다.

아니다. 그래서는 안 된다. 추억은 아름답다. 추억은 아름답게 가꾸는 것이다. 물도 주고 김도 매며, 꽃처럼 아름답게 가꾸어야 하는 것이다. 암울했던 지난날의 사념들은 모두 하얀 눈 속에 묻어야 한다. 하얀 시심을 따라 훨훨 창공을 날아 보라. 눈앞에 전개되는 신천지의 주인공이 되어보라. 세상사 모두 오직 마음 하나에 달려 있는 것이다.

웨딩드레스

나는 결혼식에 가면 신부의 웨딩드레스를 눈여겨보는 습관이 생겼다. 그렇다고 내가 예복에 대하여 전에 없던 전문지식을 얻게 되었다든가, 의상에 관한 새로운 취미를 갖게 되었다는 뜻이 아니다. 솔직히 말하면 나는 우리의 결혼식을 반성해보고 있는 것이다. 벌써 40년이 지난 일이지만 우리부부는 웨딩드레스를 입지 않고 결혼식을 올렸다. 우리가 결혼했던 1960년대에도 거의 모든 신랑신부가 소위 신식 결혼식을 선호하였고, 당연히 신부는 웨딩드레스를 입었었다. 그런데 우리는 어딘가 조금은 다른 데가 있었던 모양이다.

우리부부는 신식 결혼식을 택하면서도 웨딩드레스는 입지 않았다. 아마도 나의 독선적인 주장 때문이었을 것이다. 지금 생각해보면 아내에게 미안한 마음이 들기도 한다. 나는 아들들의 결혼식을 치르면서, 혹시 내가 아내의 속마음을 제대로 간파하지 못 했던 것은 아닌가 하는 의구심이 생겼다. 아들 며느리가 서로 마음에 드는 의상을 고르고 동영상을 찍고 하는 모습들이 아름답고 자연스러운 일상으로 보였기 때문이다. 나는 주례를 할 때나 하객의 입장에서나, 다소 달라진 시각으로 신부의 웨딩드레스를 바라보게 된 것이다.

결혼식은 누구에게나 일생에서 가장 중요하고 감동적인 이벤트이며, 결혼식 당일은 생애 최고의 날이다. 조선조에는 관혼상제 중에서 결혼을 가장 중요한 예식으로 인정하였다. 서민의 경우에도 혼례식 당일에 한하여 신랑에게 궁중 예복을 입도록 허용하였던 것이다. 군왕의 놀라운 시혜였다. 격식과 의례를 숭상하였던 유교 문화권에서도, 내면적으로는 그같은 인본주의가 숨쉬고 있었으니 참으로 경탄할 일이다.

신랑은 관복인 남색 단령團領을 입고 흉배를 달았다. 특히 조선조 말기에는 당상관堂上官이 패용하였던 쌍학흉배雙鶴胸背를 달게 하였고, 허리에는 일품 관직이나 둘렀던 서대犀帶를 띠었으며 사모紗帽를 쓰고 목화木靴를 신었다. 신부의 경우에는, 혼례식 당일에 원삼을 입고 머리에는 홍백 사에 금박을 물린 앞 댕기를 좌우로 늘였다. 머리에는 칠보로 장식한 족두리를 썼고, 신발의 양쪽 볼을 비단으로 장식한 당혜唐鞋를 신었다. 우리나라의 전통적인 혼례 복장은 품격 높고 수려한 의상이었다.

신식 결혼식은 서양풍의 혼례식을 말한다. 신식 결혼식에서 특별히 눈에 띄는 것은 단연코 신부의 웨딩드레스다. 웨딩드레스의 초점은 아무래도 얼굴을 가리는 너울인데, 로마 시대의 신부는 황홀한 염색焰色의 너울을 썼지만, 기독교인의 너울은 원래 흑색이었다. 그러나 기독교인들은 백색 의상을 주로 입었기 때문에 18세기 이후에는 너울 색깔도 의상에 맞추어 백색으로 바뀌었다.

서양에서는 결혼식을 주로 교회에서 주관하였던 관계로 신부는 하얀 원피스를 입는다. 원래는 노출을 꺼려 목이 높았는데 점차 목이 내려오면서 최근에 와서는 노출이 대담해진 편이다. 반면에 원피스는 길어지고 뒷자락이 생기면서 바닥에 기다랗게 끌리게 되었다. 머리에는 백색 꽃으로 장식한 베일을 늘이는 것이 보통이고, 신발은 드레스의 색깔과 같도록 흰 구두를 신는다. 팔 길이가 짧아지면서 흰 장갑을 길게 끼게 되었고, 손에는 백색 꽃의 부케를 든다.

구식 결혼이든 신식 결혼이든, 혼례 복장은 생애 최고의 날을 웅변해 준다. 내가 결혼하던 날, 우리 아버님께서 이렇게 귀띔을 해주셨다. "오늘은 허리를 굽혀 인사하는 날이 아니다. 목례만 하면 된다." 하기야 "당상관"이 어찌 서민(?)들에게 허리를 굽힐 수가 있겠는가? 당상관이면, 동반의 정3품 통정대부通政大夫 이상의 문관이요 서반의 정3품 절충장군折衝將軍 이상의 무관이다. 당시로서는 어마어마한 벼슬이었다.

신부의 너울은 "나만의 미모와 순결"을 비장하는 얇은 깁이었다. 솔로몬 왕이 연모하였던 술람미 여자의 너울이 떠오른다. 솔로몬은 너울에 가려진 여인의 미모와 순결을 애찬하며 흑인의 영가처럼 애절하게 송축한다(구약성경 아가서 4:1-16). 혼사 날 당일에 신랑신부의 마음은 영롱한 노을 속을 둥실둥실 떠다닌다. 꿈결의 왕자요, 꿈속의 공주다. 이 꿈이 영원하면 얼마나 좋으랴? 그러나 꿈은 깨어지기 마련이다. 천년 사직도 남가의 일몽이라 했으니, 혼일의 꿈은 찰나에 불과하다.

나는 결혼식을 꿈이 아닌 현실로 받아들이고 싶었다. 남들이 입는다 해서 "당상관"의 복장을 빌려 입을 생각도 없었고, 아내에게도 남들이 입었던 "술람미 여자"의 원피스를 빌려 입히고 싶지도 않았다. 우리는 결혼식에서 평상복을 입었다. 신랑은 검정 양복을 입고, 신부는 하얀 치마에 하얀 저고리, 그리고 하얀 수건을 썼다. 하객들에게는 초췌하게 보였는지 모르지만, 우리는 정결한 마음으로 경건한 결혼식을 치렀다. 우리는 행복했다. 다른 사람들의 이목이 문제가 아니라 우리의 생각 자리가 중요했다. 교만도 아니고 돌출 행위도 아니며 그저 우리의 소박한 생활 자세 그대로였다.

우리는 중매결혼을 하였다. 60년대 후반만 해도 자녀가 연애를 하면 큰일나는 줄 알았던 부모가 적지 않았지만, 사실 연애는 아무나 할 수 있는 것도 아니다. 호동왕자와 낙랑공주의 경우를 보라. 왕자는 사냥을 갔다가 우연히 공주를 만나, 그녀의 마음을 움쭉달싹 못 하도록 사로잡았다. 연애를 하려면 우선 호동왕자처럼 당당한 기품이 필요한 것이다. 그게 아니면 오셀로와 데스데모나의 경우를 보라. 오셀로는 흑인 장군이었지만 자신의 무용담을 통하여 백인 처녀의 마음을 녹여내는 말재간이 있었다. 오셀로의 화술에 말려든 데스데모나는 원로원 의원인 아버지와 천륜을 끊고, 흑인인 무어 족 출신의 연인을 따른다.

이 경우도 저 경우도 아니라면, 쓸개를 빼어 던지고 "열 번 찍어 안 넘어가면" 백 번이라도 찍겠다는 진드기 심장이라도 지니고 있어야 연애를 할 수 있는 것이다. 나처럼 품새도 별수 없고, 억척도 부릴 줄 모르는 평범한 사람이 어떻게 연애를 할 수 있었겠는가? 중매인의 신세를 질 수밖에 없었다. 하기야 대담한 낙랑공주나 당당한 데스데모나의 비극적인 종말을 생각하면 소박하고 텁수룩한 중매결혼도 절대로 나빠 보이지는 않는다.

나는 28세에 난생처음으로 맞선을 보게 되었다. 어머니와 올케쯤으로 보이는 아주머니와 함께 당사자인 규수가 나왔다. 처녀 쪽 어른들은 나의 가족 상황과 교육 배경 등에 대하여 몇 마디씩 질문을 하시고는 자리를 장본인들에게 넘겨주셨다. 막상 당사자들만 앉아 있으니 분위기가 서먹하고 대화의 전개도 쉽지 않았다. 맞선은 상대방의 인상과 외모를 확인하고 가치관 등을 알아보자는 것인데, 이 두 가지 모두가 그리 쉬운 일이 아니다.

먼저 외모에 있어, "제 눈에 안경"이라는 말이 있지만 각기 배후에 가족들이 있으니 자신의 심미안을 고집할 수 있는 것도 아니다. 상대방의 가치관을 알아보고 싶지만 처음 만나는 사람에게 까다로운 질문을 무례하게 던질 수도 없는 노릇이다. 자연스럽게 대화를 이끌어가면서 은연중에 상대방의 생활철학이 드러나도록 해야 하는데, 제한된 시간에 "열길 물속보다 깊다"는 사람의 마음을 어떻게 헤아릴 수 있으랴? 중매결혼의 맹점이라면 바로 그 점이었다. 우리 두 사람은 서로의 눈높이도 확인하지 못한 채, 사진 한 장씩을 교환하고 일어섰다. 향후 반세기 이상을 지탱해야 하는 토목 공사가 어찌 그리 손쉬우랴?

맞선을 봤으니 결과에 대한 소감을 알려주는 것이 예의일 것이다. 나는 사진을 다시 꺼내볼 수밖에 없었다. 망발일지 모르지만, 결단이 쉽지가 않았다. 그런데 이상한 것은 사진을 보고 있노라면 풍겨오는 모습이 싫지가 않은 것이다. 이 "싫지 않은 친화력"이 관건이었다. 결론을 내리지 못 한 채 사진을 꺼내보고, 집어넣다 또 다시 꺼내보는 단진동 운동으로 한 달 가까이 보냈다. 나는 무슨 일이든지 일단 시작을 하면 오직 앞만 바라보고 돌진하는 성격인데 나의 우유부단한 모습을 깨닫고 새삼 놀랐다. 이상보다 강하고 현실보다 절실한 친화력이 나를 운명처럼 집요하게 요지부동으로 사로잡고 있었던 것이리라.

입장은 상대방도 마찬가지였던 모양이다. 총각이 Y대학에서 학부와 대학원을 마치고 대학에 출강한다고 하니 장래성은 있어 보이는데, 키는 작고 몸은 뚱뚱하다보니 도대체 무슨 매력이 있었겠는가? 처녀의 어머니는 답답하다 못해 직접 총각의 집을 답사하여 상황을 살피기로 하였던 것 같다. 성냥 몇 갑을 보자기에 싸들고 성냥 장수로 가장하여 우리의 시골집을 찾아 나선 것이다.

총각의 집을 확인한 처녀의 어머니는 놀라서 뒤로 넘어질 뻔 하셨단다. 그것도 그럴 것이 집의 몸채가 쓰러져 있는데 쓰러진 집 속을 개구멍 드나들듯 사람이 드나들고 있었으니 놀라지 않을 수가 있겠는가? 처녀의 어머니는 중얼거렸다. "대학은 무슨 놈의 대학을 나와? 우리가 속았어. 속아도 단단히 속았어." 머리끝까지 잔뜩 화가 난 처녀의 어머니는 그 길로 곧장 중매인을 찾아갔다.

맞는 이야기였다. 우리 집은 태풍으로 인하여 보름 전에 본채와 행랑채가 쓰러졌었다. 하나님도 너무하시지. 하필이면 규수의 어머니가 우리 집을 답사할 무렵에 풍해를 내리실 게 무언가? 하기야 인명 피해가 없었던 것만 해도 천만 다행이었다. 이런 복잡한 일들로 해서 우리의 혼담은 소강상태에 빠져들었다. 무려 3년이란 세월이 피차에 연락도 없이 지났다. 우리로서는 우선 집을 복구하여야 결혼식을 올릴 수 있는 처지였다. 뿐만 아니라 나로서도 결혼 전에 집간이라도 한 칸 마련하는 것이 떳떳할 것 같았다.

나는 그 후로 이를 악물고 열심히 뛰었다. 그 악착같은 노력 끝에 시골집 본채를 복구하였고, 행낭채도 다시 건축하였다. 서울에도 작은 집을 한 채 마련하였다. 초라한 것이었지만 코너 집에다 가게도 한 칸 딸려있고 방도 두어 개가 되어 신혼부부가 살만은 하였다. "개구멍"을 드나들던 시골집 체면은 그런대로 정리가 된 것이다.

나는 전에 혼담이 있었던 처녀가 결혼을 했는지 여부를 알아봤다. 아직 결혼을 안 하고 있다는 것이었다. 다행이었다. 사진을 다시 꺼내 보았다. 여전히 "친화력이" 작용하였다. 이를 두고 천생의 연분이라 부르는 것일까? 신의 섭리가 작용한 것이다. 나는 만나자는 전갈을 보냈다. 그리고 결혼을 제의하였다. 떠도는 구름에서 현실로 내려오는 데에, 3년이 걸린 셈이다. 규수 측에서는 다시 선을 보자는 것이었다. 나는 순순히 응해 주었다. 그런데 선을 무려 세 차례나 더 보는 것이다. 신랑후보 검증을 정밀하고도 혹독하게 받았다.

이제는 당할 만큼 당했다 싶었을 때에 나도 제안을 하나 내놓았다. 한두 달 사이에 결혼을 마치자는 것이었다. 그랬더니 저쪽에서는 약혼도 않고 무슨 결혼이냐고 펄쩍 뛰었다. 나도 단호했다. 나는 결혼에 있어 현실론자다. 3년이나 끌었으면 됐지 무슨 약혼이 필요하냐고 정면으로 맞섰다. 그랬더니 저쪽에서는 깜짝 놀랄 만한 제안을 내 놓았다. 건강진단서를 떼어오라는 것이다. 기가 찼다. 나는 무병 건강을 주장하며, 강력하게 반발하였다. 당시로서는 건강 진단서의 요구는 무례를 넘어 일종의 모욕이었던 것이다.

그 쪽 사정은 그럴 만도 했다. 혼담이 시작되고 3년이 지난 후에 난데없이 다시 나타나서 결혼을 하자고 주장하고 그것도 한두 달 안에 식을 올리자고 다그치니, 혹시 무슨 불치의 병이나 있지않나 하고 의심이 되었을 것이다. 나는 밥을 적게 먹는 편이다. 어릴 때부터의 습관이다. "젊은 사람이 저렇게 밥을 못 먹는 데에는 속병이 있든지 무슨 곡절이 있을 거라"는 것이다. 나는 진단서를 떼면서까지 결혼을 할 생각은 추호도 없다고 정색으로 반박했다. 이상한 일이었다. 나의 당돌한 용기(?)가 긍정적인 평가를 받았던지 상대방은 의외로 온유하게 나왔다. 진단서 문제가 슬그머니 사라졌다.

나는 결혼준비 기간을 3개월로 연장하는 대신에 나에게는 평상복 한 벌만 있으면 된다고 엉뚱한 고집을 또 부렸다. 예물로 금반지를 교환하는 것 이외에는 예단은 접시 하나도 허용하지 않겠다고 선언하였다. 규수 댁에서는 이 같은 무례하고 종잡을 수 없는 나의 고집을 쉽게 이해하지 못하였을 것이다. 그러나 나로서는 맨주먹으로 신접살림을 꾸려가고 싶었던 것이다. 삶에 대한 나의 진솔한 자세였다. 나는 내킨 김에 신부의 혼례복도 웨딩드레스 대신에 평상복을 입자고 제의하였다. 요즘의 말로 내가 다소 "오버"를 했지만 신부는 나의 제의를 순순히 받아들였다. 고마웠다. 그러나 마음 한구석에는 죄책감도 없지 않았다. 어쩌면 소녀시절부터 가꾸어온 여성 특유의 낭만을 일거에 앗아간 것 같아서 말이다.

우리 처가는 살기가 넉넉한 집안이었다. 딸에게 해주고 싶은 것도 있었을 것이고, 시집으로부터 응당 받고 싶은 것도 있었을 것이다. 그런데도 모든 것을 양보하고 나의 주장을 수용하였다. 참으로 고맙게 생각했다. 사실, 예단 문제 때문에 얼마나 많은 부모들이 고민하며 고통을 받고 있는가? 양가의 부모와 혼인 당사자들이 한 자리에 모여 정답게 상견례까지 치르고도 예단이 문제가 되어 정혼을 못 하는 경우가 있는가 하면, 예단에 관한 약속이 처음과 다르다하여 청첩장까지 돌린 상황에서 파혼을 강행하는 경우도 없지 않다.

내가 잘 아는 어느 사업가는 딸의 결혼 문제로 큰 상처를 받았다. 서랑 후보는 외모가 반듯하고 행정고시에 합격하여 정부의 어느 부서에서 일하고 있는 유망한 청년이었다. 따님 역시 국내 S대학에서 학사와 석사를 하고, 미국의 명문 M대학에서 박사 학위를 취득하였다. 그만하면 기울지 않는 혼사다. 다만 총각의 가정이 경제적으로 윤택하지 못하다는 말을 들었다. 정혼을 하고 청첩까지 하였는데 총각의 어머니가 중간에 사람을 넣어 계속 칭얼댔던 모양이다. 한 몫 크게 떼어주지 않는다는 불만이었다.

처녀 측에서 그만 파혼을 해버렸다. 처녀 측에서 보면 자존심에 관한 문제였고 총각이 타락한 속물로 비쳐진 것이다. 양가 모두 상처를 입을 게 분명하지만 괴로운 선택을 취할 수밖에 없었다. 우리의 결혼 문화가 여러 가지 측면에서 속물주의에 빠져드는 현상이 참으로 안타깝다. 격조가 어긋나면, 본질이 훼손되기 마련이다.

지금도 나는 궁금하다. 우리 그이가 진심으로 나의 평상복 제의를 받아들인 것이었는지, 아니면 아쉬움을 뒤로하고 대승적 견지에서 양보한 것이었는지를 명쾌히 알 수가 없다. 어쩌면 나약하게 나오던 신랑 후보가 일괄 타결을 내세워 갑자기 "황고집"으로 돌변하는 바람에 부득이 평소의 생각을 단념해버렸는지도 모를 일이다. 만일 그렇다면 모른 체하고 그냥 넘어갈 일이 결코 아니다. 아직도 기회는 있다. 돌아오는 금혼식에는 멋진 웨딩드레스를 입고, 50년의 회한을 풀 수 있도록 기회를 마련해야한다. 산전수전 다 겪은 이 마당에 무엇을 주저하랴? 타오르는 석양 노을, 멋진 황혼을 신나게 연출하는 것이다.

우리의 금혼식은 2018년 2월 10일이다. 그날을 위하여 적어도 10년은 더 살아야 한다. 그리고 건강해야 한다. 건강을 잃으면 산술적 나이에 20년을 더한들 무슨 필요가 있겠는가? 2018년 첫날에 동쪽에서 희망찬 태양이 힘차게 떠오르면, 나는 50년을 숙성한 포도주 한 잔을 정겹게 따르며 살며시 물어볼 것이다. "여보, 당신 웨딩드레스 입고 싶지 않아? 2월 10일이 우리의 금혼식인데-" "이 나이에 무슨 웨딩드레스, 쑥스럽게?" 하고 아내가 눈시울이라도 적신다면, 나는 아직 식지 않은 이 뜨거운 가슴으로 그이의 눈물을 닦아주리라. 50년을 폭군처럼 군림해 왔는데 한 번쯤 꺾인다고 "황고집"의 정체성에 탈이 날 것인가? 황고집도 결국은 "주께서 맺어주신" 사랑의 역설적인 친화력이 아니었던가?

나는 오늘도 상명대학교 뒷길, 북한산 탕춘대 성벽을 따라 향로봉을 거쳐 비봉에 올랐다. 10년의 산술적 마지노선은 물론, 건강의 마지노선을 사수하기 위해서다. 향로봉에 가까이 가면 숨이 차고 가슴이 뻐근하다. 나 같은 70객으로서는 만만치 않은 코스다. 그래도 가야한다. 향로봉을 넘어 비봉에 올라야 한다. 비봉의 정상에는 국보 제 3호, 신라 진흥왕의 순수비巡狩碑가 있다. 나라의 임금님도 순수를 하셨는데, 내가 못한대서야 말이 되겠는가?

내주에도 그 다음 주에도 우리는 올라야 한다. 금혼식을 연출하려면 두 마지노선을 꼭 지켜내야 한다. 앞으로도 결혼식에 초대를 받으면 나의 시선은 어김없이 신부의 웨딩드레스에 모아질 것이다. 아내가 마음속 뒤안길에 50년을 고이 접어둔 그 꿈을, 이제는 꽃처럼 예쁘게 활짝 피워야 한다. 봄날의 우아한 모란처럼 말이다. 세상일 어느 것이나 "맺은 자가 풀고" 가는 것이다.

기도

기도는 본능에 속하는 하나의 생활 현상이다. 인간이 초자연적 존재를 의식하게 되면서부터 기도가 시작되었을 것이다. 우리는 신변에 위기를 느끼면 본능적으로 "하나님"을 찾는다. 기도는 원초적으로 본능적 소산이며, 인간과 절대자와의 은밀한 대화인 것이다.

대화에는 매체가 필요하다. 하이데가Martin Heidegger는 그 매체를 언어language라 했다. 그가 의미하는 "언어"는 오직 "진실만을 전하는" 절대적 기능을 갖는다. 타락한 언어는 신과의 대화에서 매체의 기능을 할 수 없다는 말이다. 언어에는 음성을 통하여 전하는 구술verbal language도 있고, 몸을 움직여 전하는 몸짓body language도 있다. 무릎을 꿇고 합장을 하거나 연속적으로 허리를 굽히는 동작도 있다. 그 모두가 간절한 심경을 동작으로 나타내는 기도의 행위들인 것이다.

물론 이들과는 전혀 달라 보이는 동작도 있다. 이를테면, 동전 던지기coin-flipping도 하나의 기도 형태였다고 한다. 동전 던지기는 씨자Juius Caesar가 처음 시작한 기도 행위로 전해지고 있다. 그는 중요한 결정을 앞에 놓고 신의 뜻을 동전 던지기로 확인하였다 한다. 자기의 얼굴이 새겨진 동전 하나를 던져서 자신의 얼굴이 나오면 자신의 기도가 응답된 것으로 믿고 그의 계획을 강행하였다는 것이다. 자기의 계획이 뜻대로 이루어지기를 신에게 간구하는 동작이라 할 수 있다.

우리나라에는 20세기 초반까지만 해도 시골 고을마다 단골丹骨 어미라는 기녀祈女가 있었다. 단골어미는 일종의 하급 무녀다. 집안에 환자가 생기거나 손재나 환란을 당하면 단골어미를 불러 손을 비빈다. 특히 정월 대보름을 전후하여 집집마다 흰떡을 찌고 무나물을 양념 없이 깨끗하게 요리하여 깔끔한 음식으로 차려 놓고 조상님께 기원한다. 지금도 지역에 따라서는 그러한 풍습이 남아있을지도 모른다. 어릴 때의 기억이 희미하게 떠오른다.

단골어미는 집안 구석구석을 다 찾아다니며, 꽹과리와 징을 두들겨 자기가 믿는 귀신들을 불러낸다. "안방 귀신, 다락 귀신, 마루 귀신, 뜰방 귀신, 부엌 귀신, 마당 귀신, 즉간 귀신, 장녹 귀신, 부뚜막 귀신, 삼시랑 귀신, 사립문 귀신, 우물귀신" 등, 귀신들도 많기도 하다. 집안에 널려 있는 게 귀신들이다. 이들을 모두 불러내어 두 손을 부비며 큰 절을 연거푸 구부린다. "비나이다. 비나이다. O씨 자손, O대 자손, OOO가 OO으로 앓고 있으니 깨끗이 낫게 해 주사이다." 이 같은 동작과 언어는 토속적 기복祈福의 전형적인 전달 매체들이다. 물론 이 정체불명의 미신들에게도 나름대로는 각기 그 배경에 절대적(?)인 신의 존재가 깔려 있을 것이다. 시퍼런 작두날에 온 체중을 싣고 춤을 추는 무당의 믿음이 얼마나 절대적인 신앙인가? 등골이 오싹하지 않는가? 믿음의 용기 없이는 불가능한 일이다.

기도의 매체가 어떤 형태로 나타나든, 기도의 본질은 신과의 영적인 교제다. 영적 교감 없이는 신과 인간적인 관계를 맺을 수 없다. 기도는 때로 간구와 찬양의 형태로 나타날 수 있고, 때로는 감사와 고백과 속죄의 형태가 될 수도 있다. 형태야 어찌되었든 대화와 교제에는 의사 전달의 명확성이 중요하다. 기도의 주제가 잘 전해지고 그에 대한 응답 또한 분명히 파악되어야 성공한 기도라 할 수 있다. 사람들은 어떻게든 신으로부터 응답을 얻기 위하여 각양각색의 기도를 시도한다. 새벽기도도 하고 철야기도도 하며, 산상기도도 하고 금식기도도 한다. 가끔 삼각산에 올라보면 하늘이 무너지라고 "주여!!!"를 외치는 자가 있는가 하면, 땅이 꺼지라고 발을 구르며 무엇인가 중얼대는 자도 있다.

어느 경우에는 "알랄라 알랄라 알랄라— 얼럴러 얼럴러 얼럴러— 랄라랄라랄라— 어! 울라울라울라—" 도무지 무슨 말인지 알 수 없는 소리도 들린다. 워낙 빠른 리듬으로 반복되는 소리라서 내가 제대로 옮겨 썼는지 모르지만, 아무리 신과의 대화라 할지라도 의사소통이 제대로 되고 있는 것인지 궁금하다. 혹자는 이러한 소리(?)들을 방언이라고도 하던데, 어떻게 해서든 신의 주목을 끌려는 독특한 기도의 언표일 것이다. 그러나 기도에는 언표 이전에 진지한 묵상이 필요하다. 신과의 대화에는 묵상 이상의 매체는 없다.

인간은 묵상을 통해서 신과의 은밀한 영적 교감을 이루는 것이다. "언어"는 묵상의 내용일 뿐이다.

벌써 오래 전의 일이다. 우리 아버님은 전립선암으로 돌아가셨다. 암의 말기가 되어서 그랬는지 중추신경에 암세포가 전이되어 말씀도 못하시고 듣지도 못하시고 글씨도 못쓰셨다. 의사소통이 안 되는 것이다. 참으로 답답했다. 병원에서는 요로에 호수를 끼워 소변을 제거하는데, 아버님은 불편하셔서 그러셨겠지만 호수를 손으로 뽑아버리신다. 다시 끼려면 불편이 이만저만이 아니다. 출혈도 있고 통증도 심하여 참으로 눈뜨고 보기 힘든 장면이 연출된다. 몇 차례나 같은 불편을 되풀이한 후에, 주치의는 아버지의 두 손을 침대 철봉에 묶어버렸다. 보호자들이 항의를 해봤지만 의사 선생님은 어쩔 도리가 없다고 완강했다.

제일 안타까운 것은 아버님의 표정이었다. 아버님은 얼굴 표정을 통하여 항의를 하시는 것이다. 말씀도 못하시고 듣지도 못 하시니 설명을 해드려도 이해를 못하시는 것 같았다. 아버님께서는 당신이 정신병 환자도 아니신데 왜 이렇게 손을 묶느냐고, 속으로 얼마나 우리들을 원망하셨을까? 나는 아버님의 대노하신 모습을 보고 말없이 그저 눈물만 흘리고 있었다. 아버님은 십 여일 후에 운명하셨다. 나는 가슴이 터질 듯이 아파왔다. 지금도 나는 가끔 되뇐다. "아버님과 의사소통만 되었더라도 아버님이 이 불효자식을 그렇게 원망스런 눈으로 쳐다보시지는 않으셨을 텐데—" 대화에는 전달 매체가 무엇보다 중요한 요건이다.

하나님God은 누구의 기도에도 꼭 응답을 하신다. 예수님은 말씀하셨다. "구하라 주실 것이요, 두드려라 열릴 것이다." 기도의 응답을 초조하게 기다리며 애걸하는 자가 있다면, 그는 주님의 응답을 듣지 못하거나 파악하지 못하고 있을 뿐이다. 기도의 매체가 불완전하기 때문이다. 타계하신 우리 아버님처럼 신경이 마비되었든지, 아니면 묵상이 부족한 탓이다. 신God은 진리이므로 만고에 변함이 없고, 신은 질서이므로 추호의 혼돈도 없으며, 신은 조화이므로 삼라만상의 공의를 저버리지 않는다. 신은 태초의 계획대로 한 점의 차질도 없이 일관되게 우리를 섭리하신다. 착각은 금물이다. 신은 사사로운 정에 사로잡히거나 어느 특정한 언어 행실에 이끌리어 본래의 계획을 변경하는 경우는 있을 수 없다.

기도는 하나님의 뜻을 파악하여 확인하는 일이며, 그 확인에 따라 하나님께 더 가까이 나아가려는 노력과 몸짓인 것이다. 진정한 기도는 주님을 묵상하고 송축하는 행위이며, 자신의 과오를 고백하고 속죄를 간구하는 행위이며, 주님의 뜻을 깨달아 순종하는 행위이다. 예수님도 십자가의 수난을 앞에 두고 이렇게 기도하셨다. "아버지께는 모든 것이 가능하오니 이 잔을 내게서 옮기옵소서. 그러나 나의 원대로 마옵시고 아버지의 원대로 하옵소서.(마가. 14:35)" 엄격히 말하여 기도의 응답은 서원의 달성이기보다는 주님의 뜻을 깨닫는 것이다. 우리가 열심히 기도하면 할수록 우리는 그만큼 주님의 뜻을 보다 빨리 파악하고 보다 빨리 교감을 얻어낼 수 있는 것이다.

우리가 바라는 것이 모두 다 이루어졌다고 해서, 꼭 우리의 기도가 응답되었다고 볼 수도 없다. 상황을 바꾸어 말하면, 우리가 바라는 것이 전혀 이루어지지 않았다고 해서 우리의 기도가 응답되지 않은 것도 아니다. 무엇보다도 기도에 대한 하나님의 뜻이 이루어져야 그 기도가 응답된 것이다. 기도의 응답 또한 묵상에 의한 하나님과의 대화를 통하여 확인이 되는 것이다. 묵상 기도만이 천국의 문을 두드리는 유일한 대화체계인 것이다.

≪햄릿≫에서 친형인 왕을 시해하고 왕위를 찬탈하여 형수마저 왕비로 삼아 근친상간을 자행한 클로디우스는 속죄의 기도에서 이렇게 술회한다.

> 나의 처지에는 무어라고 기도해야 된다는 말인가? 나의 간악한 살인을 용서하여 달라고? 안될 말이다. 내가 살인을 통하여 탈취한 대가들을 지금도 그대로 소유하고 있는 형국인데 될 말인가? 나의 왕관도, 나의 야망도, 나의 왕비도 그대로 내가 지니고 있지 않은가? 회개를 하려면 이 공의롭지 못한 것들을 모두 버려야 하는데, 장물贓物을 그대로 가지고 있으면서 어떻게 용서를 간구한단 말인가? — 오! 끈끈이 풀에 달라붙은 나의 영혼이 가엾구나. 올가미에서 빠져나오려고 발버둥을 쳐보지만 몸부림을 치면 칠수록 더욱 강하게 달라붙으니 이를 어찌하면 좋으냐! (3.3.51-69)

클로디우스는 기도의 응답을 받지 못한 것처럼 안타까워하지만, 그의 간절한 기두는 이미 응답된 것이다. 그가 신의 뜻을 분명히 파악하여 상황을 명쾌하게 인식함으로써 신의 뜻에 순응하기 때문이다. 예수님이 십자가의 고난을 당하실 때 그의 기도가 응답받지 못한 것처럼 보이지만, 그가 "다 이루었다.(요한. 19:30)" 라고 십자가상의 칠언을 마침으로써 기도의 응답을 완전히 받은 것이다. 예수님은 대속의 큰 뜻이 이루어졌음을 파악하였기 때문이다.

미국의 16대 대통령 링컨은 위대한 정치가일 뿐만 아니라, 진정한 기도의 용사였다. 남북 전쟁에서 북군은 병력이나 군수 물자에서 남군을 압도하였다. 그러나 리Robert Edward Lee 장군의 탁월한 지휘와 전술에 눌려 한 때는 패전의 직전까지 갔었다. 남군의 포성이 정부의 청사를 뒤흔들었다. 누란의 위기였다. 참모들은 전황을 보고하기 위하여 비서실을 쉴 사이 없이 들랑거렸지만, 대통령은 아랑곳하지 않고 엎드려 계속 기도를 하고 있었다. 참모들은 그 긴박한 상황에서도 전황조차 보고할 수가 없었다.

링컨은 포성이 다소 멀어질 즈음에야 고개를 들었다. 참모 하나가 냉큼 대통령에게 보고하였다. "각하께서 하나님께 우리 편이 되어 우리를 도와달라고 기도하신 덕택에 전황이 호전된 것 같습니다." 링컨은 태연하게 대답했다. "아닐세. 나는 하나님께서 우리 편에 서 달라고 기도한 게 아니라 우리가 하나님 편에 서게 하여 달라고 기도하였을 뿐이네." 그렇다. 우리가 스스로 진리와 공의의 편에 서 있어야 주님 안에 거할 수 있다. 우리가 몸소 나아가 하나님과 동행할 때에만 기도의 응답을 명쾌하게 들을 수 있는 것이다.

때로는 기도에도 부정행위(?)가 있다. 60년대 후반의 일이다. 내가 근무했던 학교는 기독교 학교여서, 일과를 시작하기 전에 경건회를 드린다. 경건회는 기독교 기관에서 행하는 간단한 예배 의식이다. 선생님들이 돌아가며 대표기도를 하게 되는데, 순서는 미리 지정된다. 그런데 적지 않은 선생님들이 마치 시험 때의 컨닝 페이퍼처럼 종이쪽지에 기도문을 적어가지고 와서(더러는 남에게 기도문을 부탁하는 경우도 있다) 읽는다. 선생님들 중에는 장난기가 지나친 분들이 더러 있었다.

J선생님의 기도 차례였다. 선생님은 감정을 적절히 섞어가며 기도를 잘(?) 해나갔는데, 갑자기 기도가 끊겼다. 시간이 제법 흐르고, 발자국 소리가 들리고, 테이블 부딪치는 소리가 나는 등 무언가 사달이 난 것이다. 눈을 감고 있던 선생님들은 몰래 눈을 떠 볼 수밖에 없었다. 나도 눈을 살며시 떠보니, 기도하던 J선생이 테이블 밑으로 기어들어가서 무엇을 찾느라고 야단이다. 좌중에서 킬킬대는 소리가 들렸다. 한참 후에야 기도가 다시 이어졌다. 기도의 컨닝 페이퍼(?)가 테이블 밑으로 날려가는 바람에, 페이퍼를 찾는데 시간이 걸린 것이다.

경건회는 그런대로 탈 없이 마쳤다. 후문에 의하면, 장난기 많은 Y선생이 J선생의 기도문을 손바닥으로 내려쳐서 테이블 아래로 떨어뜨렸다는 것이다. 하필이면 그 종이쪽지가 그만 테이블 밑으로 말려 들어가는 바람에 J선생이 테이블 밑으로 기어들어가 쪽지를 찾느라 시간이 걸렸다는 것이다. 웃지 못 할 하나의 해프닝이었지만, 형식주의의 타성에 의하여 기도의 본질이 퇴색되어가는 안타까운 현실을 여실히 보여주는 장면이었다.

무엇보다도 자기중심적 기도에서 벗어나야 한다. 링컨은 불쌍한 동물의 생명을 구해주고도 속죄의 기도를 올렸다 한다. 링컨 대통령은 급한 일이 생겨 황급히 집무실로 돌아오는 중이었다. 수렁에 빠진 돼지 한 마리가 수렁에서 벗어나려고 애쓰는 모습이 차창으로 보였다. 안타까웠지만 시간에 쫓겨 어쩔 수 없이 그대로 집무실로 돌아왔다. 급한 업무를 마친 대통령은 수렁에서 고통을 겪는 돼지 모습이 머리에 떠올랐다.

링컨은 마음이 괴로워 견딜 수가 없었다. 그는 현장을 찾아가

돼지를 수렁에서 구해주었다. 그리고는 기도대 앞에 무릎을 꿇었다. "하나님, 저의 이기적인 사랑을 용서하여 주옵소서. 돼지 같은 미천한 동물도 하나님이 지으신 생명인데, 생명의 귀중함을 깨달아 그 동물을 구해준 것이 아니라 저의 불편한 마음을 달래기 위하여 돼지를 구하였나이다. 저의 이기심을 용서하여 주시옵소서." 링컨 대통령은 역시 기도의 용사였던 것이다.

기도 중에서 가장 은혜로운 기도는 중보의 기도다. 중보기도란 다른 사람을 위한 기도를 말한다. 중보의 개념은 예수님의 위대하신 대속의 역사로 연결된다. 독일의 한 무명 미술 지망생이었던 한스의 헌신과 중보기도는 그의 친구 뒤러Albrecht Deurer를 문예부흥기 독일의 최대 미술가로 만들었고, 뒤러는 한스의 중보기도를 위대한 예술로 승화시켰다. 뒤러의 유명한 작품 기도하는 손The Praying Hands은 친구인 한스의 손을 묘사한 것이다. 기도하는 손만큼 감동적인 일화를 남긴 예술품도 없을 것이다.

너무나 잘 알려진 이야기다. 한스와 뒤러는 극빈한 미술 지망생들로서 절친한 친구가 되었다. 이들의 꿈은 하늘처럼 높았지만, 워낙 가난하여 미술학교에 들어갈 엄두를 내지 못하였다. 한스는 자신이 돈을 벌어 뒤러의 학비를 마련해주고, 뒤러가 미술학교를 마치고 그림이 팔리면 자신이 공부를 하겠노라고 제의하였다. 두 사람은 서로 상대방더러 먼저 공부하라고 우겼지만, 한스의 열의가 워낙 강하여 뒤러가 먼저 공부를 하게 되었다. 한스는 희망을 가지고 기쁜 마음으로 어떠한 막노동도 마다하지 않고 열심히 일하여 뒤러를 도왔다. 뒤러는 미술학교를 마쳤고, 이제 한스가 공부할 차례가 되었다.

뒤러가 한스의 방을 찾았을 때, 한스는 두 손을 모으고 기도를 하고 있었다. "주님, 뒤러가 미술학교를 마치고 그림을 그릴 수 있도록 도와주신 은혜에 감사합니다. 제가 공부를 할 차례가 되었으나, 주님께서 보시듯이 저의 손은 굳어버렸고 뒤틀린 손가락이 많습니다. 뒤러가 계속해서 미술에 정진하여 훌륭한 작가가 되도록 도와 주옵소서.—" 뒤러는 한스의 기도를 들으며 쏟아지는 눈물을 억제할 수 없었다.

뒤러는 눈물을 흘리며, 기도하는 한스의 손을 즉석에서 스케치하였다. 이 손이 그 유명한 기도하는 손이다. 한스의 간절한 중보의 기도가 응답되었던 것이다. 뒤러는 미술 이론의 정립은 물론, 최초의 인체 비례 수자 아담과 이브와 4성들 등 세계적인 걸작들을 많이 냈다. 양적으로도 유채화 100여점, 목판 350점, 동판 100점, 데생 900여점 등을 창작하여 르네상스 독일 미술의 실증이 되었다. 한스의 중보기도가 이룩한 커다란 축복이었다.

아마도 2007년도의 가장 비통한 참사는 미국 버지니아 공대에서 발생한 우리나라 교포 조승희 학생의 총기 난사 사건일지도 모른다. 교수와 학생 등 무려 32명의 무고한 지성인이 희생되었고, 그 중에는 세계적인 석학도 끼어 있다. 얼마나 통탄하고 애석한 일인가? 전 세계가 놀라고 분노했으며, 특히 우리 한국인들은 이 어처구니없는 비극으로 인하여 부끄러워 스스로 얼굴을 들 수 없었다. 미국에 거주하는 우리 교포들의 처지가 몹시 곤혹스러웠을 것이다. 사실 우리부부는 우리 막내아들 내외가 미국에서 살고 있기 때문에 더욱 무거운 죄책감을 느꼈다. 솔직히 말하면 이러다가 인종 분쟁이나 일어나지 않을까 걱정도 되었다.

그런데 이 놀라운 사건에 이어 더 놀라운 일이 나타났다. 희생자들의 합동 영결식장 옆에, 천하의 망나니(?) 조승희씨의 영혼을 위로하는 빈소가 마련된 것이다. 조승희씨의 영전에 아름다운 꽃을 바치고 그의 명복을 비는 기도가 이어졌다. 놀랍고 놀라운 일이었다. 비록 소수의 인원이었지만, 그들은 조 씨의 무차별 학살 행위에 대하여 상황 윤리학을 적용한 것이다. 조 씨를 소외 계층으로 전락시켜 인류에게 반기를 들게 한 미국의 사회는 과연 정당했는가 하는 반성이다. 그들은 증오와 분노의 가시밭길을 맨발로 걸으면서, 피맺힌 사랑의 오솔길을 힘겹게 닦고 있는 것이다. 그들의 관용은 미국의 위대성이며, 기독교의 승리이다. 중보의 기도는 우리를 감동시키고, 하나님을 감동시킨다. 지성이면 감천인 것이다.

신은 기도에 즉각적인 응답을 주는 경우도 있고 기다리는 경우도 있다. 전자는 우리의 서원이 신의 뜻과 합일할 때에 나타나는 경우이고, 후자는 기도의 내용이 신의 뜻에 합일하지 않을 때 나타나는 경우이다. 신은 후자의 경우에 더더욱 적극적으로 대처한다. 신은 서원의 내용이 신의 뜻에 부합하도록 조정하고 시의에 맞도록 기다리며, 우리의 기도를 바른 길로 인도한다. 소련의 문호 톨스토이는 말했다. “신은 안다. 그러나 기다린다.” 기도의 응답은 빠르면 순식간에도 이루어지고, 늦으면 수년이 걸릴 수도 있으며 수십 년도 걸릴 수 있을 것이다.

공의에 순응하는 심령들이여! 그대들은 마음이 괴로워 금방이라도 가슴이 터질 것 같고 현기증이 엄습하여 하늘과 땅이 뒤집어지는 곤혹을 겪어 보았는가? 그럴 때면 주저말고 주님을 찾아가 아뢰어라. 불의의 세력들이 무차별한 횡포로 무구한 사람들을 억압

할 때, 그대들은 의분에 떨어보았는가? 이제는 우리 대한민국도 산업화와 민주화에 이어 법치화로 선진국의 대열에 당당히 합류하려는 국민적 열망을 짓밟고, 도처에서 불법과 탈법을 자행하는 무법자들에게 혀를 깨물며 배신감을 느껴봤는가?

인간살이에서 성실과 노력만이 성공이라 확신하며 앞만 보고 달리다가 기회마다 묘하게도 운명이 자기를 피해 달아날 때, 깊은 원망과 처절한 허탈감을 맛보았는가? 하나님이 선한 목자를 보내주셨다고 감사하며 이웃에게 자랑하던 일이 엇그제였는데, 그대들의 영혼이 이미 죽어 있어 몇 개월을 흔들어도 끄떡도 않는다며 냉큼 짐을 싸버린 황망한 목자의 뒷모습을 바라보고 우리나라 기독교의 일각을 통탄해본 적이 있는가?

사랑하는 형제자매들이여, 인간들끼리 발버둥을 치고 안달하며 아우성을 칠 것이 아니라 하나님께 모든 것을 가감 없이 사실대로 아뢰어보라. 하나님은 곧 세미한 음성을 통하여 그대들의 기도에 응답할 것이다. 묵상하는 가운데 신의 뜻을 파악하는 순간, 포근한 사랑의 위로와 마음의 평화를 느끼게 될 것이다. 미움이 사라지고 중보의 기도가 저절로 나오리라.

더러는 우리 주위에 안타까운 일들이 나타난다. 공동체가 합심하여 기도하려는 취지는 좋을지 모르지만, 동싱 기도를 통하여 장내를 성토장(?)으로 만들고 고성능 확성기에 에코장치까지 곁들여 바람잡이처럼 혼란스런 분위기(?)를 띄우는 경우도 적지 않다. 모두가 허황한 일이다. 기도는 감정에 호소하는 것이 결코 아니다. 발버둥치고 안달하며 절규한다고 되는 것이 아니다. 통성이나 에코장치 등은 결코 진솔한 기도를 인도하지 못한다. 감상感傷을 몽상夢

想으로 몰아가는 회오리바람에 불과할지도 모른다.

쓰나미가 휩쓸고 지나간 자리에는 어지러운 혼탁만이 남는 것이다. 외식하는 기도는 결코 참 기도가 될 수 없다. 고대 희랍의 철인 플라톤은 "진리 곧 창조주에 도달하려면 정신이 청정하고 적료寂寥해야 한다."고 역설하였다. 예수님이 제자들에게 골방에서 기도하라고 말씀하신 것도(마태. 6:6) 같은 맥락이 아닐까? 모름지기 은밀히 그리고 간절하게 기도할 지어다. 맑고 밝은 응답이 신의 나직한 음성을 타고 들려오리라.

"한 방"의 신화

초여름 이른 저녁, 확 트인 남쪽 하늘을 바라보면 시원하게 흘러내린 은하 속에 유난히도 밝은 무리 별 육 형제가 국자의 모습을 드러낸다. 남두육성南斗六星이다. 북두칠성에 대비되는 명칭이다. 이들을 중앙에 두고 24-5개의 별들이 사방으로 펼쳐져 육안에 들어오는데, 이 성군星群이 바로 궁수 별자리弓手座다. 반인반마半人半馬의 형상을 지닌 켄타우로스Centauros족 케이론Cheiron이 네 마각馬脚으로 굳게 버티고 서서, 양손으로 활줄을 힘차게 당기고 있는 모습이다. 케이론은 무엇인가 한에 맺힌 얼굴로 과녁을 향하여 회심의 한 방을 노리고 있는 것이다.

그리스 신화에 보면 켄타우로스 족은 상반신은 두 손을 지닌 인간의 모습이며, 하반신은 네 발을 지닌 말의 모습이다. 그들은 인면수심人面獸心이어서 성격이 난폭하고 야만적이다. 그들은 라피

타이 족의 왕 페이리토스의 결혼식 피로연에서 술에 취한 나머지 신부와 여인들을 마구 겁탈하는 등 온갖 행패를 부리다가 영웅 테세우스에게 쫓겨 삶의 터전인 페리온 산에서 도망쳐 흩어졌다.

그들은 에리만토스 산의 멧돼지 사냥으로 공적을 세운 영웅 헤라클레스를 집으로 초청해놓고, 역시 술에 취하여 집단으로 헤라클레스를 습격했다가 그의 반격으로 대부분이 살해되었다. 켄타우로스 족 가운데 가장 추앙을 받았던 케이론도 이 때 헤라클레스의 독화살을 발목에 맞고 살해되었다. 대 역전의 한방을 노리고 있는 켄타우로스의 별자리 신화는 이렇게 해서 이루어진 것이다.

신화는 창조의 개념을 설화로 구체화한 것이다. 초자연적이며 비논리적인 대목이 대부분이다. 그럼에도 불구하고, 신화는 시사성示唆性이 강하고 비유가 유쾌하여 오늘날에도 구비문학으로서 인류의 사랑을 받는다. 신화적 진리가 용인되고 있는 것이다. 그리스 신화는 도시국가polis의 번영으로 하락세를 보이기 시작하였다. 도시국가들에 민주주의가 만발하면서 인간의 가치가 존중되고, 상대적으로 신의 위상이 추락한 것이다.

신의 권위가 쇠퇴하면서 신화도 휴면되었고, 문학에 대한 관심도 비극tragedy에서 희극comedy으로 옮겨갔다. 고대 희랍의 비극은 막강한 신의 권위에 도전하는 인간의 오만hubris에서 비롯되기 때문이다. 그런데 모를 일이다. 역사의 역주행도 있는 모양이다. 21세기 대한민국에 때아닌 현대판 신화가 등장했다. 목하, 대선 정국에 "한 방"의 신화가 맹위를 떨치고 있는 것이다.

제 17대 대통령 선거전(2007. 12. 19. 투표)은 우리나라 정치사에 또 하나의 황당한 면모를 각인시켜 놓았다. 여야 정당간의 정책 대결은 아예 찾아볼 수 없고, 시종을 상대방 후보에 대한 비방으로 일관했다. 야당인 한나라당의 이李 아무개 후보가 일찌감치 40%를 넘는 높은 지지율을 보이고 있는 반면에, 여당인 통합신당의 정鄭 아무개 후보는 10%대의 저조한 지지율을 넘지 못하고 전전긍긍하였다.

이를 보다 못한 집권여당의 이李 아무개 전직 국무총리는 "(야당후보의 높은 지지율은) 한 방이면 끝나게 되어 있다."고 호언장담했다. 그는 지난 2002년 대선에서 괴력을 보였던 "한 방"의 신화를 다시 떠올린 것이다. 당시 야당의 이李 아무개 후보는 하늘을 찌를 듯이 높은 지지율을 등에 업고 유유자적했었다. 유권자들도 너나없이 같은 반응이었다. 하늘이 무너지지 않고 땅이 꺼지지 않는 한, 야당의 이 아무개 후보가 당선된다는 예측이었다. 그야말로 따 놓은 당상이었다.

역전의 한 방은 바로 이런 때에 필요한 것이다. 아니나 다를까 김金 아무개가 홀연히 나타나서 이 아무개 야당 후보의 병무 비리를 들고 나와 낱낱이 사실 증언을 하였다. 적시에 한 방을 날린 것이다. 때를 놓칠세라 몇몇 친여 신문들은 김 아무개를 의인으로 칭하며 국기 문란을 바로잡기 위하여 태어난 충절 의사로까지 치켜세웠다. 병풍兵風의 쓰나미가 세상을 무섭게 휩쓸었던 것이다.

천정부지로 치솟던 이 아무개 야당 후보의 지지율은 단숨에 10%대로 곤두박질하였다. "한 방"의 신화가 노盧 아무개 여당 후보를 대한민국의 제 16대 대통령으로 탄생시키는 데 결정적인 역할을 한 것이다. 엄청난 일이었다, 그러나 김 아무개가 일으킨 병풍은 역시 거짓 신화에 불과하였다. 김 아무개는 사기죄로 판결을 받아 억대의 벌금과 더불어 영어의 몸이 되었다. 얼마나 후진국적 정치 현상인가? 그 통한을 어찌 할꼬?

앞에서 지적한 바, 이李 모 전 국무총리가 예고한 "한 방"의 신화는 또 다른 김金 아무개가 바람을 몰고 올 BBK의 주가 조작 의혹이다. BBK의 김金 아무개 사장은 BBK의 실소유주가 자신이 아니라 이李 모 한나라당 후보이며, 따라서 수백억 원의 부당 이익을 챙긴 장본인도 바로 이李 모 한나라당 후보라고 강변할 것이 분명하다. 배후에 비호세력이 있었는지는 알 수 없지만, 김 아무개가 미국을 떠나 한국에 얼굴을 내밀었던 그 표정은 기고만장하였다. 개선장군의 모습 그대로였다. 약속했으리라. 주풍株風은 종래 일지 않았다.

이李 모 전 총리가 내어 뱉은 "한 방"은 한나라당이 되받은 대로 "헛방"이었다. 검찰이 신속하게 수사 결과를 발표하였을 뿐만 아니라, 유권자들의 뇌리에 민주 의식이 살아 움직이고 있었기 때문이다. 고대 희랍의 도시 국가들이 인본적인 사고를 가지고 신화를 단순히 신화로 자리 매김 하였듯이, 한국의 유권자들은 2007년 대선에서 "한 방"의 신화를 "헛방"으로 잠재웠던 것이다.

고등학교 일학년 때의 일이다. 우리 동급생 하나가 불행한 일을 당했었다. 기마경찰이었던 그의 자형(누나의 남편)이 우리 동급생의 어머니와, 그러니까 장모와 육친상간肉親相奸을 범한 것이다. 의분에 떨었던 우리 동급생은 혈루를 삼키며 자형이 차고 다니던 권총을 뽑아 한 방을 쏘았다. 총알은 자형의 머리에 명중했다. 우리 동급생은 구속되고, 학교는 난리가 났었다. 학교 당국이 거교적으로 요로에 진정서를 냈고, 변호사 학부형이 변론을 맡는 등 전

방위의 노력을 다한 끝에 동급생은 집행 유예로 풀려났다. 다행이었다. 그러나 사건이 워낙 강진인지라 그 여진이 쉽게 가라앉지는 않았다. 동급생들 간에도 윤리가 우선이냐, 생명이 우선이냐를 놓고 나름대로 열전을 벌였었다.

내 주변의 어느 학생은 성경 구절(요한복음. 8:3-9)을 들고 나와 살인 행위는 절대 부당하다고 열변을 토했다. 모세 율법은 음행 중에 잡힌 자에 대하여 "돌로 치라."고 명하지만, 예수께서는 "너희 중에 죄 없는 자가 먼저 돌로 치라." 하시며 간음한 자를 용서하셨다는 것이다. 그러나 신약전서, "고린도전서"의 말씀(5:1-5)은 육친상간을 용서하지 않는다. "이런 자(생모를 취한 자)를 사탄에 넘겨주었으니 육신은 멸하고 영은 주예수의 날에 구원을 받게 하려함이라." 나는 일반적인 사통邪通과 천륜을 범한 행위는 구별되어야 한다며, 졸지에 살인범이 된 동급생의 입장을 적극 지지하였다. 이 같은 극한 대립은 결국 결투(?)로까지 발전되고 말았다. 참으로 어처구니없는 일이었다.

나로 말하면 결투는 고사하고 손찌검 한번 못하는 겁쟁이 중의 겁쟁이다. 상대방 학생이 한번 "얼러보자"고 고함을 지르는 순간, 나는 두 눈에서 불이 번쩍하며 기가 질렸다. 그러나 상대방이 시간과 장소를 느려대며 워낙 준동을 지는 바람에 그 앞에서 너 이상의 비겁한 자세를 보일 수가 없었다. 장소는 학교 뒤편, 독서실로 사용하던 구닥다리 건물 옆이었다. 정해진 장소에 가보니, 거기에는 상대방 학생이 먼저 와서 이미 몸을 풀고 있었고 30여 명의 다른 학생들이 나와서 나를 기다리고 있었다.

도저히 알 수 없는 일이었다. 나 같은 못난이가 상대하는 결투인데 도대체 무슨 흥행거리가 된다고 이렇게 많은 학생들이 모여들었단 말인가? 그 흔해빠진 권투 도장 한번 가본 적이 없고 샌드백 한번 두들겨보지 않은 내가 무슨 재주로 이를 감당한단 말인가? 그러나 어찌하랴, 일은 이미 벌어진 것을! 나는 숨을 깊이 들이마시며 속삭였다. "문제는 한 방이야! 열방을 얻어맞아도 한 방만 적중하면 돼!"

나는 피하는 척하다가 치명적인 "한 방"을 날리기로 마음먹었다. 일종의 꼼수다. 공(?)이 울리고 상대방이 다가왔다. 나는 영화 장면에서 본 대로 옆으로 돌며 잽싸게 피했다. 그 순간 관객(?)으로부터 웃음이 터져 나왔다. "아 쭈—!!! 흉내 한번 제대로 내는데!!" 바로 그때였다. 상대방은 비호같이 달려들어 나에게 소나기 펀치를 퍼부었다. 눈앞이 캄캄하고 머리가 아찔했다. 나는 머리를 숙여 얼굴을 두 주먹에 파묻었다. 야지인지 응원인지, 아우성이 들렸다. "와! 맷집 좋다, 황계성!! 황계성, 파이팅!!!"

나는 정신이 번쩍 들었다. 주저앉지 않고 펀치 세례에서 빠져나온 것이 다행이었다. 나는 괴성을 지르며 적진으로 달려들었다. 나는 목표지점 3보 앞에서 마치 자폭 돌격대나 되는 것처럼 몸을 "붕" 날렸다. 상대방의 복부를 향하여 주먹을 힘껏 휘둘렀다. 헛방이었다. 눈을 크게 뜨고 "한 방"을 날렸어야 했는데, 두 눈을 꼭 감고 허공을 쳤으니 어디 될 일인가? 관성에 밀려 하마터면 앞으로 곤두박질을 할 뻔했다. 나는 숨을 몰아쉬고 다시 시도했다. 작전은 역시 돌격에 의한 복부 강타였다. 맙소사!! 이번에는 더욱 참담했다. 상대가 민첩하게 피하며 가볍게 살짝 한 방을 날리는 바람에, 나는 제풀에 코방아를 찧으며 얼굴을 그대로 땅바닥에 갈고 말았던 것이다.

나는 잠시 동안 정신을 잃었었다. 친구들의 부축으로 간신히 일어났다. 나의 얼굴은 손톱으로 할퀸 듯이 줄줄이 벗겨졌고, 피가 낭자했다. 쓰리고 아프기도 했지만 체면이 말이 아니었다. 분하고 허전했다. 눈 감은 "한 방," 재기불능의 "헛방"이 되고 말았다. 나에게 있어 결투는 처음부터 도박이었다. 백전백패, 내 자신이 너무나 잘 알고 있었다. 따지고 보면 분하고 허전할 것도 없다. 사필귀정이었다. 상대방의 실력을 간파하지 못한 채, 그저 분위기에 밀려 날조된 "한 방"의 전술이 성공한다면 세상의 공평과 정의를 어디에서 찾을 것인가?

"한 방"은 원래 도박판에 쓰는 말이다. 가진 돈은 말할 것도 없고 집문서 땅문서 다 날리고, 마지막으로 제 여편네마저 저당 잡혀 단판으로 잃은 돈을 추어보자는 것이 "한 방"이다. 한자漢字 표현으로 고주법孤注法이라 한다. 되든 안 되든, 흥하든 망하든, 죽든 살든, 충신이든 역적이든 단 한번으로 모든 것을 몽땅 다 털어 쏟어 붓는다는 뜻이다. 그야말로 막가는 말이다. 장래를 불살라버리는 자기 저주의 무서운 표현이다.

구약성경(사무엘 상, 17장)에 등장하는 골리앗은 어느 면에서 고수파 노박사다. 그는 본래 가드 사람으로서 불레셋에 용병으로 팔려온 거인 장수다. 그는 진중의 이스라엘 군대에게 도박을 건다. 만일 이스라엘 군대가 선택한 한 사람이 자신을 죽이면 출정한 블레셋의 모든 군대가 이스라엘의 종이 될 것이며, 자신이 이스라엘 군대가 택한 자를 죽인다면 출정한 모든 이스라엘 군대가 블레셋의 종이 되기로 하자는 제의다. 피차에 지루한 전쟁을 계속할 것이 아니라 양 진영의 운명을 단 한 방에 걸자는 뜻이다.

골리앗의 제의에 따라 이스라엘의 나이 어린 소년 다윗이 당당히 나섰다. 다윗은 외견상으로 도저히 골리앗의 적수가 되지 못했지만, 골리앗은 다윗이 물매投石機로 쏜 한 방의 돌을 맞고 그 자리에서 쓰러졌다. 다윗은 돌 한 방으로 그 무시무시한 골리앗을 무너뜨린 것이다. 그렇다고 해서 다윗을 고주파로 분류해서는 안 된다. 다윗은 매끄러운 돌 다섯 개를 호주머니에 넣고 골리앗 앞에 나타났었다. 다윗은 막가파의 "한 방"이 아니라, 오랜 동안 갈고 닦은 여유 속의 한 방으로 나라를 구출하고 국위를 선양하였다.

고려 초기의 장군 서희徐熙는 위풍당당한 한 방의 외교로 나라를 건진 충절의 인물이다. 거란의 장수 소손령蕭遜寧은 고려의 북진 정책을 저지하기 위하여 80만 대군을 이끌고 고려의 서북 지역을 침략하였다. 신라의 후계로 출현한 고려가 자기들(거란)이 장악하고 있는 옛 고구려의 영토를 탐하는 것은 부당하다는 것이었다. 고려 조정에서는 중신 회의를 열어 서경西京 이북을 할양하고 강화할 것을 결의하였으나, 서희는 "남방 통일과 고구려 국토 회복"이라는 고려의 건국이념을 상기시키며, 단신으로 적중에 들어가 한 방의 담판외교를 벌였다.

"고려국은 고구려의 후예이기 때문에 국호를 고려라 한 것이다. 현재 거란의 수도인 동경도 고려의 땅이니 마땅히 고려에게 돌려주어야 한다." 담판에 임한 서희의 태도와 기풍이 너무 당당하여, 적장 소손령은 서희의 기개에 무릎을 꿇고 말았다. 그는 고려가 거란의 연호를 사용할 것을 조건으로 오히려 강동 6주를 고려에 내어주고 물러났다. 서희의 이 한 방은 우리의 국토를 압록강 이남으로 확정한 계기를 마련해준 쾌거였다. 서희의 항변은 참으로 멋진 고주법(?)이었다.

확고한 신념과 분명한 정체성에는 존엄성이 따른다. 다윗은 자신이 만군의 여호와 하나님의 선민임을 송축하고(시편, 22:10), “여호와께서 사자의 발톱과 곰의 발톱에서 건져내시었은즉 블레셋 사람의 손에서도 건져내실 것임(사무엘 상, 17:37)”을 확신하였다. 서희는 자신이 북계北界를 수호하는 중군사中軍使 임을 통감하고 스스로 국서를 들고 적진에 뛰어들어 의연한 자세로 적장과 담판했다. 신념에 넘쳤던 것이다.

지난번 남북 정상회담 때, 우리 대한민국 대표들 중에서 유독 국방장관 만이 북의 김 정일 위원장 앞에 고개를 높이 세우고 악수하였다. 장엄하도다, 그 이름 김장수 장관!!! 당연한 일이지만 그 당연한 일을 쉽게 볼 수 없는 세상이 되었으니, 김 장관의 거동이 돋보일 수밖에!! 본분을 철저히 망각한 공복님들, 부디 각성하시기를 당부한다.

신화는 논리적 사고가 결여되었다는 이유로 철학자로부터 외면당하고, 유일신 사상을 훼손한다는 이유로 기독교인들로부터 배척당한다. 신화의 이면적 가치를 무시한 편견들이다. 신화는 신들의 이야기지만 이변에 흐르는 내용은 인생에 대한 진솔한 비유다. 신화는 인본 의식에 의하여 인간의 이야기로 탈바꿈하는 것이다. 14~5세기에 서구에서 발흥한 문예부흥이 “고전”으로 돌아감으로써 가능했던 사실을 상기할 필요가 있다.

“고전”의 중심에는 고대 희랍의 신화가 무겁게 자리하고 있었다. 한국의 경제 신화를 가리키어, 외국인들은 한강의 기적이라 부른다. 한국은 1960년대 이전의 절대 빈곤을 삽시간에 떨쳐버리고 세계 10위권의 경제 대국으로 급부상하였다. 이 천지개벽을 기적이 아니고서는 무엇으로 설명할 수 있을 것인가? 대한민국은 위대한 신화를 창조한 것이다. 열정과 노력과 "하면 된다."는 신념으로 논리적 사고를 뛰어넘는 경제 대국을 이룩한 것이다.

"한 방"의 거짓 신화로는 안 된다. 사기 행각은 언제고 들통이 나는 법이다. 셰익스피어의 ≪오셀로≫에서 이아고는 아내 에밀리를 사주하여 데스데모나의 손수건을 훔쳐낸다. 그 결과로, 오셀로는 아내 데스데모나를 부정한 여자로 몰아 교살하고 자결한다. 이야고의 "한 방" 신화가 성공한 것이다. 그러나 진실은 밝혀지는 법, 이아고도 결국 안전할 수 없다. 우리에게는 여전히 시적 정의가 살아있기 때문이다. 그는 그물망에 휩싸여 원숭이의 모습으로 조롱당하다 처형된다.

이야고는 인간으로 숙지 못하고 원숭이로 죽는다. 인간의 범주를 스스로 거부한 자업자득이다. 거짓 신화로는 인간의 존엄성과 가치를 수호하지 못 한다. 우리 대한민국 국민은 이번 제 17대 대통령 선거에서 "한 방"의 거짓 신화를 말끔히 지워버리고 민주주의의 예쁜 꽃을 활짝 피웠다. 장한 일이다. 대한의 존엄들이여, 영원토록 민주주의의 기수가 되시기를!!

목자

얼마 전에, 널리 알려진 어느 목사님의 공개강좌를 예고하는 주제문을 신문에서 읽었다. 목사님은 한국 교회의 현실을 크게 염려하면서 모든 책임을 목회자의 탓으로 돌렸다. 목사님들이 말씀을 전할 때, 아프고 쓴 소리도 함께 전해야 하는데 편하고 달콤한 소리만을 전하다보니 한국 교회가 이런 형편에 이르렀다는 내용이었다.

일만 터지면 책임을 남의 탓으로 돌리려는 오늘날 우리 국민의 폐습을 감안하면 참으로 다행한 시각이 아닐 수 없다. 그러나 여호와께서 이사야 선지자를 통하여 보여주신 목자의 문책론에 비추어볼 때, 목사님의 사태진단에 다소 안이한 측면이 있지 않나 하는 생각이 들었다. 목자가 잠들어 있으면 누가 맹수로부터 양을 보호할 수 있으며, 목자가 몽상에 빠져있으면 누가 양들의 현실적 욕구를 충족시킬 수 있겠는가? 목자는 파수꾼 의식을 한 순간도 망각할 수 없다. 파수꾼 의식은 목자의 사명이자 긍지이기 때문이다. 한국 교회의 현실 진단은 목회자의 파수꾼 의식에서 출발해야 한다. 목회학적 방법론은 그 다음의 순서다.

책임론은 결코 쉬운 작업이 아니다. 500년의 문화업적을 5시간만에 폐허로 만든 숭례문 화재(2008.2.10.)의 책임 공방을 보라. 관리 측면에서 문화재청과 서울시청 간의 공방, 소방 측면에서 문화재청과 서울시 소방본부 간의 공방, 그리고 도의적 측면에서 대통령 당선인과 노 대통령의 대리 공방 등이 난마처럼 뒤엉켜 가관을 연출하고 있다. 유홍준 문화재청장은 방송에 나와 국민에게 죄송하다고 말하면서도, 어느 틈새에 국민들의 허탈하고 참참한 마음속을 헤집고 들어와서 자신의 외유성 출장을 변명했다. "아내의 숙박료는 나와 침대를 같이 사용하니까 문제될 것이 없다."고도 했다. 기가 찰 일이다. 문화재청장의 문제의식이 고작 그 정도의 수준이란 말인가? 국보 1호 문화재가 까만 잿더미로 변하여 주저앉은 형국인데 어디라고 그런 한가한 변명을 늘어놓고 있다는 말인가?

노무현 정부에서 법무부장관을 지낸 어느 인사는 "이명박 당선인이 서울 시장으로 있을 때 숭례문을 일반 대중에게 개방하면서 개방만 했지 관리 대책을 세우지 않았으니 숭례문의 소실은 이 당선인에게 책임이 있다."고 억지를 쓰면서, 이 당선인은 무릎을 꿇고 국민에게 사죄하라고 격앙했다. 글쎄? 정치적인 발언인지는 몰라도 법리에 타당한 주장인지 심히 혼란스럽다. 채종기 방화범 피의자는 토지 보상 문제로 청와대에 몇 차례나 진정을 했는데도 청와대가 묵살했다며 이번 화재의 책임은 노무현 대통령에게 있다고 간 큰 소리를 했다. 언어도단이다. 들려오는 말마다 궤변뿐이다.

고대 희랍의 철학자 제논Zenon. BC 490-430의 궤변이 떠오른다. 제논은 "아킬레우스와 거북이"라는 역설을 펴서 운동의 배리성背理性을 공격하였다. 아킬레우스는 거북이를 도저히 추월할 수 없다는 이론이다. 아킬레우스가 먼저 출발한 거북이를 추월하려면 그는 거북이가 출발한 지점에 도달해야 하는데, 그가 거북이의 출발 지점에 도달하는 동안에 거북이는 제 2의 지점에 갈 것이며 아킬레우스가 제 2의 지점에 도달하면 그 동안에 거북이는 또 제 3의 지점에 가게 된다. 이렇게 하여, 4지점 5지점 6지점 등으로 계속하여 무한으로 지점만 바뀔 뿐이지 아킬레우스는 도저히 거북이를 앞지르지 못한다는 것이다.

논리 자체로는 손색이 없어 보인다. 그러나 이 논리의 맹점은 극한치極限値 개념의 부재에 있다. 아킬레우스와 거북이의 간격은 계속 좁혀지면 결국 영zero에 수렴하고, 영의 지점을 지나면 추월이 시작된다는 사실을 이론적으로 증명하지 못한 것이다. 극한치 개념이 없었기 때문이다. 숭례문의 화재 문제도 담당 관리자들의 책임의식이 결여된 상황에서는 합의된 책임론의 도출이 불가능할 수밖에 없다.

목자는 발칸반도, 소아시아, 시리아, 팔레스티나 등 고대 근동Near East 지방의 일반적인 직업 중의 하나다. 근동에서는 양과 염소 등 가축을 소유한 족장과 그를 위하여 일하는 모든 사람들을 가리키어 목자라 불렀다. 목자는 가축과 밤낮을 함께 지내며 먹이를 주고 도적과 맹수들로부터 그들을 보호하였다. 특히 양들이 길을 잃고 무리를 떠나 방황하지 않도록 세심하게 보살폈다. 유목 문화에서 목자의 위치는 절대적이라 할 수 있다.

양은 순한 동물이어서 유수乳獸로 적격이었고 양피와 양모는 긴요한 옷감에 쓰였으므로 가축으로서 손색이 전혀 없었다. 양치기는 단순한 생계 수단뿐만 아니라 부의 축적을 이루는 기업으로 발전하였다. 그러나 기업인 목자는 성읍에 살면서 현지의 목자를 따로 고용하였기 때문에 진정한 의미의 목자는 아니었다. 굳이 목자와 연관시킨다면 상업 목자다. 사명감과 무관한 "거짓 목자"인 것이다.

기업인 목양자는 양들의 증식에 치중하였다. 한 마리의 양이라도 잃게 되면 가차없이 고용된 목자에게 변상시켰다. 고용인 목자가 온갖 노력과 정성을 다하여 양들을 돌보는 것도 그 때문이었다. 하나의 생명체로서 양을 사랑하는 것이 아니라 품삯을 제대로 받기 위한 수다스러운 몸부림이었다. 그의 현란한 사랑의 몸짓도 허구였고, 그의 피땀 어린 노역도 모두 수단을 위한 방편이었다. 철저히 생업에 집착한 직업 목자다. 사명감과 거리가 먼 "삯군 목자"인 것이다.

양을 진정으로 아끼고 사랑하는 목자는 기업가적인 목축업자도 아니고 생업을 위한 삯군 목자도 아니며, 불과 몇 마리의 양밖에 소유하지 못한 가난한 목자였다. 가난한 목자에게 양들의 생명은 자신의 생명이상으로 귀한 존재였다. 양들은 그의 식구요 가족이며 권속이었다. 가난한 목자와 양들은 애정으로 굳게 뭉친 생명의 공동체였다. 그는 사명감이 충만한 "선한 목자"인 것이다.

개들 중에는 선천적으로 양들을 잘 다루는 종류가 있다. 스칸디나비아 반도 북쪽에 위치한 셰트란드 섬이 원산지인 소위 셰트

란드 양몰이개Shetland Sheepdog가 그렇고, 독일이 원산지인 셰퍼드 Shepherd가 그렇다. 이들은 양들을 계곡으로 유도하여 먹이 사냥을 했던 야생견이었다. 인간이 이들을 가축으로 길들여 목양견牧羊犬으로 사용하게 된 것이다. 이들은 빠른 주력은 물론 예민한 감각을 활용하여 등치 큰 양들을 자기들의 의도대로 유도하고, 경우에 따라 적절히 대피시킨다. 목양견 한 마리가 200마리의 양을 능히 통솔할 수 있다고 한다. 독일산 목양견은 아예 "목자" 라는 명칭을 부여받았다("세빠또"는 일본식 영어 발음이다). 이 같은 목양견들이 있었기에 기업적인 목축업이 가능했던 것이다.

우리 아내는 여행을 좋아하는 편이다. 나는 집사람을 따라 가끔 해외여행을 나가게 되는데, 여행을 마치고 돌아 올 때마다 아내에게 감사한다. 얻은 것이 많기 때문이다. 9년 전인가, 뉴질랜드에 갔을 때다. 여행사가 단골 메뉴로 소개하는 관광 상품의 하나로 "양몰이 장면"을 구경할 수 있었다. 셰퍼드 한 마리가 축사에 갇힌 양들을 축사 밖으로 끌어내어 너른 초장으로 분산시키는 장면이 흥미로웠다. 목양견은 축사에서 빠져나온 양들이 옹기종기 서성대며 좀처럼 흩어지지 않자, 양떼의 진중에 뛰어 들어 양들을 산개시켰다. 그는 여의치 않다고 판단했던지 양들의 등에 올라가 등을 타고 질수를 했다. 양들은 놀라서 뿔비박산하였다. 겁에 질린 양들은 무법자(?)를 피하여 사방으로 흩어져 달아났다. 그들은 그제야 삼삼오오 떼를 지어 아름다운 풍경화를 그리며 평화롭게 풀을 뜯기 시작하였다.

두어 시간이 지났을 것이다. 이번에는 양들을 축사에 귀환시키는 작업이 전개되었다. 셰퍼드는 널리 흩어진 양들의 외곽을 돌며 열심히 뛰어 다녔다. 얼마 동안 전후좌우를 분주하게 질주한 끝에 대열을 형성할 수 있었고, 그 대열을 목표 지점인 축사를 향하여 유도해 갔다. 뒤에 처지며 말을 듣지 않는 양들에게는 그들의 뒷다리를 가볍게 물어 기압을 넣었다. 셰퍼드는 강온정책(?)을 적절히 사용한 것이다. 목양견은 많은 양들을 한 마리의 낙오도 없이 깔끔하게 축사에 몰아넣었다. 하나의 작전이요, 예술이었다. 관중은 셰퍼드의 전술에 놀랐고 사명감에 감탄했다. 이러한 목양견을 충견忠犬으로 만들 것인가, 아니면 주구走狗로 만들 것인가는 오로지 목자의 의식 구조에 달렸으리라.

목양 문화가 사회를 지배하는 고대의 근동 국가에서 양들을 백성에 비유하고 목자를 위정자에 비유한 것은 당연한 귀결인지도 모른다. 백성과 통치자의 관계를 양과 목자의 관계로 언급한, 사상 최초의 문헌은 하무라비 법전Code of Hammurabi이다. 이 법전은 BC 1700년경에 제정된 것으로, 높이 2.25m의 돌기둥에 전문과 발문을 갖추어 총 282조의 규정을 새겨 놓은 인류 최고最古의 성문법이다. 법전 상부에는 바빌로니아 제 1왕조, 제 6대 왕 하무라비(재위 BC 1728-BC 1688)가 샤마슈 신으로부터 법전을 수여받는 모습이 양각되어 있다. 법신수설法神授說과 신판설神判說, 그리고 왕권신수설王權神授說 등의 사상이 암유되어 있는 장면이다.

통치자를 목자에 비유한 예는 성경 곳곳에서 찾아볼 수 있다. 이스라엘의 지파들은 왕이 된 다윗에게 말한다. "전에도, 곧 사울이 우리의 왕이 되었을 때에도 여호와께서 왕에게 말씀하시기를 네가 내 백성 이스라엘의 목자가 되며 네가 이스라엘의 주권자가 되리라 하셨나이다"(사무엘 하. 5:2). 여호와는 페르시아의 황제 고레스(Cyrus II The Great)를 "내 목자"라 칭하고, 유대인 포로 석방과 성전 재건 등 이스라엘의 중건 사역을 감당하게 하였다(이사야. 44:28). 다윗은 여호와를 "나의 목자"라 부르고, "그가 나를 푸른 초장에 누이시고 쉴만한 물가로 인도하시는 도다."라고 찬양하였다(시편. 23:1). 여호와는 위계질서로 최상위의 목자이며, 왕과 제사장 그리고 오늘날의 목사 등은 하위의 목자들이다.

우리나라 목사들은 20세기 초반을 전후하여 순교자적 자세로 파수꾼의 역할을 충실히 수행하였다. 그들은 선형先瑩을 섬기는 우상 숭배로부터, 신사 참배를 강요하는 일제의 만행으로부터, 종교를 마약으로 규탄하는 공산주의로부터, 신도들을 양처럼 보호하기 위하여 순교도 마다하지 않았다. 한국의 목회자들은 20세기 후반에 접어들면서 산업화의 국민적 열정을 등에 업고 거국적인 전도사역에 총력을 기울였다. 세기 말에는 개신교 신자가 무려 1000만 명에 달하였다. 수천 년에 걸쳐 뿌리내린 토속 신앙을 도말하고 국민의 4할을 기독교로 개종시킨 역사는 획기적인 쾌거임에 틀림없다. 그러나 부작용도 적지 않았다.

많은 교회가 물질주의의 유혹을 제어하지 못하고 오히려 속세의 물질 만능 사상에 흡수되고 만 것이다. 물량주의에 빠진 교회들은 전도 사역을 단순히 신도의 숫자 늘리기로 착각하게 되었다. 종파마다 자파 확장에 열을 올리다 보니 상호 비방도 역겨울 정도였다. 바울선생이 아시아지역 전도를 마치며, 밀레도Miletus에 에베소교회의 장로들을 모아 놓고 설교하지 않았던가? "너희 중에서도 제자들을 끌어 자기를 좇게 하려고 어그러진 말을 할 사람이 일어날 줄을 내가 아노니(사도행전. 20:30)" 우리의 현실을 예견한 말씀으로 들린다.

초대형 트럭들이 산업화의 비포장도로를 질주하다보면 황사가 일고 흙탕물이 튀기며 매연이 뿜어 나오기 마련이다. 마땅히 목회자가 산업화의 오염 물질을 차단하여 양들을 보호했어야 했다. 그것이 현대적 의미의 목양이다. 그런데도 일부 목자들은 자신들이 스스로 오물 트럭에 올라가 한 타령이 되어서 산업 폐기물을 뒤집어쓰고 흙탕물에 휩쓸린 것이다. 파수꾼은 사라지고 빈 초소만 덩그렁 남아서 을씨년스럽게 서있는 몰골이 되었다.

부지불식간에 목자는 왕(?)으로 등극하여 수억 원을 호가하는 외제 승용차를 굴리며 세습까지 넘보게 되었다. 아들에게 호화 주택을 사주었다느니, 아들의 사업 자금을 대주었다느니, 아들의 빚을 갚아주었다느니 진원을 알 수 없는 소문들이 무성하게 나돌았다. 상황이 이런데도 정작 노회나 총회 등 교회의 사정 기관들은 꿀 먹은 벙어리로 말이 없으니, 뜻있는 방송사가 고발성 추적 기사를 방영하지 않았겠는가? 어찌된 일인지 지금은 세상이 교회에 경적을 울려대고 있으니. 주객이 전도되어도 이만저만이 아니다. 안타까운 일이다.

이사야 선지자는 유대의 왕 므낫세Manasseh와 그의 일파를 거짓 목자로 정죄한다. 이사야는 그들을 가리키어, 눈이 있어도 주위를 보지 못하는 소경이요, 입이 있어도 짖지 않는 개들처럼 벙어리 신세가 되었으며, 탐욕이 심하여 만족할 줄 모르고 몽상에 사로잡혀 잠만 자는 몰각沒覺한 목자라고 말한다. 그들은 언제 어디서고 이익만 챙기며 오늘도 없고 내일도 없이 시간가는 줄 모르고 독주에 빠져 향락하는 주정뱅이라고 책망한다(이사야. 56:10-12). 고대 목양 사회의 목자 유형이 신앙 공동체에 그대로 전수된 것이다.

성직자는 진정한 목자가 되기 위하여 먼저 자신을 악의 세력으로부터 보호할 줄 알아야 한다. 자신의 파수꾼이 필요한 것이다. 적그리스도가 횡행하는 현세에서(요한 1서. 2:18), 목사는 전신 갑주를 입고 자세를 낮추어야 한다. 자세를 높이면 보이는 것이 없다. 위에 계신 목자도 볼 수 없고, 자신 안에 있는 목자도 볼 수 없다. 목자 자신을 보호하는 목자는 정신분석학에서 자주 언급되는 초자아superego라 할 수 있다.

인간은 누구나 본능적 충동id을 제어하지 못하면 탐욕과 욕정 속에서도 수치를 모른다. 초자아만이 일상적 자아의 행동을 비판하여 수치심을 촉발시킬 수 있다. 목자의 목자라는 안목에서 초자아는 그리스도의 절대적 진리, 곧 살아 있는 성령의 역사와 일치한다. 목자 잃은 목자는 표류할 수밖에 없고, 목자와 양이 함께 표류하면 신앙적 공황을 면할 길이 없다. 무서운 일이다.

나는 엊그제 텔레비전 방송에서 못 볼 그림을 봤다. 한 대형 교회의 목사님이 화면에 비쳤다. 목사님은 옆에 있는 사람들에게 웃는 얼굴로 말했다. “돈이 있어야 갚지! 주님이 오셔서 심판해주시면 몰라도.” 나만의 환청幻聽이기를 바라지만, 아드님이 수십억 원의 빚을 시고 일본에 은서하고 있나는 소문과 무관하지 잃아 보였다. 솔직히 말하면, 나는 그 목사님을 밖으로는 자랑해 왔고 속으로는 존경해 왔다. 그런 목사님이 의문투성이의 부채를 놓고 어떻게 그처럼 천연덕스럽게 말을 할 수 있을까? 환상이 깨어지는 쓸쓸하고 서글픈 밤이었다. 가슴을 쥐어짜며 오열할 일이다. 참으로 잔인한 현실이었다.

세간에는 교회와 목회자의 세금 문제에 관해서도 말이 나도는 모양이다. 빌리 그레엄Billy Graham 목사는 자신의 저서 ≪주님과의 평화≫(1950)에서 기독교인들에게 탈세자가 되지 말라고 호소한다. 납세를 기도교인의 사회적 의무로 규정하고, 탈세자는 국가적인 기생충이며 실제적인 도둑이라 비난도 한다. 그는 진정한 기독교 신자라면 누구도 탈세자가 되려하지 않을 것이라고 확언한다. 하물며, 목회자의 경우랴?

영어로 탈세자를 “a tax dodger” 라고 한다. “dodger”는 온갖 핑계와 궤변을 다 늘어놓으며 이리 빠지고 저리 빠지는 미꾸라지 같은 사람을 말한다. 혐오스런 존재다. 성스러운 주님의 종이, 선진국의 문턱을 넘는 대한민국의 성직자가 궤변자로 오해를 받아서야 되겠는가? 그레엄은 무릎 꿇고 기도하며 그 책을 썼다고 했다. 선배 목회자의 충언을 정직하게 받아들여 변화 있기를 기도한다. 스스로 주님과 동행하는 목자들이 되기를 간절히 기도한다.

한란

연초에 우리 집 거실에는 경사가 났다. 왕손(?)이 태어난 것이다. 한란이 우아한 얼굴을 드러내며 향기를 살포시 터트렸다. 우리 두 부부는 황홀했고 집안의 대기가 요동을 쳤다. 우리가 너무 호들갑을 떨었기 때문이다. 우리는 한참 동안 수다를 떨다가 스스로 머쓱해 했다. 아무리 옆에서 듣는 이가 없다 해도 그렇지, 동양란 하나를 놓고 그처럼 소란을 피우다니! 갑자기 부끄러운 생각이 들었다. 하기야 고희를 넘긴 이 노구가 신외身外에 애착을 느끼고 열정을 쏟는다는 것 자체가 어찌 보면 당치 않은 축복이긴 하지만 말이다.

문제의 난은 꽤 오래전에 누군가가 보내준 귀한 선물이었다. 당시에는 난에 대하여 일말의 식견도 없었을 뿐만 아니라 관심도 별로 없었던 터라, 보내온 난의 이름은 고사하고 꽃의 모양새나 색깔조차 기억이 나지 않았다. 그저 문외한의 소견으로는 잎이 여느 다른 난들에 비하여 두어 배로 넓고 빛깔이 투박하게 보여서 도대체 난으로 치부해도 되는 것인지가 의심스러웠다. 그렇다고 꽃을 피워보지도 않고 그냥 쓰레기통에 던져버린다는 것은 보내신 분에게도 예의가 아니고, 생명체에 대해서도 성실한 태도가 아닌 성 싶었다. 성급하게 판단하기보다는 일단 꽃을 피워보기로 작정하였다.

잎을 닦아주고 촉수마다 마른 잎을 잘라내며 2주 간격으로 물을 주는 등 미지의 꿈을 피우기 위하여 정성을 기울였다. 단순노동이기는 하나 열대여섯 개의 화분을 돌보다 보니 시간이 제법 소요되었다.

관심이 흥미를 유발시키는가보다. 날이 갈수록 난 하나하나에 각별한 정이 들기 시작했다. 잎이 부러질세라 촉수에 물이 들어갈세라 태양 광선에 과다 노출이 될세라 전전긍긍했다. 난에 대한 부족한 지식과 기술을 정성 하나로 보충할 수밖에 없었다. 그렇게 이삼년 동안을 난에 매달리다보니 거의 모든 난들이 화신花信을 보내왔다. 고맙고 반가웠다. 흥이 절로 났다. 소망의 성취는 언제나 행복한 것이다. 어디를 가나 몸이 가뿐하고 정신이 맑았다. 그러나 "문제의 난"은 역시 문제였다. 오년이 거의 다 지나도록 아무런 기별이 없는 것이다. 시험도 들고 지겹기도 하였다.

"뚱딴지"라는 다년생 화초가 있다. 돼지감자라고도 하고 멍청이감자라고도 부른다. 뚱딴지의 잎과 줄기는 영락없는 해바라기인데 꽃은 해바라기와 전혀 딴판이다. 해바라기의 꽃은 태양처럼 크고 둥글며 화려할 뿐만 아니라, 시시각각으로 위치가 달라지는 해를 따라가며 바라보기 때문에 향일의 충정을 잘 보여준다. 상징성이 심오하다. 해바라기는 페루의 국화이며, 미국 캔자스 주의 주화이다. 숭고한 철학 때문에 사랑을 듬뿍 받는 꽃이다.

뚱딴지는 꽃이 자질구레하고 우중충하다. 뿌리의 경구는 겉보기에 감자와 흡사하지만 맛이 싱겁고 애매하여 식품으로는 쓰이지 않고 가축의 사료로 쓰인다. 뚱딴지는 해바라기도 아니고 감자도 아닌 그야말로 "멍청이" 식물이다. 뚱딴지는 김동인의 단편소설 **발가락이 닮았다**(1932)에 나오는 M의 아이처럼 정체성이 모호한 화초인 것이다. 우리는 문제의 난이 "뚱딴지같은 부정한 사생화私生花"가 아니기를 염원했다. 실망은 비극이기 때문이다. 뒤늦게 알고 보니 "문제의 난"은 계보 없는 사생화가 아니라 "산천보세"라는 품명의 한란이다.

나는 그 날 아침에도 여느 때와 마찬가지로 난들을 살펴보는 중이었다. "아니, 이건 꽃대가 아닌가?" 나는 깜짝 놀랐다. 가슴이 두근반 세근반 동당거렸다. 눈을 부비고 다시 보니, 틀림없는 꽃대였다. "어제는 왜 내가 꽃대를 보지 못했지?" 마음을 진정시키고 샅샅이 살펴보니 꽃대가 두 개나 더 있었다. 거짓말 같은 사실이 목전에서 전개되고 있었다. 나는 아내를 불렀다. 아내는 한란의 꽃대를 보는 순간 눈이 휘둥그레졌다. 사실 그 위인은 웬만한 일에도 감동을 잘 하는 사람이다. 아내는 흥분을 했는지 거칠게 꽃대를 뒤지기 시작했다. 나는 소스라치게 놀랐다. "다치지 않게 살살 다뤄요!!! 제발, 살~살, 살~살 말이요!" 천하에 없는 옥동자라도 태어났다는 말인가? 언제부터 내가 이렇게 과민해졌는지 모르겠다.

꽃대는 온통 자줏빛으로 치장되어 있었다. 자주색 강보襁褓에 싸인 왕자의 현신이랄까? 유럽 문화에서 자주색은 신이나 군주를 상징한다. 고대 그리스의 왕 아가멤논은 트로이 전쟁에서 승리하고 개선할 때 자줏빛 카펫을 밟고 입궐하였다. 이윽고 그는 다른 사람 아닌 자신의 아내에게 살해된다(에스킬레스의 3부작). 신이 아가멤논의 오만에 분노하여 그를 저주하였다. 지체 없이 복수가 이루어졌던 것이다.

신 바벨론제국의 마지막 왕 벨사살은 다니엘에게 자주색 외투를 입혀 총리에 임명한 후, 그날 밤으로 페르시아의 왕 고레스에 의하여 피살된다. 단순히 왕명에 따라 자주색 외투를 입었던 다니엘도 사자 굴에 던져지는 곤욕을 치른다(다니엘서. 5:29). 우리 부부는 경외할 자주색 비단으로 휘감긴 어마어마한 왕손을 맞았던 것이다. 우리는 주변을 치우고 바꾸며 이리 쓸고 저리 닦고 때를 빼며 광을 내느라 하루가 어떻게 가는 줄도 몰랐다.

호사다마라던가? 세상에 이럴 수가!! 나는 화분을 고르다가 부주의로 그만 한란의 꽃대 하나를 잘라버리고 말았다. 기가차고 맥이 풀렸다. 눈앞이 깜깜하고 하늘이 무너지는 것만 같았다. 5년간의 공로가 한 순간에 무너지는 것 같았다. 허무한 생각이 들었다. 식욕이 달아나고 불면증이 재발하였다. 세상이 재미가 없고 일손이 잡히지 않았다. 참으로 허탈한 심정이었다. 정신이 나가면 사람이 다 이런 것인가? 왕손을 훼손하였으니 그럴 수밖에!! 옛날 같았으면 삼족을 멸하는 중범이 아니던가? 두어 주일이 그렇게 낙담 속에서 지나갔다.

오랜 속앓이 끝에 정신을 차리고 나니 자괴감自愧感이 우리를 엄습했다. "그까짓 꽃대 하나를 가지고 이렇게 야단법석을 떨다니!!!" 내가 그처럼 위기관리 능력이 없다는 말인가? 스스로 다그

쳐봤다. 그러나 사실은 "그까짓" 꽃대가 결코 아니었다. 한란은 한라산 중턱 청쾌한 지역에 자생한다. 고래로 한라산을 별칭으로 선산仙山이라 했으니 한란의 본향은 선경인 것이다. 창공에는 흰 구름이 목화처럼 피어나고, 밤하늘 은하의 뭇 별들이 신선들의 전설을 쏟아 내는가하면, 망망한 바다가 오대양으로 열려 가슴이 확 트이는 곳이다. 산새들의 합창이 폭포처럼 쏟아지고 메꽃들의 타는 경염競艶이 지축을 달군다. 송백松栢이 향기롭고 졸참나무 숨결이 구수하게 풍겨온다. 아, 청일淸逸한 숲속의 향연이여!!! 천연기념물 151호인 한란은 신선들의 요람이거늘 "그까짓" 꽃대라니? 무엄하고 오만하며 방자한 망발이 아닐 수 없다.

우리 집 거실의 한란은 인간의 잔인한 횡포로 납치된 영어囹圄의 몸이다. 정든 고향이 얼마나 그립고, 암울한 옥살이가 얼마나 원망스러울까? 중국의 동진東晋-송宋대의 전원시인 도연명陶淵明은 본향에 대한 향수를 이렇게 노래했다.

> 장에 갇힌 떠돌이새는 지난날의 숲이 그립고(羈鳥戀舊林).
> 연못의 물고기는 옛날의 깊은 물이 생각난다(池魚思故淵).

도연명은 동진과 송 대를 거치는 군벌 통치의 격동기를 통하여 인간의 탐욕과 오탁을 뼈저리게 경험하였다. 그는 불의에 굴종하며 관직에 나설 것인가, 아니면 아사를 무릅쓰고 무위자연無爲自然의 진세眞世에 머물 것인가 고민하였다. 그는 29세부터 41세에 이르기까지 13년 동안 다섯 차례나 출사出仕와 은퇴를 반복하였다. 그는 생활고로 인하여 관직에 나갔다가, 짧게는 불과 며칠만에 사직하기도 하였다. 그의 고고한 탈속의 의지 때문이었다.

도연명은 인가들 사이에 농막을 짓고 땅을 갈며 살았다. 그는 관료들이 타고 다니며 설치는 수레소리를 애써 멀리하고 유유자적하였던 것이다. 전원으로 돌아온 시인은 포근한 남산을 바라보며 은일隱逸의 기쁨에 심취한다.

> 동쪽 울타리 밑에서 국화를 따고(採菊東籬下),
> 유연한 마음으로 남산을 바라본다(悠然見南山).

국화는 오상고절傲霜孤節의 꽃이다. 찬 서리에 굴하지 않고 외롭게 절개를 지키자면 힘이 들겠지만 그 맛은 담백하고 뿌듯하다. 고절의 맛은 본향의 맛이요, 무위자연의 맛이기 때문이다. 속세의 속박이 없으니 "석양에 비친 산색이 더욱 아름답다(山氣日夕佳)."

정년으로 퇴임하는 필자를 환송하는 어느 모임에서 모 교수는 나의 정년을 모세에 비유했다. "모세는 이스라엘 백성을 가나안 땅으로 인도할 때 40년이 걸렸지만, 정작 가나안 땅에 입성할 때에는 모세가 아니라 여호수아가 민족을 인솔하였습니다. 황 교수님은 그 동안 맡은 역할을 잘 수행하시고 다음 일은 후진에게 넘기게 된 것입니다. 하나의 질서 개념이지요." 나같이 하찮은 사람을 모세에 비유한 것 자체가 천부당 만부당하고 황송한 일이지만, 나의 정년을 질서 개념으로만 해석한 그의 시각에 나는 크게 부끄러움을 느꼈다.

모세는 민족의 지도자로서 애굽사람으로부터 노예취급을 받고 있던 이스라엘 백성을 가나안 땅으로 인도하는 데에 무려 40년이 걸렸다. 그는 40년의 긴 여정 속에서 백성들로부터 거센 반발을 받기도 했고 저주 섞인 원성을 듣기도 하였다. 백성들이 식수가 없어 심한 고통을 받았을 때에, 여호와의 지시대로 반석에 명하여 물을 내도록 하지 않고 자신이 직접 지팡이로 반석을 쳐서 물을 내는 이적을 행하기도 하였다. 그러나 그는 결과적으로 여호와를 거역하고, 여호와의 영광을 가리는 중죄를 범하게 된 것이다. 그는 바로 그 죄과 때문에 가나안에 입성하지 못한 것이다(민수기. 20:12). 환송사에서 언급한 "질서의 개념"은 칸트가 술회한바 무목적의 합목적성purposeless purposiveness에 지나지 않는다.

나는 40년 동안 교직에 몸담고 있다가 정년으로 퇴임하였다. 나름대로는 열심히 한다고 했지만, "한 달란트를 땅에 묻은" 게으르고 어리석은 종처럼 주인의 진노를 일으킨 경우도 적지 않았을 것이다. 동료 교직원을 대할 때에도 알게 모르게 불편을 끼치는 일이 많았을 것이며, 젊은 지성들을 오도한 경우도 부지기수일 것이다. 퇴임식을 마치고 단상에서 내려올 때 마치 심판대를 걷는 심경이었다. 외로움을 느꼈다. 나는 아내를 바라봤다. 한 평생의 반려자로서 그의 품에 의지하고 싶었던 것이다. 무엇보다도 훈장으로서 소임을 다하지 못한 자책감 때문이었을 것이다.

나는 집에 돌아오기가 무섭게 여기저기에 버려진 난분들을 주워 모았다. 거의 모두가 먼지를 뒤집어쓴 채 말라죽었고, 간신히 연명한 난들이 10여분 되었다. 욕실로 가져가서 먼지를 닦아내고 물을 주었다. 생기가 돌았다. 나는 난에 대한 사실경험은 물론 정서적 체험도 전혀 없는 사람이다. 그나마 다행인 것은 웬일로 철골소심鐵骨素心의 품명은 기억하고 있었다. 그 어의가 나의 뇌리를 강하게 스쳐갔기 때문이다. 내가 정년으로 퇴임하던 날 나의 사색이 하필이면 철골소심에 향하다니! 이 역시 연기론緣起論의 한 필연일까?

철골소심은 춘란의 일종으로 품새가 청초하다. 철골은 구김 없는 진골眞骨을 의미하며, 소심은 본디의 마음을 말한다. 굳고 곧게 쭉쭉 뻗친 잎새는 "철골"을 표상하며, 흰 바탕에 희미한 청록이 엷게 흐르는 산뜻한 꽃잎은 "소심"을 표방標榜한다. 철골소심의 내면적 상징은 세상의 풍진을 떨쳐버리고 선경에 귀의하려는 의지일 것이다. 생체는 풍진에 노출되면 본심을 잃게 되고 본심을 잃으면 판단이 흐려진다. 직관이 작용하지 않기 때문이다. 서구 낭만주의의 효시인 블레이크William Blake는 "순수의 노래Song of Innocence"와 "경험의 노래Song of Experience"에서 직관과 지각perception의 관계를 조화시킨다.

불교에는 이판理判과 사판事判이 있다. 전자는 수도修道에 전념하는 것을 말하고, 후자는 수행修行에 치중하는 것을 말한다. 이판은 속세를 초탈하는 것이요, 사판은 속세를 포용하는 것이어서 양자간에 분쟁이 쉬지 않는다. 양자의 대립이 얼마나 극단으로 치달았으면 이판사판이라는 속어가 나왔을까? 그러나 이 둘은 결국 하나임을 깨달아야 한다. 길道이 없으면 갈行 수가 없고, 가지 않으면 길이 필요 없다. 길이 있어 가는 것이요, 가기 때문에 길이 있는 것이다. 수도와 수행은 모순 관계가 아니라 상보 관계인 것이다.

근세조선 말기의 이하응李昰應은 이판과 사판의 조화를 늘 염두에 두었던 위정자라 할 수 있다. 흥선 대원군으로 더 잘 알려진 그는 그 험난했던 섭정의 책무 속에서도 사군자의 묵화를 쳤다. 철골소심의 고고함을 심중의 사표로 삼기 위함이었을 것이다. 그의 묵란화庚辛年, 季夏는 사의성寫意性이 특출한 작품이다. 너른 화폭의 좌편 난간 한 구석에 난이 매어달린 구도는, 암벽에 기착한 난의 모습을 연상시켜 난의 은일성을 유감없이 표출한다. 힘 있게 내어 뻗친 잎새는 진골의 기상을 잘 드러내며, 특유의 연묵軟墨으로 형상화한 꽃잎은 소심을 효과적으로 암시한다. 흥선의 필치는 가히 신기 귀재라 할 것이다.

사군자는 정년으로 퇴임하는 사람의 정체성 재현에 표상이 될 것이다. 한 평생 사판만을 붙들고 달려갔으니, 한번쯤 지나온 길을 돌이켜봐야 된다. 의의 면류관을 받으러 가는 길이 될 수도 있고, 업화業火에 시달리는 형극의 길이 될 수도 있다. 나는 남은 생애를 연옥으로 알고 사군자와 교감하며 심신을 정화하고 싶었다. 내가 정년 퇴임식을 마치고 버려진 난분을 서둘러 찾은 것도 그 때문이다. 욕심도 내려놓고 허영도 내려놓고, 자세도 낮추어, 또 다른 자아를 찾아 나서야 한다. 남은 열정을 아낌없이 불사르되, 인생의 살아 움직이는 향기를 발산해야 한다.

사군자는 각기 자신을 지킴으로써 향기를 잃지 않는다. 조선조에 이름을 떨친 정주학자程朱學者로 관직이 영의정에 이르렀던 신흠申欽은 매화를 이렇게 읊었다. "매화는 한 평생 빈한을 겪고 살지만 향을 팔지 않는다(梅一生寒不賣香)." 매화의 향은 자연에서 가장 품격 높은 향기다. 어떠한 역경에도 굴하지 않고 내뿜는 향이기에 더욱 그럴 것이다. 비굴한 향은 이미 향기가 아니다. 졸문이지만 신흠의 시형으로 나머지 난·국·죽을 보충해본다.

난은 한 평생 고독을 겪으며 살지만 미소를 잃지 않고
(蘭一生孤不失笑),
국은 한 평생 서리를 겪으며 살지만 절개를 변치 않으며
(菊一生霜不變節),
죽은 한 평생 바람을 겪으며 살지만 곧음을 버리지 않는다
(竹一生風不棄直).

난의 꽃에는 항상 옅은 미소가 번진다. 미소는 승리와 평화의 상징이다. 난은 아무리 외로워도 그 고독을 이기며 평강을 잃지 않는다. 강인한 정신력과 마음의 여유 때문일 것이다.

세상만사 모두 마음에 달렸다. 도연명은 "마음이 멀어지니 땅은 저절로 외지구나(心遠地自偏)."라고 노래하였다. 마음이 속세를 떠나면 도심에서도 전원을 누릴 수 있고, 마음이 탐욕을 버리지 못하면 전원에서도 속세를 떠날 수 없는 것이다. 19세기 후반, 미국의 초월주의 시인 소로H. D. Thoreau는 ≪숲속의 생활≫에서, 월든 호의 수면에 비친 창공에서 천국을 볼 수 있고 사막속의 풀포기 한 줄기에서 간지스 강의 도도한 물결을 본다고 했다. 찬송 시인 버틀러C. F. Butler는 찬송한다. "높은 산이 거친 들이 초막이나 궁궐이나, 내주 예수 모신 곳이 그 어디나 하늘나라." 하늘나라는 나의 마음 안에 있는 것이다(눅. 17:21).

나는 우리 집 거실에 난들의 본향을 꾸며보고 싶었다. 모든 것이 다 마음에 있다 했거늘 난의 종류와 수효가 문제겠는가? 우리 집에는 까치, 비둘기, 지빠귀, 참새, 뱁새, 비비새 등 낯익은 새들과 이름 모를 새들이 아침저녁으로 떼 지어 날아와 서로 얼굴을 맞대며 지지고 볶는다. 난들이 새소리가 아쉽다면 창문만 열면 된다.

천연기념물 159호 왕벚나무가 그립다면, 그거야 어떻게 하겠는가? 내가 먼저 마음속에 화사한 벚꽃을 피우고, 이심전심으로 난들의 마음을 달랠 수밖에!! 어차피 덕을 쌓지 못하고 정년을 맞았으니 난향에 묻혀 여생을 정화해야지! 이제 와서 시계의 바늘을 되돌려 놓을 수는 없지 않은가?

아버지의 눈물

오열嗚咽, sobbing**의 전형은** 고대 희랍신화의 니오베Niobe에서 찾을 수 있다. 니오베는 탄탈루스Tantalus의 딸이며 테베의 왕 암피온Amphion의 왕비로서 7명의 아들과 7명의 딸을 낳았다. 그녀는 자녀들에 대한 자부심이 대단하였다. 니오베는 자부심이 지나쳐 고대 희랍의 뭇 여인들로부터 높이 추앙을 받고 있던 레토Leto 여신을 업신여겼다. 레토는 자녀가 아폴로Apollo와 아르테미스Artemis 등 두 아들밖에 없었기 때문이다.

테베의 여인들이 레토에게 속죄제를 드릴 때 니오베는 기고만장하여 외쳤다. "정작 제물을 받을 자는 레토가 아니라 니오베 바로 나다." 이에 분개한 레토 여신은 두 아들을 사주하여 니오베의 14남매를 모조리 살해해 버렸다. 레토 여신은 니오베의 오만불손한 태도에 복수한 것이다. 니오베는 자녀들의 죽음을 애통하여 오열하였다. 그녀의 통곡은 수개월이 지나도 그칠 줄을 모르고 계속되었다. 이를 보다 못한, 최고의 신 제우스Zeus는 니오베를 "오열하는 석상石像"으로 변화시켜 버렸다. 지금도 그 석상에는 여전히 눈물이 흐르고 있다고 전한다. 니오베는 어머니로서 자신의 정체성을 확인하고 있는 것이다.

불가에서는 사바娑婆의 세계를 고해라고 하지만, 자식의 죽음처럼 애간장을 녹이는 고통도 없을 것이다. 우리는 "애 끊다."라는 말을 드물지 않게 듣는다. 창자肝腸가 끊어질 듯이 슬프다는 뜻이다. 꾀꼬리는 성격이 과격한 새로 유명하다. 꾀꼬리는 새끼가 살해당하는 장면을 목격하면, 어미 새는 애를 삭히지 못하여 새끼를 따라 죽고 만다는 속설이 있다. 새끼를 따라죽은 어미 새를 해부하여 보았더니, 창자가 열 두 토막으로 끊어져 있었다는 것이다. "열 두 간장 끊어진다."는 말은 분절忿絶한 어미 꾀꼬리의 주검에서 나온 표현이다. "부모가 죽으면 땅에 묻고, 자식이 죽으면 가슴에 묻는다."는 속담이 실감난다. 그 원형archetype을 니오베의 모정에서 보게 되는 것이다.

압살롬은 다윗의 셋째 아들이다. 그는 이복의 만형 암논을 살해하고, 급기야는 아버지의 권좌를 찬탈하기 위하여 반란을 일으킨다. 다윗의 군사와 압살롬의 군사는 길르앗 에브라임 숲속에서 섭전하여 압살론 군사가 괴멸된다. 다윗 군사의 지휘관들은 앞을 다투어 승전보를 왕에게 전하였지만, 다윗의 진정한 관심은 아들 압살롬의 생사여부에 있었다. 다윗은 압살롬이 죽었다는 소리를 듣고 성문에 올라가 신하들 앞에서 통곡하였다. "내 아들 압살롬아, 내 아들 압살롬아, 내가 너를 대신하여 죽었더라면, 압살롬아, 내 아들 압살롬아!!!(삼하. 18:33)" "아들을 가슴에 묻은" 다윗의 오열에는 패륜도 반역도 문제가 되지 않았다.

작년 이맘때로 기억이 된다. 한 존속 살해에 관한 우리나라 언론의 사건 보도다. 사업에 실패한 아들이 보험금을 노려 아버지를 칼로 찔렀다. 남편의 비명 소리에 놀란 어머니가 현장에 달려갔다가 역시 아들의 칼을 맞고 쓰러졌다. 이런 끔찍한 광란 속에서 누나가 나타나자 범인은 누나에게 달려들었지만 누나에게는 가벼운 상처만 남기고 달아났다. 언론에 보도된 사건이지만, 다시 볼까 두려운 인류사의 오욕이었다. 그때 그 아버지의 그 눈물이 지금도 나를 울리며 폐부를 찌른다. 숨을 거두며 죽어가는 아버지는 가쁜 숨을 몰아쉬며 딸에게 말했다. "딸애야, 네 동생이 그랬다고 말하지 마라. 절대로, 절~대~로, 절~얼~대~로~오－." 이 다급한 순간에, 아버지가 흘린 그 눈물은 과연 어떤 심정의 눈물이었을까? 필시 살인범으로 체포될지도 모르는 아들의 장래와 운명에 대하여 탄식하였으리라.

우리 아버지는 눈물이 많지 않은 분이시다. 아버지는 위품이 당당하시고 강직하시며 외모가 호쾌하신 분이시다. 언변도 좋으셔서 어느 때 어느 누구와도 좋은 대화의 상대자가 되신다. 나는 아버님과 함께 있으면 안산의 산성에 오른 것 같아 언제나 든든하고 평화로웠다. 그러신 아버지가 뜻밖에도 눈물을 보이셨다. 아니, 통곡을 하셨다. 30년도 훨씬 넘은 옛날의 이야기다. 아버지는 그 동안 눈물이 없어서 우시지 않으셨던 것이 아니었다. 아버지는 우실 때를 아셨던 것이다. 아버지가 우신 것은, 불행히도 우리 여동생 YS가 실명하게 되었을 때였다. 사고가 난 것도 아니고 안질에 의

하여 실명을 하게 되었으니 기가 막힐 일이었다. 하기야 그것도 사고라면 분명한 사고다. 그야말로 통탄할 사고였다.

우리 누이가 안질이 났을 때, 아버님께서는 병원의 안과치료를 극구 반대하시고 어느 친구 분이 추천하셨다는 정체불명의 약물 투여를 고집하셨다. 당시만 해도 안국동의 공안과 같은 유명한 안과병원이 있었고, 굳이 공안과가 아니더라도 병원의 치료만 착실히 받았다면 실명까지는 가지 않았을 것이다. 아버지로서는 발등을 찍고 싶은 심정이었을 것이다. 가뜩이나 우리 누이는 그때 약혼을 코앞에 두고 있었다. 본인의 옹고집으로 딸의 일생을 망치게 되었으니 어찌 피눈물인들 나오지 않았겠는가?

우리 여동생은 착하고 순종하는 성격이다. 평소에는 신중하여 돌팔이 약종상 같은 부류는 철저히 경계하였지만, 아버지가 워낙 강권하시니 차마 말씀을 물리칠 수가 없었다. 문제의 물약을 눈에 넣으면 눈이 쓰리고 아파서 눈알이 빠져 나올 것만 같았다. 그러나 통증을 참으며 아버지의 지시대로 투약을 계속하였다. 하루만 더 참으면 통증이 나아지겠지 하는 막연한 기대로 하루하루를 지내며 한 달을 넘겼지만, 통증은 가시지 않고 시력만 약해지는 것 같았다. 겁이 덜컥 났다.

누이동생은 당장에 투약을 중지하고 싶었다. 그러나 아버님께서 "고생한 김에 조금만 더 해보자"고 타이르시는 바람에 또 두어 주일을 더 버텼다. 그러던 어느 날, 누이동생은 갑자기 눈이 깜깜해오는 것을 느꼈다. 종합병원을 찾았을 때에는 이미 모든 것이 다 끝나버린 상태였다. 눈동자가 찌그러졌다는 것이다. 멀쩡한 두 눈을 졸지에 날려버린 것이다. 세상에 이런 비극적인 사건이 어디에 또 있겠는가?

우리 여동생은 역시 효녀였다. 아버님께서 전례 없이 얼굴을 파묻고 오열하시자, 여동생은 아버님을 붙들고 위로하느라 안절부절 어찌할 줄을 몰랐다. "아버님, 너무 상심하시지 마세요. 시력이 되살아날 수도 있고요, 그리고 저기, 음- 시-시력이 안 살아나도 얼마든지 살아갈 자신이 있어요. 정말이에요, 아버지. 저를 믿어주세요, 네?" 이 소리에 온 가족은 또 한 번 큰 소리로 통곡을 하였다. 아버님은 돌이킬 수 없는 결과 앞에, 참으로 참담하다 못해 절박하고 고독하셨을 것이다. 사랑과 위로는 이처럼 고독할 때 필요한 것이다. 어린 것이 언제 저렇게 철이 들었는지, 누이동생이 참으로 대견스러웠다.

우리 여동생은 예정대로 결혼을 진행하여 자녀를 셋이나 두고 그런대로 잘 살고 있다. 매제가 워낙 마음이 넉넉하여 잘 보살펴준다고 한다. 고마운 일이다. 하지만 잘해주면 잘해주는 대로 부담도 커지는 법이다. 남편 대하기가 얼마나 불편하고 미안하겠는가? 어디 그뿐인가. 자식 귀여운 줄은 너나없이 다 마찬가진데, 자식의 얼굴 한번 못보고 살자니 그 아쉬움이 얼마나 사무칠 것인가. 그런데도 우리 여동생은 말이 없다. 지금까지 단 한 번도 아버지를 원망하는 소리를 들어본 적이 없다. 오히려 여동생이 아버님을 걱정한다. 자기 때문에 건강이라도 잃으시면 어떻게 하느냐고 걱정이 태산 같다. 명심보감에 효자 아들 하나면 열 자식 부럽지 않다고 했는데-. 우리 누이는 리어 왕King Lear의 막내 딸 커딜리어처럼, 생각이 천사만 같다.

리어 왕은 팔순에 노망老妄이 났다. 인생의 허망함을 오만으로 달래려 했던 것이다. 노망이 나면 귀가 여려져서 아첨을 좋아한다. 그는 세 딸들이 자기를 얼마나 사랑하는가를 시험하여, 그 첨언諂言에 따라 영토를 분할 상속하겠다고 선포한다. 두 언니들은 경쟁적으로 교언영색矯言令色을 늘어놓았지만 막내딸 커딜리어는 허황한 말잔치에 놀아나지 않는다. 커딜리어는 아버지로부터 갖은 폭언과 저주를 다 받고 쫓겨났다. 그러나 그녀의 인간됨이 세상에 알려져 프랑스의 왕비가 된다. 그녀는 언니들에게 배신당하고 방황하는 아버지를 구출하고자, 언니들에게 갔다가 체포되어 언니들에 의하여 목이 졸려 죽는다.

리어는 두 딸들의 패역에 분노하여 외친다. "네 년들은 내가 울 줄 알지? 천만에, 안 운다. 눈물이 나온다만 여기서 우느니 차라리 이 심장을 몇 만개로 찢어 놓을 것이다!" 리어는 광야에 달려가 혹독한 폭풍우를 맞으며 자학을 감행할 때에도, 세상의 어떤 풍파와 경멸에도 울지 않겠다고 다짐한다. "아니, 울지 않겠다. 이런 밤에 나를 내쫓다니! 억수같이 퍼부어라! 나는 참겠다. 이런 밤에 늙은 애비를—, 아낌없이 다 줬는데!" 리어는 천륜을 어긴 두 딸의 자결 소식을 듣고도 태연했다. "음, 그랬을 거야." 그의 의지는 무척 강인하다.

그러나 리어도 마침내는 "아버지"의 울음을 터뜨렸다. 그는 커딜리어의 흐느낌을 듣고 울먹인다. "제발 울지 말아. 네가 독약을 준다 해도 나는 마시겠다. 너는 나를 원망하고 있을 거다. 너의 언니들은 나를 학대했다. 너에게는 그만한 이유가 있지만, 그들에게는 이유가 없는데도 말이다." 커딜리어가 숨을 거두었을 때, 리어는 딸의 주검을 안고 울부짖는다. "울어라, 울어, 울어, 울어!! 너희들은 석상이냐? 내게 너희와 같은 혀와 눈이 있다면 푸른 하늘의 천정이 찢어지도록 울어 댈 텐데. 아, 죽어버렸구나!" 리어는 커딜리어에게 뜨거운 참회의 눈물을 쏟아내고 있는 것이다. "너는 천국의 성령이다. 나는 훨훨 타는 불 바퀴에 결박되어, 눈물을 흘리면 온몸이 마치 녹아내리는 납 물속에 잠긴 것만 같다." 리어에 있어, 커딜리어는 딸이라기보다는 천사며 보혜사 성령이다.

우리 아버지는 76세에 암으로 세상을 뜨셨다. 아버님은 운명하시기 일주일 전에 세례를 받으셨다. 우리에게는 꿈만 같은 일이었다. 여동생 YS의 노력이 컸다. 여동생은 기회만 생기면 특유의 부드러운 말씨로 아버님께 성경을 읽어드리고 기독교에 대한 담론도 나누었다. 여동생이 신앙의 기초를 쌓아드렸던 것이다. 아버님은 딸의 전도로 아슬아슬한 결단의 시간에 세례를 받으시고 주님의 자녀가 되신 것이다. 찬송과 기도 소리가 병실을 울리니 가정의 큰 우환 중에도 기쁨이 넘쳤다. 그렇게 사오일이 지났을 것이다.

그러던 어느 날, 병실에 들어서니 아버지는 병상에서 홀로 울고 계셨다. 깜짝 놀랐다. 하늘이 무너지고 땅이 꺼진다 해도 미동도 없으셨던 아버지의 그 늠름하신 모습이 흐트러지는 것만 같아 나는 눈시울이 뜨거웠다. 당장 사유를 여쭙고도 싶었지만, 혼자의 시간도 필요할 것 같아서 조용히 병실을 물러나왔다. 나는 화장실로 달려갔다. 허물어져 가는 아버지의 심상을 수습할 수 없었다. 나는 화장실에서 울고 또 울었다. 고독한 울음이었다.

아버님이 왜 우실까? 나는 번민이 컸다. 속단하기는 어렵지만 아무래도 정체성의 문제였을 것으로 생각했다. 자세를 낮추어 주님을 가까이 모시고 보니, 사물에 대한 시각이 달라졌을 것이다.

기독교 신자로서, 나는 과연 누구인가? 남편으로서, 아버지로서, 가장으로서, 사회의 한 구성원으로서 내가 누구인가를 스스로 묻고 계셨을 것이다. 절대자 구세주에게 자신을 온전히 내어맡기는, 뜨거운 통회는 믿음 생활의 미학이다. 진실 앞에서는 누구나 감동하며, 감동에는 눈물이 따른다. 감동의 눈물은 언제나 아름답고 감미로운 것이다.

밀러Arthur Miller의 ≪세일즈맨≫에서 윌리 로만은 상실된 존엄성과 정체성을 회복하기 위하여 생명을 제물로 바친다. 윌리는 부정한 애정 관계로 인하여 큰아들 비프로부터 사기꾼fake이라는 망발을 듣게 된다. 윌리는 자신의 정체성을 버리고 타인의 정체성을 도용盜用하며 사는 사람이다. 비프가 파악한 아버지의 정체성은 등에 큰 북을 짊어지고 물건을 파는 판매원이다. 시간급 1불에 불과한 단순 노동의 인생이다. 그럼에도 불구하고, 윌리는 자신이 무슨 거상이나 사장이 된 것처럼 행세한다. 과대망상이었다. 비프는 자신이 삽으로 시멘트나 섞는 시간당 일불짜리의 막 노동꾼임을 파악하고 있으나, 아버지 윌리는 그 명백한 사실도 수긍하지 않는다. 윌리는 비프를 미식축구의 슈퍼볼 스타로 착각하고 있다. 비프는 정체성 문제를 놓고 아버지와 격론을 벌이다가 답답한 나머지 그만 울음을 터트리고 만다.

안타깝게도 윌리는 아들의 울음을 자기에 대한 사랑의 표시로 착각한다. 그는 목이 메어 아들을 붙들고 눈물을 흘린다. "비프가 나를 보고 울었어!! 그 놈은 지금 나를 사랑하고 있는 거야! 봤지? 그 놈이 나를 사랑하고 있단 말이야!!" 윌리는 자신이 만일 죽으면 조객들이 구름처럼 몰려들 거고, 그 광경을 바라본 비프는 현란할 거라고 생각한다. 게다가 사망보험금이 비프에게 지급되는 날이면, 세상이 확 달라질 것으로 생각한다. 망상의 눈물이다.

윌리는 마음이 급하다. 그는 승용차를 몰아 고의로 사고를 낸다. 보험금을 노린 고의사고다. 윌리로서는 사기꾼의 오명을 벗기 위하여 그 어떤 것도 필요했을 것이다. 그러나 망상은 망상일 뿐 현실이 될 수는 없는 것이다. 진정한 정체성은 자신이 형성하여 자신이 지키는 것이다. 이름 석 자를 지키기 위하여 생명을 던지는 사람이 많지만, 세상을 속이기 위하여 자살을 기도하는 자야말로 윌리만큼이나 우매하다. 윌리는 정체성의 은닉을 위하여 망상의 눈물을 주체하지 못하고 삶을 마감한다.

통곡에는 세미한 오열도 있다. 믿음의 조상 아브라함은 백세에 얻은 아들, 이삭을 번제燔祭에 바치라는 명령에 순응한다. 아들의 나이가 20이 다 되었을 때의 일이다(창세기. 22:1-13). 친히 소중한 아들을 결박하고 목에 비수를 꼽고 시신을 장작불에 올려놓을 때, 얼마나 억장이 무너지고 기가 막힐 것인가? 생명보다 강한 부활 신앙의 힘이 아니라면 상상할 수도 없는 일이다. 우리는 이 성구의 행간行間을 읽어내야 한다. 아브라함의 세미한 통곡을 듣는 청각이 있어야 한다. 아브라함의 오열은 정체성을 확인하는 통곡이다. 통곡이 없는 번제는 이미 번제가 아니다. 번제물은 썩은 과실이나 저는 짐승이 아니라 정성이 담긴 초실初實이어야 되는 것이다. 아픔을 견디며 마련한 제물만이 진정한 희생제물인 것이다.

예루살렘 시온 산의 남쪽 중턱에는 베드로 통곡교회The Church of St. Peter in Gallicantu가 있다. 베드로는 대제사장 가야바의 사저에 불려와 신문을 받을 때, 자신이 예수의 제자임을 완강히 부인하였다. "베드로가 저주하며 맹세하되, 나는 너희의 말하는 이 사람을 알지 못 하노라(마가복음. 14:71)." 그는 예수를 가리키어 일면식도 없는 사람이라 강변하여 스승과 제자의 관계를 부인하였지만, "네가 닭이 두 번 울기 전에 나를 세 번 부인하리라." 하신 스승의 말을 기억하고 통곡하였다(마가복음. 14:72). "Gallicantu"는 "닭이 운다"는 뜻이다. 베드로 통곡교회는 베드로의 통곡을 기념하기 위하여 그가 통곡한 바로 그 자리에 세워진 교회다(1931년 재건).

베드로의 통곡은 비창의 눈물일까, 행복한 눈물일까? 리히텐슈타인Roy Lichitenstein. 1923-97의 행복한 눈물Happy Tears은 빨간 머리의 눈물이다. 왕자 햄릿의 머리처럼 빨간 머리는 고뇌의 머리다. 베드로는 거짓맹세를 통하여 자신의 정체성을 기피하는 데에 성공하였지만, 새벽을 깨우는 닭의 울음소리를 듣고 주님과의 약속(마가복음. 14:31)을 떠올리며 통곡하였던 것이다. 통회의 눈물은 서러운 눈물이 아니라 행복한 눈물이다. 진실과 소망의 오열이기 때문이다. 나는 우리 아버님의 눈물이 통회의 행복한 눈물이기를 간절히 기원한다. 아니, 나는 그렇게 믿는다. 우리 아버님의 읍소泣訴는 정체성 확인의 향기로운 눈물이었음에 틀림없다.

정체성의 불안에서 오는 눈물도 있다. 결혼식장에서 흘리는 눈물은 정체성의 손실을 우려하는 눈물이다. 결혼과 더불어 자녀가 수중에서 떠나고, 부모로서 정체성이 일부 훼손되지 않을까 하는 우려다. 와일더Thornton Wilder의 ≪우리 읍네≫에서, 웹 부인은 딸을 출가시키며 울먹인다. "내가 왜 울고 있는지 모르겠어. 울어야할 이유가 전혀 없는데도, 울고 있으니 말이야. 아침에 이런 생각이 떠올랐어. '우리 에밀리는 17년 동안 우리와 함께 조반을 먹었는데 이제는 딴 집에 가서 아침을 먹게 되는 구나.' 맞아! 그것 때문에 내가 지금 울고 있는 거야." 부모는 역할 손실을 우려하여 울기도 하는 것이다.

한국의 아버지는 세 번을 크게 울었다. 중동의 건설 현장에서 울었고, IMF때 머리를 숙이며 울었고, 아내와 자녀를 서양에 보내고 기러기 아빠로 울었다. 조국이여, 그 비창의 통곡을 듣지 못하는가? 건설 현장의 연장 소리와 댄스홀의 밴드 소리가 충돌하며 우리의 아빠가 울었고, "아빠, 힘내세요. 우리가 있지 않아요?"를 노래한 꼬마들의 더듬거리는 목소리에 우리의 아버지는 울었다. 외로운 기러기 아빠는 지금도 공허한 밤하늘의 구만리를 바라보며 눈물을 적시고 있다.

"기러기 울어 예는 하늘 구만리, 바람이 산들 불어 가을은 깊었네. 아, 아! 너도 가고 나도 가야지!" 사랑하는 대한민국이여, 더 이상 아버지의 눈물을 강요하지 마시게나!! 너도 오고 나도 오는, 사랑의 가정이 어서 다시 아름답게 피어났으면!! 부디 아버지의 정체성에 평안을 실어주는 튼튼한 사회가 되기를 바라마지 않는다.

범하凡下

사람들은 이런 이유 저런 사연으로 익명을 요구하는 경우가 많다. 단둘이서 실컷 이야기해 놓고는, "절대로 내가 그 카더라고 말하지 말거레이!!" 하고 말끝을 맺는다. 그러나 대체로는 "절대로 말하지 말거레이!!" 하는 금지 조항까지도 그대로 고해바치게 된다. 정체성은 숨기기도 속이기도 어려운 것이다. 옛날에는 신에게도 이름에 대한 속내를 드러내지 않으려 했었다. 자녀의 이름이 화려하면 귀신들이 질투하여 꼭 해코지를 한다고 믿었기 때문이다. 부모들은 애써 비속한 이름만을 택하여 사용했던 것이다.

개똥이, 쇠똥이, 말똥이 등 ㅇ자 돌림과 돌쇠, 덜렁쇠, 마당쇠, 변강쇠 등 쇠자 돌림의 남자 이름은 시골 어느 마을에서나 흔히 들을 수 있었다. 아예 직설적으로, 꿀꿀이, 강아지 등을 아명兒

名으로 사용하는 사례도 없지 않았다. 여자 이름의 경우에도 마찬가지다. 부엌데기를 줄여서 부덕이, 순해 터졌다고 순덕이, 빤질빤질 하다고 뺑덕이라고 불렀다. 남아선호 사상도 여성의 이름을 비하하는 데 한 몫을 했다. 이번에도 또 딸을 주느냐고 "서운이", 딸은 이제 고만 달라고 "딸고만"이라 했다. 개인의 정체성과는 무관한 이름들이다.

사실은 우리 어머님의 이름이 서운鄭西雲이다. 외할머니는 우리 어머니를 낳으시고 너무나 섭섭하셔서 죽든지 말든지 알아서 하라고 출산아를 엎어놓으셨다고 한다. 우리 외할머니는 딸만 아홉을 낳으셨다고 하니 오죽이나 섭섭하셨을까? 어찌되었든 우리 어머니의 이름은 "서쪽 구름"과 아무런 관련이 없다. 신라의 설총薛聰이 고안했다는 이두吏讀의 맞춤법처럼 그저 한자漢字의 음만 빌린 것이다.

옛날 면사무소의 호적계는 골치깨나 썩었을 것이다. 아들 "돌쇠"의 출생신고를 하러 온 아버지에게 이름을 물으면 무조건 "돌쇠"라고만 우겨댔을 테니, 호적계가 얼마나 난처했겠는가? "끝순"이는 "末順"이로 기재한다 하더라도, "돌쇠"는 어떻게 한자로 표기한단 말인가? 돌 석자石 밑에 "ㄹ" 받침을 해서 乭자를 만들고, 쇠 금자金 옆에 "ㅣ"(따니)를 붙여 釗자를 만들 수밖에. 乭釗(돌쇠)는 순연히 어린애나 종의 이름을 한漢자로 표기하기 위하여 만든 날조된(?) 한자다.

유교 문화권에서는 성년식을 관례冠禮라 하는데, 관례 이후에는 초명을 버리고 관명冠名을 사용한다. 초명은 정체성과의 관계가 희박하기 때문이다. 결혼을 하면 또 다른 이름을 사용하기도 하는

데, 이를 자字라고 한다. 특히 학자와 문인 그리고 예인의 아명雅名을 호號라고 한다. 예컨대 조선조의 명상 황희黃喜는 초명이 수로壽老요 관명이 희이며 자가 구부懼夫요 (아)호는 방촌厖村이다. 사후에 추서된 시호諡號는 익성翼成이다. 왕년의 인기 영화배우 신성일은 강신영의 예명藝名이요. 미국의 매혹적인 여배우 엘리자베스 테일러Elizabeth Taylor의 애칭은 리즈Liz다. ≪욕망이라는 이름의 전차≫를 쓴 미국의 극작가 테네시 윌리엄즈Tennessee Williams는 토마스 래니어 윌리엄즈Thomas Lanier Williams의 필명筆名이다. 본명 밖의 딴 이름을 사용하는 사람들이 적지 않다.

1960년대에, 서울 장안에는 성명 철학(?)의 열기가 대단하였다. 사직동 거리에 있던 김O수 작명소는 아침 이른 시간부터 저녁 늦게까지 연일 수백 명의 손님들이 북새통을 이루었다. 오륙 명의 직원들이 역할을 분담하여 신속하게 업무를 처리하였지만, 워낙 사람들이 몰려오다 보니 두세 시간을 기다리는 일은 예사였다.

대학 4학년 때의 일인가보다. 나는 평소에 잘 알고 지내던 어느 약사로부터 대리 접수의 부탁을 받았다. 내가 작명소의 지척에 살고 있었기 때문이다. 김O수 선생은 접수장에 적힌 약사의 남편과 딸의 이름을 쑥 훑어보더니 곧장 붓을 먹물에 찍어 남편의 이름을 쭉 지워버렸다. 그리고는 한다는 소리가 "간 사람은 볼 것 없고, 다음 이름이 당신이요?"라고 약사에게 묻는 것이 아닌가. 듣고 있던 우리는 깜짝 놀라 말문이 막혀 버렸다. 대답도 못하고 서로 얼굴만 쳐다봤다.

약사는 결혼한지 2년여 만에 딸을 낳고 바로 부군을 잃은 미망인이었다. 남편은 명문 K고를 나와 농구의 명문 C대학에서 농구

선수로 활동하였다. 신체 건장한 미남이다. 갑부 집안의 아들인지라 돈 걱정도 없었다. 그런 다복한 상황에서 갑자기 임파선 암으로 진단이 떨어지며 요절을 하였으니 이런 황망한 운명이 어디에 있다는 말인가? 약사는 아내로서 도저히 마음을 추스르지 못하고 고민 고민하던 끝에 성명 철학관을 찾게 된 것이다. 그런데 이름과 나이만을 가지고 산 자와 죽은 자를 판별하고 있으니 소스라치지 않을 수 있겠는가? 그뿐이 아니다. 순서를 기다리며 앉아있다 보면 별의별 희한한 이야기도 다 듣게 된다.

철학관 선생이 묻는다. "아들이요? 이 이름을 가지면 손발에 문제가 생기는데－, 아직 수술 안했소?" 어머니는 걱정스럽게 답한다. "그런데 병신은 되지 않을까요, 선생님? 말씀해 주세요." "이름을 바꾸고 치료나 잘 해요. 병신 걱정은 하지 말고. 병신은 안 돼!" "선생님, 감사합니다. 병신은 안 된다고요? 감사합니다." 어머니는 연신 허리를 굽히며 인사를 하고 나간다. 또 다른 경우. 철학관 선생 왈, "남편 둘을 잘 까묵어 불었네. 또 시집을 가겠다고? 안 돼! 열 번을 가봐라. 남아나는가?" 30대 후반의 여자 손님이 애걸한다. "이번 한 번만 더 시도해 보려고요. 이름도 갈고. 안 될까요?" "글쎄, 안 된다니까!! 이름을 바꾼다고 무엇이나 다 되나? 이름만 잘 지으면 대통령도 해먹겠네? 천만에, 안 돼!!"

아무리 생각해봐도 믿을 수 없는 말들이 오가고 있었다. 허나 실제로 눈앞에서 일어나고 있는 일이니 어찌할 것인가? 이름과 나이 사이에 숨겨진 이치가 존재한다는 말인가. 아니면 직관적 초능력이 발동한 것인가? 지난주엔가 어느 방송사의 "세상에 이런 일이" 프로에서 믿기 어려운 사실이 방송되었다. 6살 밖에 안 된 어린 아이가 날자만 대면 요일을 착착 알아낸 것이다. 이미 지나버린 2000년 어느 날의 요일도 알아맞히고, 다가올 2010년의 어느 날도 그 요일을 알아맞혔다. 보고 있자니 몸에서 소름이 끼쳤다. 어느 교수는 직관력이 작용한 것 같다고 했다. 유사한 능력이 철학관에서도 나타난 것일까? 사실관계야 어떻게 되었든, 작명소에서 벌어지고 있는 일은 이름과 정체성의 관계를 파악하는 작업이었다. 그렇다. 작명가가 지적하였듯이 아무런 소임의식도 없이 이름만 바꾼다고 한 인간의 정체가 달라질 수는 없는 것이다. 이름은 역할과 소임에 따른 정체성의 함축이자, 사회적 용인social approval이기 때문이다. 시인 김춘수는 꽃에서 이렇게 노래한다.

내가 그의 이름을 불러 주었을 때
그는 나에게로 와서
꽃이 되었다.

정체성은 개인이 준수하고 사회가 시인할 때, 이름으로 정착되는 것이다. 황희의 관명 喜에는 긍정적인 인생관이 담겨 있다. 황희는 그의 자 "懼夫"가 시사하듯이 천도와 민심을 경외하였고, 그의 호 "厖村"이 암시하듯이 항상 넉넉하고 소박한 시골 인심 같은 관료였다. 조정과 유림에서는 후덕인자厚德仁慈하고 청렴결백한 영상領相의 공덕을 기리어 "翼成"이라는 시호를 내렸다. 숭덕의 경지를 이루었다는 사회의 용인일 것이다.

성서중의 인물들은 거의가 이름의 의미가 구현되는 정체성을 갖는다. 여호와Yahweh는 존재be와 생성become의 뜻을 가지며 복합어로 “만군의 주”를 의미한다. 예수Jesus는 “구주”를 뜻하는 이름이요 그리스도Christ는 “기름 부음 받은 자”를 뜻하는 칭호로서, 예수 그리스도는 인류를 구원하는 “메시야”다. 모세Moses는 “건져냄”을 의미한다. 그는 이스라엘 백성을 애급의 노예 생활로부터 구출하여 가나안 땅에 입성시킨 민족의 영웅이다. 야곱Jacob은 “뒤꿈치를 잡다”의 뜻이다. 그는 출생 시에 쌍둥이 형 에서의 발뒤꿈치를 잡고 나왔고, 장성하여서도 형으로부터 장자권과 축복권을 갈취할 정도로 삶에 적극성을 보인다. 족장으로서의 그의 생애는 여호와에 매어달리는 간구와 그 응답으로 일관된다.

내가 환갑이 되었을 때 고마운 동료 교수들과 사랑하는 제자들이 기념행사를 열어주었다. 주옥같은 논문을 모아 논문집 ≪언어의 미학≫을 출판하고 ≪햄릿≫을 원어로 공연하는가 하면, “제자가 본 스승의 인간”과 “제자가 본 스승의 학문” 등의 주제를 발표하였다. 부족한 노학을 위로하고 격려하는 열의에 너무너무 감사했다. 나의 호 “범하凡下”가 관련 유인물에 나가자, “凡” 자는 “下” 자와 같은 반열에 있으니, “범하”는 곧 “하하”가 아니냐는 멘트가 있었다고 한다. 그 또한 기꺼이 수용한다. 자기는 자신이 가장 잘 알고 있는 법이다.

평범平凡이 비범非凡이라는 말이 있다. 요즘에는 하도 별난 사람도 많고 설치는 사람도 많다보니 분수를 지키며 평범하게 지내는 사람이 비범하게 보일 지도 모른다. 하기야 김구 선생 같은 특출한 애국 애족 운동가도 자신을 폄하하여 백범白凡이라 했으니, 나 같은 백면서생白面書生이야 당연히 범하凡下가 아닌가? 나는 본래 사람이 못나서 그런지 수수하고 평범한 것을 좋아하는 사람인데, 괜히 백범이니 정범正凡이니 하고 떠들다가 오히려 비범이 될까봐 아예 범하를 취하여 나의 호로 못 박은 것이다.

성경에는 "심령이 가난한 자는 복이 있나니. 천국이 그들의 것이다."라 했다. 기독교인의 최후의 승리는 천국에 입성하는 것이므로 심령의 빈곤이야말로 기독교의 최대 목표다. 물질적 빈곤은 동정과 자비의 대상이지만, 심령적 빈곤은 축복의 대상이다. 전자는 소비적 빈곤이지만, 후자는 생산적 빈곤이다. 물욕, 정욕, 명예욕 등 탐욕을 다 버리고 심령을 비우면 마음의 평화와 지족知足이 와서 마침내 천국을 얻게 되는 것이다.

천국은 마음에 따라서 손에 잡히기도 하고 손끝에서 멀어지기도 한다. 성경에는 또 "의에 주리고 목마른 자는 복이 있나니 부유하게 될 것이라." 하였다. 의를 따르다가 설혹 물질적인 손실을 겪는다 하여도 지족을 얻으니 크게 부유하지 않겠는가? 나는 심령의 가난을 통하여 범하가 되고 싶었고, 의의 빈곤을 통하여 범하가 되고 싶었던 것이다.

가롯 유다의 생애는 인간적으로는 비극이지만 교의적敎義的으로는 축복이다. 스승을 밀고한 행위는 비극적인 패륜이지만, 여호와의 구속 사역에 쓰임 받은 것은 은혜 중의 은혜인 것이다. 구속 사역의 여러 가지 가상 시나리오 중에서 유다를 활용하는 구성이 채택되었기 때문이다. 가롯 유다는 "피 값으로 받은" 은전 30양을 내 던지고 고목에 목을 매어 자살하지만, 미국의 극작가 굿맨K. S. Goodman은 유다의 눈물겨운 참회의 기나긴 여정을 극으로 엮었다.

굿맨은 길손*Dust of the Road*에서, 방랑자Tramp로 분한 가롯 유다는 죽음에도 자기처럼 비참한 범하의 죽음이 있음을 역설한다.

찬란한 고충 속에 죽어서 세상을 구제하는 죽음과 나처럼 수 세기 동안 무거운 오명을 끌고 다니는 죽음은 전혀 다른 것이네. 나는 죽어서도 영혼은 살아남아서 죽음의 모든 고통을 다 겪고 있다네. 나는 장기 부채를 상환하기 위하여 여기서 한 사람 저기서 한 사람을 구원하고 다닌다네. 나의 더러운 이름이 완전히 잊혀질 때까지 말일세.

가롯 유다는 말을 잇는다. "어서 자네가 자행하려는 음모에서 손을 떼게. 그러면 내가 평형 저울에 먼지 한 톨을 올려놓을 수 있단 말이야."

범속의 무리에서 나락으로 전락한 가롯 유다는 보통 사람들의 일상을 부러워한다. "(자네도 나처럼 영혼을 팔아버리면) 자네는 풀 속에서 우짖는 벌레들의 즐거운 노래도 잃게 될 것이며, 단풍이 떨어질 때 느끼는 찬란한 감상도 놓칠 것이네. 여인의 노래를 들어도, 아이들의 웃음소리를 들어도, 토닥거리며 타오르는 벽난로의 불길에서도 아무런 흥미를 느끼지 못할 것이네." 사물의 모든 가치는 주체인 마음이 범속 이하로 "가난해 졌을" 때에 비로소 되새겨지는 것이다. 그 점이 바로 범하의 축복이요 특혜가 아니겠는가?

시몬 베드로는 예수님의 제자로서 스승과 3년을 함께 지내는 동안에, 시몬, 베드로, 게바, 아람, 바요나, 바르요나 등등 무려 15개의 명의로 호칭되었다. 예수의 수제자로서 그의 정체성이 그처럼 많은 기준으로 조명되었다는 증거다. 범하니, 백범이니, 범상이니 하는 기준은 삶의 자세로서 개인의 테크닉에 관한 문제다. 중요한 것은 사도 베드로를 기념하는 성전聖殿이나 황희 정승의 시호처럼 사회의 용인일 것이다.

반달

푸른 하늘 은하수 하얀 쪽배에,
계수나무 한 나무 토끼 한 마리.
돛대도 아니 달고 삿대도 없이,
가기도 잘도 간다 서쪽 나라로.

은하수를 건너서 구름 나라로,
구름 나라 지나서 어디로 가나
멀리서 반짝반짝 빛이 있는 건,
샛별이 등대란다 길을 찾아라.

반달은 나의 정서적 고향이다. 내가 이 노래를 배운지도 어언 60년이 훨씬 넘었지만, 지금도 어느 장소에서 독창을 제의 받으면 제일 먼저 고려하는 선곡의 대상이 바로 이 동요다. 정서는 사물에 대한 감성과 이성이 아우러진 유기체의 전신적 반응이다. 아마도 나의 감성과 이성이 미미하게나마 형체를 갖추기 시작했을 때 이 동요가 나의 동심에 강력하게 각인되었으리라. 반달은 나의 심성적 요람이요 마음의 고향인 것이다.

고향을 그리는 마음은 순수하고 정직하다. 너의 고향은 무엇이 그리 좋으냐고 딱히 묻는다면 정작 대답할 말이 없다. 산수가 수려하면 그래서 좋고, 그저 수수하고 밋밋하면 또한 그래서 좋은 곳이 고향이다. 고향은 다름 아닌 바로 고향이니까, 그래서 마냥 좋은 것이다. 고향을 좋아하는 데에 굳이 특별한 이유가 따로 있을 수 없다. 하기야 동구 밖에 우뚝 솟은 정자나무가 좋고, 병풍처럼 아늑하게 둘러 있는 뒷산이 좋으며, 나지막한 앞산이 사립문처럼 바람을 막아주어 좋고, 멀리서 조용히 흘러가는 강물이 아름다운 고향도 없지는 않겠지. 그러나 그게 어디 고향인가. 패키지여행의 안내문이지. 이리 굴리고 저리 굴리는 타산적인 고향 생각은 이미 향수가 아니다. 한낱 지난날의 어느 가물거린 회상일 뿐이다.

일제의 만행, 위안부 사건을 고발하는 연극 뮬러Lavonne Mueller의 ≪특급 호텔≫*Hotel Splendid*에 보면 총칼에 끌려간 한국의 위안부들은 치가 떨리는 고통 속에서도 짧은 휴식 시간을 활용하여 저마다 고향 생각을 떠올린다. 사실 그들이 자랑하는 고향이란 그리 대단할 게 없다. 봄이면 꽃이 핀다는 이야기며, 들에서 소가 "음메"하고 운다는 이야기며, 학교에 다닐 때 장난쳤던 이야기 정도다. 그래도 그들은 제각기 자기의 고향을 신나게 이야기하고, 서로를 부둥켜안고 울음을 터트린다. 그들은 매번 그따위 시시한 이야기로 소중한 휴식 시간을 다 날려버렸다고 투덜대지만, 다시 휴식 시간만 되면 어김없이 그 잘난(?) 고향 이야기로 꽃을 피운다. 고향의 마력魔力이란 바로 그런 것이다.

고향에는 "복숭아꽃, 살구꽃, 아기 진달래"가 만발하는 감각적인 고향도 있지만, 생각만 해도 가슴이 울렁거리고 소리만 들어도 심장이 요동치는 정서적 고향도 있다. 아동 시절에 각인되었던 고향에 대한 사념이, 더러는 양각되어 기억에 남고 더러는 음각되어 기억에서 멀어질지라도 성년이 되면 반드시 정서 생활에 영향을 미친다는 것이다. 고향을 등지고 국외에 나가 있을 때, **아리랑**이나 **고향의 봄**을 듣게 되면 나도 모르게 코끝이 찡해오는 것은 우리의 어쩔 수 없는 정서적 반응이다. 정서는 감성과 오성과 이성의 복합적인 열정이다. 감각적인 향수보다 정서적인 향수가 더욱 다원적일 수밖에 없다.

내가 출석하는 교회에 평생대학이라는 기관이 있다. 65세 이상의 어르신들을 모셔서 교양강좌도 열어드리고 선택강좌도 열어드린다. 한 번은 강의실을 순찰하는 중이었는데, 나의 영혼을 파고드는 동요 조의 가락이 흘러 나왔다. 그 음악을 들으며 나는 무엇인가 심령의 갈급한 충동을 느꼈다. 마음의 고향을 더듬는 향수였다. 상황을 알고 보니 중국어 강의 시간에 동요 **소백선**小白船을 노래로 공부하고 있었던 것이다.

나는 중국어에 무식하여 가사를 이해하지 못하였지만, 곡조는 분명히 낯익은 음악이었다. 윤극영尹克榮의 **반달**이었던 것이다. 다만 "은하수" 대목과 "한 나무" 대목 그리고 "서쪽" 대목에서 사이 음을 넣어 부드럽게 굴리는 창법을 사용하였다. 중국인의 취향에 따른 작은 변형이었다. **반달**은 언제 들어도 감동적이다. 나의 어린 영혼에 깊숙이 새겨진 마음의 고향이기 때문이다.

윤극영은 1924년 9월 9일 밤에 이 동요를 작사 작곡하였다. 국가적으로 망국의 서러움을 억제하지 못하는 정황에서, 설상가상으로 시골로 시집간 누나가 이 고생 저 고생 다 하다가 젊은 나이에 세상을 떠났다. **반달**은 그러한 진통 속에서 창작된 작품이다. 윤극영의 **반달**은 일본 전역에 보급되었고, 만주 등지의 병영에서조차 위문단에 의하여 연주되었다. 역설적인 이야기가 아닐 수 없다.

더욱 놀라운 것은 이 동요가 삽시간에 그 너른 중국 땅에 보급되었다는 사실이다. **小白船**(하얀 쪽배)으로 곡명이 바뀐 **반달**은 각계각층의 중국인들에게 어찌나 열창되었던지, 거의 모든 중국인이 이 곡을 자기네 노래로 착각하고 있었다. **반달**은 최근에 중국 소학교의 교과서에 수록되면서 한국의 노래로 밝혀지게 된 것이다.

윤극영에 대하여는 몇 가지 잘 알려진 일화들이 있다. 그 중의 하나가 언뜻 떠오른다. 윤극영은 6.25 때 부산으로 피난을 갔다. 다들 겪은 고생이었지만 피난 생활에 경제적 타격이 얼마나 컸겠는가? 윤극영은 아무리 궁리를 해봐도 그렇다 할 타개책이 없었다. 그는 할 수 없이 피난 보따리 깊숙한 곳에 넣어둔 집문서와 땅문서를 꺼내들고 은행을 찾았다. 그는 은행 지점장에게 부동산 문서를 내보이며 정중하게 담보 대출을 요청했다. 지점장은 거들떠보지도 않았다.

윤극영은 풀이 죽어 고개를 푹 숙이고 은행 문을 빠져 나왔다. 그는 한참을 망설인 끝에 혹시나 하여 오던 길을 되짚어 들어가 지점장을 찾았다. "지점장님, 혹시 **반달**을 아세요?" "예? 무어라고요?" "혹시, '푸른 하늘 은하수 하얀 쪽배에' 그 노래를 아시나 해서요." "알지요. 그런데요?" "제가 그 동요를 작사 작곡한 윤극영입니다." "아, 그러세요? 몰라뵈어서 죄송합니다." 윤극영은 은행 대출로 피난 생활의 급한 불을 껐다고 한다. 놀라웠다. 전란 중에서도 예술의 힘은 작렬한 것이다.

반달은 동요로 분류되지만, **반달**에 나타난 비유와 상징성은 적절하고 중후하다. 토끼와 계수나무 전설은 중국 전한前漢의 유안劉安이 쓴 ≪회남자≫淮南子의 항아설화姮娥說話에 나온다. 항아는 달 속의 선녀를 말한다. 항姮은 원래 중국 태고의 궁수弓手 예의 아내였다. 항은 남편 예가 선녀 서왕모西王母로부터 얻어 온 불사약을 몰래 먹고 예쁜 선녀娥가 되어 달나라로 승천했다. 그녀는 달에 도착하여 계수나무 향기가 은은한 항궁姮宮에서 살지만, 그녀의 형상은 토끼로 변했다. 계수桂樹는 영생불멸의 나무이며 승리와 이상의 나무다. 중국 당대唐代 말의 시인 이상은李商隱은 **항아**를 칠언절구로 읊었다.

운모병풍촉영심(雲母屛風燭影深)
운모병풍에 촛불 그림자 으슥하고
장하점락효성침(長河漸落曉星沈)
은하수는 기울어 새벽별 사라지네.
항아응회투영약(姮娥應悔偸靈藥)
항아는 불사의 영약을 후회할지니
벽해청천야야심(碧海靑天夜夜心)
밤마다 푸른 하늘이 적적함일러라.

시인 이상은은 밤마다 몰려오는 항아의 인간적인 향수에 연민의 정을 쏟는다. 그는 사망의 권세를 극복하고 영생을 얻은 항아의 기지는 인정하면서도. 현실을 외면하고 도피한 그녀의 자세에 대하여는 못내 안타까운 눈길을 보내고 있는 것이다.

토끼와 계수나무의 전설은 불교 설화에도 나온다. **법화경**의 벽자함檗字函 4권에 보면, 석존은 속세의 보살행을 시험하기 위하여 노인의 형상으로 세상에 나타난다. 그는 여우와 원숭이와 토끼에게 먹을 것을 구해달라고 애걸한다. 여우는 물속에 들어가 물고기를 잡아오고 원숭이는 나무에 올라가 과일을 따온다. 그러나 토끼는 빈손으로 돌아온다. 토끼는 자신을 쓸모없는 존재라 말하고, 자신의 몸을 식용으로 바치겠다며 훨훨 타오르는 불 속에 뛰어 든다. 석존은 제 몸을 불살라 공양한 토끼에 감동하여, 토끼를 달月輪에게 맡긴다. 토끼의 장렬한 뜻을 영원히 보존하려는 의도에서다. 후에 석존은 말한다. "그 때 그 토끼는 지금의 바로 나다." 몸을 태워 공양한 토끼가 성불한 것이다.

윤극영이 지향하는 토끼는 유안의 토끼姮娥說話와 이상은의 토끼姮娥를 유기적으로 아우르는 **법화경**의 토끼다. **법화경**의 토끼는 생명을 부정함으로써 보다 높은 차원의 생명을 얻는 정반합正反合의 논리로 거듭난 토끼다. **반달**에 나타난 토끼의 정체성은 생명을 넘어 생명에 이르는 변증법적 패러다임으로 제시된다. 당시에는 무엇보다도 국가와 민족의 광복을 위하여 자신의 몸을 불사를 수 있는 애국자가 필요했고, 국민들의 뇌리에 영원히 생존할 국민적 영웅이 필요했다. 윤극영의 토끼는 애국과 승리의 화신이었던 것이다.

토끼와 계수나무는 오랜 세월을 두고 우리의 의식 속에 녹아내린 우리의 편린이다. 토끼와 계수나무 전설은 일제 강점기에 우리가 다짐했던 불굴의 민족정신을 상징한다. 망국의 의분을 달래며 항쟁하려는 민족정기의 각성제였던 것이다. 특히 어린이들에게는 소망과 이상의 현신이기도 하다. 그렇다고 시인은 마냥 이상의 세계에만 머물러 있을 수만은 없다. "하얀 쪽배"를 타고 현실적인 도전을 찾아 푸른 하늘, 파란 바다를 향하여 분연히 나서야 했다. 시인의 상상력은 언제나 현실의 질곡을 부수고 미래의 창을 두들기는 것이다.

지금도(?) 견우와 직녀가 그러하려니와, 은하수는 오작교를 통하여 건너는 것이 우리의 전설적인 인식이다. 그러나 우리는 전설보다 강한 현실적 감각을 가지고 국난을 극복해야 했다. "소백선"을 타고서라도 일본을 멀리 밀치고 서쪽으로 서쪽으로 떠나야 한다. 우리가 가는 장도에 "구름나라"가 나타난다 해서 추호도 겁낼 것이 없다. 과감하게 떨치고 지나가면 그만이다. 어두운 밤에도 "멀리서 반짝반짝 빛이 있는 것은" "샛별을 등대" 삼아 광명을 찾으라는 민족적 사명의 촉구였다. "돛대(주권)"도 달지 못하고 "삿대(국민)"도 없지만, 민족의 정기만 살아있으면 "하얀 쪽배(대한민국)"는 태극기를 가슴에 끌어안고 마치 이소연 박사의 우주신처럼 힘차게 하늘을 향하여 항진할 수 있는 것이다.

달은 토끼와 계수나무를 간직하고 있기에 영원한 전설적 생명체로 거듭난다. 불교는 우리나라 제일의 토속화 종교다. 달 속의 토끼와 계수나무는 서왕모의 선녀화仙女化 과정에 등장한 신화적 전설뿐만 아니라, 불교의 종교적 설화를 통하여 우리에게 강력히

의식화된 심상心像들이다. 윤극영이 조국의 정체성을 의식화된 심상에서 끌어낸 것은 놀라운 착상이 아닐 수 없다. **반달**의 곡조는 시종 잔잔한 애감으로 흐르면서도 끝까지 해맑은 소망을 포기하지 않는다. **반달**은 가사의 긍정성과 곡조의 희망성이 유기적으로 결합된 민족정기의 표출이며, 연연이 이어지는 불멸의 생명체다.

우리 집에는 네 살 박이 손자가 있다. 제 아비를 닮아서 그런지 영민하고 깜찍하다. 세 돌밖에 지나지 않은 녀석이 무엇이 그리 바쁜지, 우리 두 노구들은 손자 놈 얼굴 구경하기조차 힘들다. 목소리라도 들어볼 요량으로 시간대를 살피며 전화를 걸면, 전화는 냉큼 받는다. 녀석의 전용 전화(?)가 따로 있기 때문이다. "나 연희동 할아버지다, 잘 있었니?" "황 지형이에요. 할아버지 안녕하세요?" 여기까지는 언제나 매끄럽게 잘 나간다. 내가 말을 계속할라치면, 꼭 탈이 생긴다. "그래, 유치원도 잘 다니고, 아이들이랑 잘 놀았어?" "할아버지, 내가 좀 바빠요! 끊어야 돼요. 지금 내가 삐빼삐빼 소방차를 가지고 놀고 있거든요. 할아버지, 미안해요." 딸각. 그만이다. 그 녀석, 참 매정하기 그지없는 놈이다.

나는 기분이 언짢아서(?) 다시 전화를 건다. "지형아! 할아버지가 너하고 이야기 좀 하려고 전화를 했는데 그렇게 끊어버리면 어떻게 되니? 지형이 그러면 나빠!" "그래서 내가 미안하다고 했지 않아요? 할아버지! 미안해요. 끊을게?" 얄미워서 종아리를 좀 때려주고도 싶지만, 하기야 손자 놈 말대로 미안하다고 깍듯이 예의를 갖추었으니 때리지도 못하고－. 1, 2 라운드는 그렇게 모두 나의 판정패로 끝이 났다. 나는 오기가 났다. "이놈, 어디 두고 보자. 연희동 집에 오기만 해봐라, 이 놈!!!"

손자 놈이 우리 연희동 집에 오면, 나는 기합을 넣어서라도 내가 좋아하는 **반달**을 가르쳐 주려고 단단히 벼르고 있었다. 사실은 그 놈의 애비도 나한테 **반달**을 배웠으니까 별로 색다를 것도 없다. "지형아, 할아버지가 노래하나 가르쳐줄테니 잘 배워야 한다. **반달**이란 노래인데 참 재미난 노래거든–" "할아버지, 나는 지금 **'허니, 허니! 슈거, 슈거!**Honey, Honey! Sugar, Sugar!'를 듣고 싶은 데요!" 손자 놈은 딴죽을 걸기 시작했다. 내가 그 노래를 모른다고 했더니, 손자 놈은 "씨디에 들어 있어요. 내가 틀어 볼까요?" 하며 오히려 나를 제압하려든다. 손자 놈은 이리저리 버튼을 눌러댄다. "할아버지, 기다려보세요. 곧 나와요." 녀석, 머리가 기계처럼 척척 돌아간다.

손자 놈은 노래가 나오자마자 가락에 맞추어 빠른 몸짓을 시작하고 있으니 이를 어떻게 하면 좋은가? 네 살짜리 디지털 손자 놈을 일흔 두 살 아날로그 할배가 도저히 당해낼 수가 없으니 말이다. 나는 **반달** 때문에 봉변만 톡톡히 당했다. 옆에 있는 할멈하고 그저 혀만 내두를 수밖에. "문제는 '샛별'이야. '등대' 없이는 요즘 아이들과 게임이 안 된다니까!!!" 나는 그 놈과의 다음 라운드를 벼르고 있는 중이다. 노론과 소론의 정쟁(?)이 아무리 깊다 한들, 집안의 아름다운 전통마저 마나해서야 되겠는가?

반달은 동요 동시의 고전이다. 고전은 미학적 표현을 통하여 어느 독자나 어느 청중에게도 감동과 활력을 불어넣는 불후의 원천이다. **반달**은 직관의 세계와 지각의 세계를 연결하는 인식cognition의 연락선이다. 어린 새싹들에게는 직관적 통찰력을 고양시키고, 성년들에게는 불멸의 회상을 재현해 준다. **반달**은 언제 어디서나 조락한 영혼에 생명수를 뿌려주고, 고독한 심령에 포근한 입김으로 향수를 달래준다. 마음의 고향이기 때문이다. 고향은 인생을 늘 싱그럽고 풍요롭게 해주는 청량제인 것이다.

덕담

덕德처럼 종개념을 많이 거느리고 있는 어휘도 드물 것이다. 동아 새 국어사전(양주동, 최재서 감수. 동아출판사. 1959)에는 이렇게 풀이되어 있다. －밝고, 옳고, 크고, 착하고, 빛나고, 아름답고, 따스하고, 부드러운 마음씨나 행실virtue－ 바람직한 가치 의식의 수식어들이 거의 모두 동원되었다. 가히 유교 사상의 총화라 할 수 있는 인仁에 비견할 만하다. 사실 덕과 인은 동연개념同延概念이라 할 수 있다. 인은 수신, 제가, 치국, 평천하 등 자기 수양에 치중하는 반면에, 덕은 시혜, 봉사, 위로, 자비 등 이타배려利他配慮에 치중한다. 인이 내향적이라면, 덕은 외향적이다. 예컨대 "나는 네 덕에 살고, 너는 내 덕에 산다." 라고 한다면, 이 때 "덕"은 양자 모두 이타적 의미를 취하는 말이다.

덕담德談은 통상적으로 상대가 "잘 되기를 비는 말felicitations"

이다. 덕담은 일반적인 의미로 쓰이는 경우가 대부분이지만 특수한 의미로 사용되는 경우도 있다. 신년 하례와 관련되는 경우가 그렇다. 음력으로 정월 초하루가 되면 궁중에서는 고관대작들이 임금에게 새해 문안問安을 드렸다. 의정대신의 집전으로 조정의 문무백관이 임금을 알현謁見하고 옥체금안玉體錦安을 기원하였다. 팔도의 관찰사觀察使, 통제사統制使, 병사兵使, 수사水使, 목사牧使 등은 물론 주州, 부府, 현縣의 호장들도 각기 반열에 따라 참례하여, 전문箋文과 표리表裏 또는 방물方物을 바쳤다. 신년 하례에서 임금은 국태민안國太民安을 축원하였는데, 이 때 임금님의 하사賀詞를 덕담이라 하였다.

궁중의 문안 의식이 민간의 풍습으로 전이되어 대중화한 것이 세배歲拜다. 민가에서는 큰댁에서 차례를 드린 후, 온 권속이 설빔으로 갈아입고 할아버지와 할머니 등 집안의 어른들에게 큰절로 세배를 했다. 특히 부모에게는 이른 시간에 방문을 열어 놓고 세배를 드렸다. 부모는 방안에서 절을 받고 자녀는 문 밖에서 절을 한다. 할아버지와 할머니는 마디寸가 2촌 존속이요, 부모는 1촌 존속이기 때문에 행례에 차등을 둔다. "할아버지 할머니, 새해에 복 많이 받으시고 만수무강하세요!" "그래, 너희들도 새해에 더욱 건강하고 복 많이 받아라." 덕담을 교환하고 나서 어른들은 어린 아이들에게 세뱃돈도 건넨다. 세뱃돈을 받아든 아이들의 표정은 희희낙락하고, 어른들의 마음은 마냥 흐뭇하고 즐겁기만 하다.

세배가 언제부터 궁중의 새해 문안에서 민간 의식으로 전이되었는지는 잘 모른다. 아마도 조선조 후기의 영조英祖-정조正祖 이후가 아닌가 싶다. 그 시기는 어느 때보다도 덕치德治와 문치文治가

심도 있게 실현되었던 시기다. 말하자면 근세조선의 문예부흥기 Renaissance라 할 수 있다. 건국建國에 버금가는 치적이 나타났던 시기였다. 영조는 원래 묘호廟號가 영종이었는데 후에 영조로 조정되었고, 정조는 자신의 유언에 따른 것이었다. 경과야 어찌되었든 영조와 정조는 인문학의 창달과 실용주의의 채용에다 인본주의 개혁과 탕평책의 운용 등 묘호에 걸맞은 정치 공적을 세운 성군들이다.

덕담은 상대방의 의중을 간파하고 한 해의 정황을 예견하여 그대로 이루어지기를 축원하는 말이다. 물론 익살이 담긴 덕담도 있을 것이다. 예컨대 "요즘에는 딸 셋 낳으면 금메달, 딸 둘 아들 하나면 은메달, 딸 하나 아들 둘이면 동메달; 아들만 셋이면 돌 메달이라 하던데 너희는 이번에 딸을 낳을 운세다. 축하한다." 돌 메달이 도대체 무엇인가 했더니, 글쎄 목에 그 무거운 맷돌을 다는 것이라나? 세상 많이 변했다. 필자를 비롯하여 아들 많은 집들 딱하게 되었다. 덕담은 세심하게 상대방을 배려한 넉넉한 마음의 표시다.

덕담은 언령관념言靈觀念에서 나온다. 언령관념은 언어에 신령한 마력이 작용한다고 믿는 사상이다. 구약 성경은 여호와 하나님이 말씀으로 천지 만물을 창조했다고 적고 있다. "하나님이 이르시기를 빛이 있으라 하시니 빛이 있었고(창. 1:3)," "하나님이 이르시기를 천하의 물이 한 곳으로 모이고 물이 드러나라 하시니 그대로 되니라(창. 1:9)." 신약 성경에서는 아예 언어를 신과 동일시한다. "말씀은 곧 하나님이니라(요. 1:1). 진실이 담긴 언어에는 하늘과 교감하는 힘이 있다고 믿었던 것이다. 그런 맥락에서 천주교의 연도, 불교의 염불, 천도교의 주문 등의 반복적인 기도 문화도 언령관념과 무관하지 않다. 음력 정초에 으레 등장하는 무당굿이나, 입춘을 전후하여 대문이나 문설주에 나붙는 "입춘대길, 건양다경立春大吉 健陽多慶" 등도 언령관념에서 나온 덕담이라 할 수 있다.

옛날 분들은 왜 그렇게 욕들을 무지막지하게 했는지 모르겠다. "데어질 놈," "염병 할 놈," "찢어 죽일 놈," "육시를 할 놈," "오살 할 놈," "오라 죽을 놈," "능지처참 할 놈," "호랑이가 물어갈 놈." 이 험담들은 철천지원수들끼리 하는 욕설이 결코 아니다. 어머니가 아들에게 하는 상투적인 욕들이다. －사실 우리 어머님의 전매특허는 "썩을 놈"이다. 말씀이야 어디다 내놓아도 옳은 말씀이시다. 너무 미래지향적이어서 그렇지. 이쯤 해두자.－

그 끔찍한 욕설에 언령관념이 작용해서 그런지 요즘 어머니들은 욕을 그렇게 험악하게 하지 않고 축복처럼 한다고 한다. "이 은혜 받을 놈," "이 대통령 될 놈," "이 돈벼락 맞을 놈," "이 효자 될 놈" "이 천당 갈 놈 같으니" 등등 언어가 순화된다고 하니 반가운 일이 아닐 수 없다. 반면에 부정적인 경우도 있다. 입방정이라는 말이 있다. 진득하게 있지 못하고 "되니, 안 되니" 요란을 떨면 될 것도 안 되고, 일이 결국 부정적인 말에 따라 안 좋은 방향으로 기울고 만다는 것이다. 입방정 바이러스 때문이다.

덕담은 태교胎敎에서도 중요한 역할을 한다. 태교는 항상 긍정적인 말, 희망적인 말, 예쁘고 고운 말, 훈훈하고 포근한 말, 위대한 꿈이 담긴 말 등 한 마디로 덕스러운 말을 사용해야 한다. 언어를 통하여 태아가 감화를 받기 때문이다.

어느 방송사의 사극 이산에서, 송연 마마는 출산을 앞에 두고 엄청난 시련을 겪는다. 살벌한 정치적 냉전과 갈등은 차치하고라도, 당장 양수가 터졌는데 진통이 오지 않으니 잘못되면 산모와 태아 모두가 생명이 위태로운 상황이다. 송연 마마는 생사의 갈림길에서도 모든 불안을 애써 참으며 덕스러운 말로 태아와 대화한다.

산모는 태아가 왕자인지 공주인지도 모르면서 불룩 튀어나온 배를 쓸어내리며 이렇게 말을 건다. "원자시여, 어서 나오세요. 모든 어려움은 이 어미가 다 감당하겠습니다. 편안한 마음으로 어서 나오세요." 송연 마마는 마치 태아가 앞날의 정쟁을 두려워하여 출생을 주저하기나 하는 듯이 태아를 편안하게 달래고 있는 것이다. 나는 인간의 한계 상황을 슬기롭게 극복하는 산모의 진지한 모습에 눈물이 났다. 그녀의 모습이 너무 숙연했기 때문이다.

세배는 아이들에게 신나는 일이다. 집안의 세배가 끝나면 5~6명씩 떼를 지어 가가호호를 돌며 동네 어른들을 찾아뵙는다. 설빔도 자랑할 겸 제법 하루가 설렌다. 사실은 설빔이라야 뽐낼 것도 없다. 기껏해야 무명 배 바지저고리에 버선을 신었을 뿐이다. 조끼를 얻어 입지 못한 아이들은 앞자락을 펄럭거리며 추위에 떨고 다닌다. 그래도 신나는 것은 가는 집마다 삶은 밤이며, 튀긴 콩 과자며, 강정 등으로 호주머니를 채우는 일이다.

설날은 참으로 푸짐한 날이다. 언제 다시 그 고소한 콩 과자를 먹을 수 있고 그 달콤한 강정을 먹을 수 있겠는가? 먹고 남는 음식 중에 마른 음식은 모두 호주머니에 넣다 보니 호주머니가 터질 지경이다. 몇 번씩 집을 들랑거리며 호주머니를 비운다. 참으로 바쁘고 신나는 날이다. 아이들을 위한 덕담은 무어니 무어니 해도 "콩 과자"와 "강정 부스러기" 등이다. 수도승도 염불보다 잿밥이라 했으니, 미사여구美辭麗句로 단장한 천하의 덕담인들 그들의 귓가에는 스치기나 하겠는가?

조끼가 없는 아이들은 저고리 왼쪽 앞자락 속에 호주머니를 단다. 어머니가 듬성듬성 꿰매 만든 임시변통의 호주머니다. 설날이 지나면 언제 다시 안속 호주머니가 필요하겠는가? 그런데 세상일 아무도 모를 일이다. 50년도 더 지난 일이다. 어머니가 손수 만들어주신 속호주머니가 다시 나에게 나타났다. 이번에는 촘촘히 박은 호주머니였다. 군에 입대하여 수용연대 화장실에서 발견한 속호주머니였다.

팬티 오른 쪽 가랑이 속에 호주머니가 달려 있었고, 그 속에 배추색 천 원짜리 몇 장이 들어 있었다. 나는 놀랐다. 떨리는 손으로 세어보니 넉 장이었다. 혹심한 생활고 속에서도 급할 때 쓰라고 어머니가 몰래 넣어주신 돈이다. 내가 미리 알면 안 가지고 갈까봐 말씀도 안 하시고 촘촘히 꿰맨 호주머니 속에 그 돈을 몰래 꾸겨 넣으신 것이다. 말씀으로 못 다하신 덕담이었다. 내 어찌 잊으랴? 1958년 4월 18일의 일이었다.

4천원을 마련하시자면 퍽이나 많은 고생을 하셔야 하는데, 자식이 뭐라고 그 고생을 다 하셨구나 생각하니 어머니가 그렇게 감사하고 눈물겨웠다. 나는 첫 번 휴가 특명을 받을 때까지 그 돈을 잘 보관하고 있다가, 휴가를 마치고 다시 부대로 돌아오던 날 어머님의 손에 꼭 쥐어드렸다. 한사코 안 받으시려 하는 것을 군대에서는 돈이 필요 없다고 잘 설명해 드리며 간신히 그 돈을 떠넘겨 드렸다.

어머니도 우시고 나도 울고 떨어지기 어려운 작별을 마치고 나는 무사히 귀대하였다. 어머님이 섭섭해하시는 뒷모습을 바라보면 주신 돈을 그냥 받아 올 것을 그랬나 싶기도 하고, 아끼고 아끼며 간수하였던 돈을 어머님께 드리고 나니 마음이 후련하기도 하였다. 궁색한 삶이란 언제나 이렇게 혼란스러운 모양이다. 가난이 죄였다. 어머님의 포근한 온정이 이 순간에도 밤하늘 은하수처럼 고요히 내 마음속을 흘러내린다.

나는 우리 교회 평생대학의 여러 어르신들과 함께 지내면서 많은 은혜를 받았다. 무엇보다도 300명이 넘는 학생들이 이질적 요소를 극복하는 그 지혜에 나는 놀랐다. 출생 여건도 다르고 교육 배경도 다르며, 사회적 신분도 다르고 생활 모형도 다르다. 그러나 놀랍게도 우리 학생들은 일단 등교만 하면 개인적인 특성을 모두 떨쳐버리고 순박한 "어린이"로 돌아간다. 우리는 강의실 문전에서 사탕 네 알씩을 드린다. 사탕이 갑상선에 좋다는 말이 있기 때문이다. 목캔디 한 알, 홍삼캔디 두 알, 누가사탕 한 알 등 모두 네 알이다. 특히 "누가사탕"은 역사가 깊어 어르신들에게 정이 든 사탕이다. 우리 학생들은 아무런 거부감 없이 마치 세배 날의 "콩 과자" 처럼, 아니 하늘에서 내린 만나manna처럼 다들 만나게 잡수신다.

한 번은, 어느 어르신 한 분이 내손을 슬며시 끌어가더니 사탕 한 알을 손에 쥐어주며 즐거운 표정을 지었다. 나는 어르신이 보는 앞에서 그 "만나"를 입에 넣었다. "꿀 섞은 과자(출. 16:31)"처럼 맛이 있었다. 나는 어르신들과의 천진난만한 일체감을 확인할 때마다 행복을 느꼈다. 하기야 만나가 어떤 것인가? 노예의 멍에를 벗고자 애굽을 탈출하여 가나안 땅에 이르는 40년 동안 하늘에서 내려졌던 일용할 양식이 아니었던가? 이스라엘 백성들은 그 만나 때문에 일체감을 견지하며 그 험한 난관을 극복할 수 있었지 않았는가? 앞서 말한 그 어르신이 나에게 주신 한 알의 사탕, 아니 한 알의 만나가 나에게는 더할 수 없이 소중한 덕담이었다. 평생대학에서 일하는 나에게 희망과 용기와 보람을 주었기 때문이다.

내가 어르신들에게 드릴 수 있는 덕담은 무엇일까? 불씨를 살리는 것이다. 어르신들의 마음과 육신에 묻혀있는 귀중한 불씨를 살려서 훨훨 타오르게 해드리는 일이다. 어르신들이 활동할 수 있도록 무대를 만들어 드리는 일이다. 노래를 부르고 율동도 하고, 시를 읽고 연극을 올리는 활동 무대가 필요한 것이다. 공동체의 의식으로 스스로를 표현하고 스스로를 관람하는 스스로의 무대를 꾸며 드리는 일이 중요하다. 사실 우리 교회 평생대학의 예술제는 그런 역동적인 취지에서 출발하여 작년으로 3회를 거듭하였다. 움직이는 어르신, 생각하는 어르신, 표현하는 어르신, 변화하는 어르신, 이러한 제목과 소망이 내가 드릴 덕담이었다. 어르신들의 감긴 눈을 다시 뜨게 하려는 정성어린 몸짓이었다.

순박한 아이들은 혈맥만 제대로 짚어주면 한 순간에 눈을 번쩍 뜨고 세상을 바라본다. 장윌Isreal Zangwill은 눈먼 아이들*Blind Children*에서 이렇게 노래한다.

우리네 세상은 너무 어두워
살 수가 없구나.—뉘 알랴?.—
손길 한번 닿으면, 신령한 광명이
우리에게 쏟아져 내리리니.
신비에 감춰진, 숨은 우주여!

우리 평생대학 어르신들은 모든 고통과 오만의 질곡을 벗어버린 "순박한 어린이들"이기에, 눈 한 번 번쩍 뜨면 불씨가 섬광처럼 빛나며 한 순간에 세상을 직관할 수 있는 것이다.

역사적인 전통에 의하면 국가 원수의 취임사나 신년사 등 대국민 담화는 덕담의 기조위에서 이루어져야 한다. 국민들에게 희망과 소망을 안겨주어야 하기 때문이다. 국민은 국가 원수의 희망찬 언약을 기대하며, 그 언약에 따라 미래를 환호하고 설계하는 것이다. 링컨 대통령의 게티즈버그 연설문Gettysburg Address. 19. 11. 1863의 결론 부분에서 그 전형을 찾을 수 있다.

"우리는 지금 이 자리에서 굳게 다짐합니다. 이곳에 누운 전몰장병들의 죽음이 결코 헛되지 않을 것입니다. 이 나라는 주안에서 새로운 자유의 탄생을 보게 될 것이며 국민의 정부, 국민에 의한 정부, 국민을 위한 정부가 이 지상에서 결코 사라지지 않을 것입니다." 이 멋진 5분짜리 연설은 미국 자국민에 대한 덕담이었지만, 그 생명력은 광대하고 영원하여 이제는 온 인류에 대한 덕담이 되었다.

국가 원수의 국민에 대한 덕담은 진솔하고 비전이 담겨야 오래토록 신뢰를 받는다. 근간의 우리나라 대통령의 취임사는 어떠한가! 법조계 출신의 노 전 대통령은 "헌법 앞에 엄숙히 선서한다."고 취임사를 밝혀 놓고는 헌법을 경시하고 폄하하는 발언을 서슴지 않았다. 대권을 제약하는 국법이 싫었을까? 필시 법위에 군림하고픈 정치가의 객기가 일시 발동했으리라. 어쨌든 놀랄 일이다. 그 같은 취임사가 어떻게 덕담이 되겠는가? 국가 원수의 치사는 국민에게 긍정적인 가치를 심어주어야 덕담이 되는 것이다.

이명박 대통령은 "매우 겸손하고 낮은 자세로 국민에게 봉사하겠다."고 선서를 해놓고는 불과 취임 90여일에 "국민의 뜻을 헤아리지 못 하여 죄송하다."는 대국민 사과를 결행해야만 했다. 대통령의 취임사가 즉흥적 발상의 날림이었거나 진솔하지 못한 허구였던 것이다. 안타까운 일이다. 국민의 여망을 짓밟아 산산조각으로 만들어 놓았다. 국민에게 신뢰와 소망을 주는 진솔한 덕담과는 거리가 멀어도 한참 먼 취임사가 되어 버렸다.

덕담이 허황한 입치레로 끝나면 반드시 악담으로 되돌아온다. 속았다는 허탈감 때문이다. 수입 쇠고기를 문제삼았던 촛불시위가 "쇠고기"는 간 곳 없고 "이명박 탄핵"만 요란하다. 당혹스런 일이다. 집권 100일도 안 된 시점에서 "탄핵"을 운운하다니? "섬기겠다."는 약속에 환호했던 국민이 배신감을 느낀 탓일까? 철석같이 믿었던 "올바른 국정 운영"이 환멸로 퇴색했기 때문일까?

이 대통령은 유아독존의 자만을 버리고 너무 늦기 전에 하루속히 섬기는 자세로 다시 돌아가야 한다. 대통령의 위기는 개인의 위기로 끝나지 않고 국가의 위기로 발전한다. 지도자는 모름지기 위기에 강해야 하는 소이가 바로 거기에 있다. 위기관리 능력은 무모한 옹고집에 있는 것이 아니라 정세 판단의 정확성에 있다. 치밀한 분석을 통하여 버릴 것은 지체 없이 버리고 취할 것은 혼신의 역량을 다하여 집착해야 한다.

1960년대의 냉전시대에 쿠바문제는 케네디J. F. Kennedy 대통령에게 눈 안의 가시였다. 참고 견디기에는 눈이 너무 따갑고 문질러 버리기에는 가시가 너무 컸다. 참으로 골칫거리였다. 소련의 흐루시초프는 기고만장하여 쿠바에 핵미사일을 설치하겠다고 으름장을 놓았다. 숨막히는 기 싸움이 시작되었고, 마침내 미사일을 적재한 소련의 함정들이 쿠바를 향하여 항진했다. 케네디는 미사일 함대에 발포하겠다며 단호하게 맞섰다. 세계는 가슴 조이며 지켜봤다. 기가 꺾인 소련은 급기야 미사일 적재함을 회항시켰다. 케네디는 흐루시초프를 납작하게 제압했고 우려했던 3차 대전은 불발로 끝났다. 케네디는 그야말로 일촉즉발의 긴박한 순간을 과감하게 돌파함으로써 세계적 영웅으로 탄생한 것이다.

이명박 대통령은 50퍼센트에 육박한 높은 지지율로 당선된 대한민국의 어엿한 대통령이다. 지도자의 품격을 잃어서도 안 되며 과장해서도 안 된다. 지략 있는 장수가 덕 있는 장수만 못 하다 했다. 혹시라도 "실용의 시대"를 구가하면서 하늘높이 떠가는 구름위에 좌정해서는 절대로 안 된다. 하루속히 국민 곁으로 내려와 국민에게 희망을 주는 지도자가 되어야 한다. 지난해 2월 19일의 대통령 취임사가 국민들에게 멋진 덕담이 되기를 기대해 마지않는다. 분기奮起하시라. 국민은 아직도 기대를 버리지 않고 기다린다.

영웅

빗방울 아스라이 잊어버린 모래밭.
가시 배 선인장이 빨간 꽃을 피운,
바로 그 옆에, 검은 갑옷자락으로
몸을 감춘 생명이, 느린 그림처럼
움직일 듯 움직일 듯 멈춰 서있다.

위에 적은 짧은 글월은 미국의 사진작가 가드너James Kirk Gardener의 사진 설명Don McIvor. *Utah on my Mind*, Guilford : Globe Pequot, 1999, p. 98이다. 거기에 필자가 운율을 넣어본 것이다. 전통적인 영웅담은 운문으로 되어 있기 때문이다.

가드너는 사막거북이Desert Tortoise와 가시 배 선인장Prickly Pear을 나란히 놓고 찍은 한 장의 사진에서, 생명에 관한 감동적인 주제를 다룬다. 위의 사진 설명에서 "갑옷자락으로 몸을 감춘 생명"은 개선장군일까, 아니면 패장일까? 아마도 황당한 질문으로 들릴 것이다. 난데없이 개선장군은 무어고 패장은 무어냐고 반문할 것이다. 그렇다. 어찌 보면 뚱딴지같은 질문일지도 모른다. 그러나 미국의 작가 애비Edward Abbey는 ≪벽을 넘어서≫*Beyond the Wall*, New York : Holt, Rinehart and Winston, 1971에서 그 같은 생명체를 영웅으로 칭송하고 있다.

애비는 생명의 존엄성에 대하여 이렇게 갈파하였다. "불꽃처럼 뜨겁게 달아오른 바위나 바람 따라 수시로 위치마저 달라지는 모래무지 등 도저히 생명체가 살 수 없을 것으로 보이는 장소에서 폭염과 혹한, 일사와 폭풍, 한발과 폭우 등 간난을 극복하며 살아가는 생명체는, 짐승이든 조류든 꽃이든 어떠한 형태의 생물이든 간에 한결같이 신으로부터 장엄한 영웅적 자질을 부여받았다는 사실을 입증하고도 남는다."

생명의 존엄성은 생명체의 본질적 가치이며 최고의 선이다. 미국 유타 주의 사막 거북이와 가시 배는 연중 10개월이나 비가 오지 않는 사막에서 자연과 싸우며 산다. 거북이는 가시 배의 위협적인 가시에도 불구하고 가시 배를 먹음으로써 필요한 수분을 섭취할 수 있다. 생명의 존엄성을 필사적으로 보손하는 이 두 생명체야말로 현대적 의미의 영웅들이 아닐 수 없다. 그들은 어떤 고난의 환경에서도 천부의 "영웅적 자질"을 잃지 않기 때문이다.

지난 5월 12일에 발생한 중국 쓰촨四川 성의 지진으로 인하여 백여만 명의 사망자가 발생하였다. 참으로 가혹한 비극이었다. 붕괴된 아파트 더미에 깔려 있던 한 20대 청년이 구조대에 의하여 발견되었다. 그는 다행이 작은 시멘트 공간에 의존하여 간신히 죽음을 모면할 수 있었다. 그의 얼굴 등 신원은 확인할 수 있지만, 안타깝게도 틈새가 좁아 당장에 몸을 구출할 수가 없었다. 청년은 외쳤다. "나는 아내와 어린 아들이 있기 때문에 무슨 일이 있어도 살아나야 합니다." 간곡한 생명의 절규였다.

청년은 일주일이 넘도록 아무것도 먹지 못 한 채 암흑 속에 갇혀 있었지만 음성에는 생기가 넘쳤다. 두 생명을 위하여 살아야 한다는 명분도 아름다웠다. 한 방송사가 아내와 통화할 수 있도록 이동 전화를 주선하였다. "당신 때문에, 당신을 생각하며, 모든 고통을 참고 살아남았어! 어떻게든 살아서 당신에게 돌아갈게. 여보, 사랑해!!!" 아내도 용기를 북돋았다. "사랑해요, 여보! 꼭 살아 돌아와야 해요, 힘내세요!!!" 옆에서 그 장면을 지켜본 구조대원들은 물론 전 세계의 시청자들이 감격의 눈물을 흘렸을 것이다.

구조대원들은 청년에게 가벼운 음료를 제공하며 마음을 안정시키고 더욱 박차를 가하여 마침내 청년을 꺼내는 데 성공하였다. 그러나 아! 이렇게 허망할 수가 있단 말인가? 그렇게 활기에 넘치던 청년은 구출을 확인한 순간 그만 숨을 거두고 말았다. 남편을 맞으려고 달려왔던 아내는 통곡하였다. "여보!!! 살아 돌아오겠다고 약속해놓고 이게 웬 일이에요!!" 20대 청년은 구조대원들이나 시청자들에게 한 때의 감상感傷은 안겨 줄 수 있었지만, 그가 생명과 더불어 부여받은 "영웅적 자질"을 끝까지 지켜내지는 못 했던 것이다. 인간은, 아니 어느 생명체나 한계 상황을 돌파하기란 그처럼 어려운 것이다. 천하무적의 거대한 공룡도 생명의 한계 상황을 극복하지 못하여 지상에서 영원히 멸종되고 만 것이다.

고래로 사람들은 영웅의 무용담을 좋아한다. 인간의 의식 구조 속에 영웅숭배 사상이 깔려 있기 때문이다. 출구가 없어 보이던 절대 궁지 속에서도 굴복하지 않고 강인한 의지로 끝까지 싸워 난관을 극복한 인간승리에 사람들은 찬사를 보내는 것이다. 베니스 공화국의 지성과 감성의 첨단을 걷고 있던 최고의 백인 여성 인텔리 데스데모나Desdemona는 한 험상궂은 흑인 장군 오세로Othello의 무용담에 혼을 빼앗겨, 주위의 끈덕진 만류에도 불구하고 그와 결혼한다. 영웅에 대한 평상인의 호기심과 매력이 얼마나 강렬한가를 여실히 보여주는 사건이다.

영웅의 무용담은 보편적인 현실 가치를 배반하는 경우가 많다. 작품 속의 영웅 오셀로와 천진무구한 데스데모나의 결혼은 초야도 치르지 못한 채 파경으로 끝났다. 아니, 결혼 생활은 고사하고 희망에 찬 두 생명이 초입에서 요절하고 만 것이다. 생각만 하여도 오금이 저려오던 영웅의 황홀한 손길은 간데없고, 질투에 사로잡힌 속물의 천박한 손길이 난데없이 나타나서 순결한 데스데모나의 목을 졸랐다. 흔히 영웅을 가리켜 이상적 가치를 실현하는 사람이라 정의하지만, 이상과 가치의 규정은 시대와 장소에 따라 얼마든지 달라질 수 있는 것이다. 영웅과 호걸은 보편적 가치를 상실하는 경우가 비일비재하다.

악성樂聖 베토벤은 나폴레옹을 숭앙하였다. 인간의 보편적 가치를 추구하는 민중의 영웅으로 파악하고 있었기 때문이다. 베토벤은 "영웅 교향곡"을 작곡하여 민중의 영웅을 칭송하고자 하였다. 그는 악보의 상단에 나폴레옹의 이름first name "Bonaparte"를 기재하고 악보의 하단에는 자신의 성last name "Beethoven"을 적어, 작곡자를 "Bonaparte Beethoven"으로 기재하려 했다. 자신과 나폴레옹을 동일인으로 만들자는 것이다. 놀라운 착상이었다. 베토벤은 용맹의 영웅과 악상樂想의 영웅, 두 영웅이 이끄는 쌍두마차 시대를 꿈꾸었으리라. 그러나 베토벤은 나폴레옹이 1804년 12월에 민중의 힘을 끌어들여 황제로 즉위하였다는 소식을 듣고 "Bonaparte"를 지워버렸다. 작곡에 사용했던 펜도 집어던졌다. 그는 탄식하며 외쳤다. "민중의 주권자도 역시 속물이었구나!!!"

나폴레옹은 우수한 민법 제정 등 그의 탁월한 공적에도 불구하고, 이기적인 명예 충동을 충족시키기 위하여 용맹을 남용한 영웅으로 평가받는다. 전설 속의 영웅에서 그 유례를 찾아 볼 수 있다. 트로이 전쟁에 출정한 그리스의 장군 아킬레스Achilles가 같은 부류에 속한다. 그는 트로이의 장군 헥토르Hector와 접전하다가 말에서 떨어졌다. 두 경쟁자의 시선이 마주쳤다. 아킬레스의 눈에는 당혹하고 호소어린 눈빛이 역력했다. 헥토르는 아킬레스의 가슴을 겨냥했던 창검을 거두고, "어서 마상에 오르라!"고 격려하며 지나쳐버렸다. 그는 생명의 가치와 무사의 도리를 존중하여 전투 중에 낙마한 적장을 살해하지 않았던 것이다. 불공평한 조건에서 적을 살해하는 것은 무사의 도리에 어긋나는 비열한 행동이어서 무사의 명예에 씻지 못할 오명을 남기기 때문이다. 그러나 그리스의 아킬레스는 달랐다.

아킬레스는 같은 날 일몰에 무장을 풀고 휴식을 취하던 헥토르를 발견하고, 자신의 부하 마미던Myrmidon들을 지휘하여 생명의 은인인 헥토르를 살해하였다. 아킬레스는 헥토르의 시신을 마차 뒤에 매달고 아테네 시가를 질주하며 헥토르의 명예를 훔쳐갔지만,

그는 생명의 존엄성은 물론 무사의 도리를 초개처럼 짓밟은 비겁한 영웅이었다. 그는 트로이의 왕자 파리스의 공격을 받아 발뒤꿈치에 상처를 입고 죽는다. 영웅의 죽음치고는 치졸한 죽음이었다. 세칭 "아킬레스건"은 한 비열한 영웅에게 따라다니는 영원한 불명예인 것이다.

고대 영국의 서사시에 등장하는 베어울프Beowulf는 괴물들을 처치한 북구 지방의 영웅이다. 덴마크의 왕 흐로스가Hrothgar의 궁전, 헤오롯 홀에 그렌델Grendel이라는 괴물이 침입하여 30명이 넘는 경비병을 살해하고 그 중의 일부를 현장에서 먹어치운다. 괴물은 체구가 장대하고 근력이 완강하여 덴마크의 경비병을 맨손으로 찢어 죽일 정도였다. 괴물의 참혹한 살인 난동은 연일 계속되어 한 주일이 지났지만 덴마크의 병사들로서는 어쩔 도리가 없었다. 이 소식을 전해들은 베어울프는 구조의 원정길에 나섰다. 베어울프가 아무리 인간의 장사라 할지라도 그 역시 외형적으로는 도저히 그렌델의 적수가 되지 못 했다. 그러나 그는 날쌘 동작과 비호같은 용맹으로 악전고투 끝에 결국 괴물을 살해하는 데 성공하였다.

다음날, 그렌델의 어미 미어위프Merewif가 아들의 참살을 복수하기 위하여 헤오롯 홀에 나타났다. 베어울프는 거침없이 대항하여 미어위프를 살해한다. 베어울프는 그 후로 게이츠 족Geats의 왕이 되어 50년 동안 화평을 누렸다. 그런데 이번에는 드래곤Dragon이 50년의 평화를 깨뜨리고 나타나 화마를 앞세워 그의 백성을 공격하였다. 베어울프는 정벌에 나섰다. 왕비와 신하들이 극구 만류하였다. 베어울프가 연로한데다 화마의 공격이 너무 강렬했기 때문이다. 베어울프의 결심은 단호했다. "나는 결코 죽지 않는다. 나는 이미 50년 전에 죽었다. 이미 죽었는데 죽고 말고가 어디 있나?" 영웅으로서 베어울프는 이미 생명을 잃었다는 것이다. 그렇다. 영웅은 권력과 부귀를 누리고 영화와 환락을 누리면 그로써 생명을 잃는 것이다. 베어울프는 상실한 영웅적 생명을 다시 찾는 절호의 기회를 맞은 것이다.

드래곤은 마치 불 도깨비처럼 공중을 날며 입으로 화염과 독가스를 뿜어낸다. 온 나라를 화마로 뒤덮어 초토화할 기세다. 속수무책이다. 접근 자체가 어렵다. 베어울프의 칼과 창이 괴물의 몸에 닿으면 빨갛게 녹아내린다. 베어울프는 혼신의 용맹을 다하여 가까스로 괴물의 가슴을 찔러 간과 심장을 도려낸다. 드래곤은 천길 난간에 떨어져 죽지만, 자신도 드래곤이 내뿜는 독가스에 중독되어 죽고 만다. 베어울프는 숨을 거두기 직전에 논공행상을 통하여 부하들에게 전리품을 나누어주고 미래의 삶을 당부한다. 긍정의 역사를 넘겨준 것이다.

그렌델과 미어위프 그리고 드래곤 등 세 괴물은 자연의 재난을 상징한다. 그렌델은 지진과 태풍 등 지상의 재해를 상징하고, 미어위프는 해일과 풍랑 등 해상의 재해를 상징하며, 드래곤은 벼락과 천둥 등 공중의 재해를 상징한다. 과학이 발달되지 못한 고대사회에서 자연의 재난은 얼마나 위협적인 존재이었을까? 천둥만 쳐도 하늘이 무너질 것만 같고, 벼락이라도 치는 날이면 세상이 온통 불바다가 될 것만 같았을 것이다.

우주의 구석구석을 탐사하며 달나라 유람을 시도하고 이미 그 준비 중에 있는 요즘 같은 세상에서도, 쓰나미는 인도네시아를 휩쓸었고 사이클론은 미얀마를 덮쳐버렸다. 인간이 할 수 있는 일이 무엇이었던가? 인간은 두 차례의 광풍 앞에서, 손을 놓고 그저 당하고만 있지 않았는가? 백여만 명의 인명을 앗아가며 쓰촨성을 완전히 폐허로 만든 지진에 대하여, 우리는 속수무책이 아니었던가? 베어울프는 고대의 미개 사회에서 자연의 재해를 정신적으로 당당히 이겨낸 정신계의 영웅이다. 그는 육지와 바다와 하늘, 곧 자연을 정복한 영웅이었다. 여호와 하나님은 천지를 창조한 후에, 인간에게 자연을 정복하라 하셨다.

신화시대의 영웅은 그 위상이 신과 인간의 중간에 위치하였다. 따라서 신화의 영웅은 신과 인간 사이에서 태어난 인물이었다. 고대희랍 신화의 헤라클레스는 제우스Zeus신과 테베의 여인 알크메네Alcmene 사이에서 태어났다. 알크메네는 미덕과 용모와 지혜에 있어, 누구도 추종할 수 없는 여성으로 평판이 높았다. 제우스는 헤라클레스를 몹시 사랑하여 그에게 인간 최고의 체력과 용맹스런 기상을 부여하였지만, 제우스의 아내 헤라Hera는 질투심에 사로잡혀 헤라클레스를 증오하고 저주하며 끈질기게 괴롭혔다.

헤라클레스는 테베에게 조공을 강요한 미니안 왕을 살해하는 등 나라에 큰 공을 세워, 테베의 왕 크레온의 딸 메가라Megara와 결혼하게 되었고 두 쌍둥이 아들까지 낳았다. 그러나 헤라의 저주로 헤라클레스는 정신의 착란을 일으키어 자신의 쌍둥이 아들과 사랑하는 아내를 살해해 버렸다. 제정신이 돌아온 헤라클레스는 그 사실을 알고 죄의식에 사로잡혀 자살까지 기도했으나, 신탁에 따라 스스로 에우리스테우스 왕의 노예가 되었다. 헤라클레스는 자신의 거취를 분명히 밝힐 줄 아는 용맹스런 영웅이었다.

영웅의 진정한 용맹은 배타적인 무용武勇에 있는 것이 아니라, 자신의 정체성을 파악하는 용기에 있으며 인류의 공리를 위한 헌신에 있다. 노예의 신분이 된 헤라클레스는 참회하는 심정으로, 인류를 위한 12가지의 과업을 시행하였다. 그는 사람을 해치는 맹수 네미안의 사자, 아홉 개의 머리를 가진 독사 히드라Hydra, 식인 조류 솔개 등 인간의 생명을 위협하는 맹수와 맹조들을 모두 퇴치해 버렸다. 그런가하면 사슴, 황소, 멧돼지, 말, 지옥문의 파수 견犬 세르베루스Cerberus 등 온순한 동물들은 생포하여 가축으로 길렀다. 위해동물은 가차없이 처단하여 인간의 안영을 도모하고, 유순한 동물은 잘 다스려 인류에게 육축의 기원을 열어준 것이다.

헤라클레스는 지구를 떠받치고 있는 아틀라스Atlas 신을 특유의 기지로 따돌리고, 그의 황금 사과를 가져와 씨앗을 발아시켜 과수원을 일궜다. 그는 축산에 이어, 농산물 재배에 성공한 것이다. 헤라클레스는 정복할 것은 정복하고 거느릴 것은 거느릴 줄 아는, 강하면서도 유연하고 유연하면서도 강한 용자였다.

그는 자연을 창조주의 뜻대로 다스리는 영웅이었다. 헤라클레스는 인간 생활을 혁신시킨 문화의 사자요, 경제 개념을 도입한 산업 혁명의 기수였다. 창조주 여호와 하나님은 인간에게 땅을 정복하고 땅위의 생물들을 다스리라 하였다. 역사는 진솔한 영웅들에 의하여 발전하는 것이다. 생명만큼 진솔한 가치는 없다.

미국 유타 주의 한 국립공원, 브라이스 캐년Bryce Canyon에 토인 환상 로Navajo Loop Trail라는 계곡이 있다. 말이 계곡이지 수직 거리 100미터가 훨씬 넘는 깊은 갱坑이며 함정이다. 3면은 울퉁불퉁한 붉은 암벽 기둥으로 둘러있고, 북쪽 한 면이 십여 층으로 구불구불 오솔길이 나 있다. 지표에서 수직 거리 약 30미터쯤 내려갈 때까지는 그런대로 두문두문 잡초도 보이고 기온차도 그다지 크지 않다. 그러나 조금만 더 내려가면 갑자기 기온이 뚝 떨어지고 명도明度가 현저히 낮아진다. 함정의 오솔길로 돌변한다.

이 함정에는 햇살이 들어 올 수 있는 곳이라고는 작은 구멍 하나밖에 없다. 그래서 이곳을 일명 "동전 구멍 계곡Slot Canyon" 이라고도 부른다. 미생물이면 몰라도, 어떤 생물체도 생존을 계속할 수 없어 보인다. 태양 광선이 절대적으로 부족하기 때문이다. 놀라울 일이다. 그 함정 속에 아름드리 거송Ponderosa Pine 한 그루가 잔가지 하나 없이 외기둥으로 "동전 구멍"을 통하여 하늘을 뚫고 서있지 않는가? 함정 밖으로 머리를 쳐든 윗가지를 쳐다보려면 목이 부러지라고 고개를 뒤로 젖혀야 한다. 짜릿한 현기증이 온 몸에 스친다.

거송巨松은 몬태나Montana주의 주목州木이다. 껍질에 황갈색이 돌아 황송이라고도 불린다. 최고급의 건축재로 쓰이는 보석 같은 소나무다. 이 나무가 어떻게 그 모든 악조건을 견디며 성장할 수 있었을까? 태양 광선이 수직으로 내리는 적지적점適地適点에 솔 씨가 떨어져 발아한 것쯤은 신의 조화로 돌린다 하더라도, 일조 시간이 아무리 길어야 하루에 한 두 시간을 넘지 않을 텐데 그 부족한 일조량으로 어떻게 최소한의 생명 조건을 채우며 비더냈겠느냐는 것이다. 한 마디로, 놀랄 뿐이다.

나무 높이 약 30미터 지점에 고사목 하나가 몸통에 박힌 것처럼 상처가 나있다. 아마도 본디 나무의 상순上筍이 악조건들을 견디다 못해 죽어버리고, 새 순이 돋아 고사목을 감싸 안으며 몸통의 생명을 이어간 것처럼 보인다. 삶의 위기를 가까스로 넘긴 심각한 한계 상황이 아니었었나 생각된다. 만일 그 때 새 순이 나무의 생명을 잇지 못했다면 지금쯤은 실패한 영웅의 모습으로 그 흔적조차 찾기 어려웠을 것이다. 영웅의 길은 언제나 기상천외하다. 역사에는 원래 가정이 없는 것이다.

식물에도 감정적 충동이 있다고 한다. 떼 판을 이루며 동족 간에 협력하며 산다고 한다. 그런데 이 거송은 혼자 수 백 년을 갱 속에 갇혀 살고 있으니 얼마나 침울한 고독에 시달려 왔을까? 그러다가 어느 날 갑자기 갱 속의 영어囹圄를 탈출하여 개명천지의 광명을 찾아 다른 소나무 형제를 대면했을 터이니, 그 벅찬 가슴을 어떻게 제어하였을까? 명나라 시인 서통徐通은 칠언절구 "주점봉이대酒店逢李大"에서 이렇게 읊었다.

十年別淚知多少(십년별루지다소)
십년 이별 흘린 눈물 많기도 많았네만
不道相逢淚更多(부도상봉루경다)
서로 만나 흘린 눈물 더 더욱 많았다네.

쓰촨성의 20대 청년의 경우처럼, 우리 범인凡人들은 정서의 관리가 육신의 관리보다 더 힘겨울 때가 많다. 그러나 브라이스 캐년의 이 거송은 감정적 충동도 원만히 견뎌냈다. 끝까지 "영웅적 기질"을 잃지 않았던 것이다. 천신만고의 투쟁 끝에 생명의 존엄성을 지켜낸 이 거송이야말로 현대의 또 다른 의미의 숭고한 영웅이다. 희대의 영웅을 맞는 영광에 어찌 아찔한 현기증인들 없을 손가? 때로는 황홀하고 가슴 벅찬 현기증도 있는 것이다.

엊그제 6.25를 기념하는 행사의 하나로, 어느 단체에서 6.25 때 먹었던 "주먹밥 먹어보기" 대회를 열었다고 한다. 어느 텔레비전 방송사 기자가 한 초등학교 학생에게 주먹밥을 먹어본 소감을 묻자, 그 학생은 이렇게 대답하였다. "쌀과 보리를 섞은 밥인데, 속에 아무것도 들어있지 않고 소금으로만 간을 하여 맛이 없었어요. 그 때의 할머니 할아버지들이 불쌍하다는 생각이 들었어요."

그렇다. 그 때의 어른들은 불쌍했다. 사실은 쌀밥을 구경도 못한 사람들이 한 두 명이 아니었다. 그러나 그들이 꼭 불쌍한 것만은 아니었다. 그들은 그들이 부여받은 "영웅적 자질"을 실현하고 있었다. 생명의 존엄성을 수호하기 위하여 이를 악물고 자신의 역할을 해냈다. "잘 살아보자"고 억척을 부렸었다. 오늘날 우리나라가 경제 대국이 된 것은 순연히 그들의 "영웅적 자질" 때문이었다. 그들은 현대의 대중적 영웅인 것이다.

지금도 나의 귓전을 쨍쨍하게 울리며 들려온다. 새마을 교육의 한 피교육자는 외쳤다. "저의 소망은 우리 아이들도 외국의 아이들처럼 매일 아침 우유 한잔 씩 먹을 수 있도록 만드는 일입니다. 우리의 아이들이 무엇이 못나서 우유를 먹을 수 없습니까? 우리가 무슨 죄를 지었기에, 우리의 아이들이 우유 한 잔을 먹을 수 없다는 말입니까! 우리는 이제 우리의 자녀들에게 더 이상 가난을 물려줄 수는 없습니다. 여기에서 꼭 끝장을 내야 합니다."

그 여성 피교육자는 목이 메어 말을 중단하고 울어버렸다. 장내에 있던 500여명의 참석자들도 모두 울고 말았다. 이승만 정부에서 상공부 장관을 지냈던 당시 주 벨기 대사 모씨도 울었고, 역시 이승만 정부에서 외무부장관을 지냈던 당시 주 영국 대사 모씨도 울었다. 지금 들으면 감이 잡히지 않을지 모르지만, 그 때의 절규는 "하면 된다."는 자신감이 사무친 외침이었다. 우리의 "영웅적 자질"을 일깨우는 함성이었다.

오늘날에도 세계적으로 하루에 수천 명이 굶어 죽는다는 결코 믿고 싶지 않은 소식들을 접하게 된다. 그럴 때마다 나는 우리의 숭고한 현대적 영웅들을 머리에 떠올리며 감사한다. 영웅들의 모습은 버스 속에서도, 지하철 속에서도, 시골의 텃밭에서도 현란하도록 나의 회상 속으로 달려온다. 미국 유타 주, 브라이스 캐년의 거송처럼 나에게 짜릿한 현기증을 안기면서 말이다. 나는 그 영웅들 속에서 이미 90세를 넘기신 우리 어머님의 모습을 발견한다. 염치없는 착시 현상이 아니기를 바란다.

김치

바닷물이 철썩이는 무인도의 해변. 손발이 결박된 10대 전반의 두 남녀 어린이가 야자수에 묶여있다. 여자아이가 입을 연다.

"우리가 풀려나 집으로 돌아가면, 제일 먼저 무엇을 할까?"
"햄버거에, 커피 한 잔 마셨으면 좋겠어."
"나도 그래. 음, 햄버거냄새가 몰려오는 것만 같아!"

두 아이는 서로를 마주보며 눈빛을 튀기더니, 약속이나 한 듯이 두 줄기 눈물을 쪼르르 흘린다. 일이 잘못 되는 날이면 먹고 싶었던 햄버거하나 먹지 못하고 그대로 죽을지 모른다는 감상적인 순간이다. 외국 텔레비전에서 본 광고의 한 장면이다.

음식에도 향수가 있다. 우리나라의 서민들은 1970년대까지만 해도 이가 닳고 턱이 빠지도록 꽁보리밥을 씹어댔는데, 80-90년대에 접어들어 쌀 수확이 급증하여 가정마다 밥상에서 보리밥이 사라지자 비싼 돈을 내고 보리밥을 사먹는 사람들이 부쩍 늘었다. 미운 정 고운 정 다 들었던 보리밥이 솔깃이 먹어보고 싶어진 것이다. 보리밥 메뉴를 찾는 손님들은 데친 호박잎에 된장을 얹어 옛날의 그 악식을 맛있게 먹고 흐뭇해한다. 향수가 달래진 것이다. 아마도 날된장에 풋고추를 꾹 찍어 억지로 보리밥을 삼켰던 그 연배들이 세상을 하직할 때까지는, 보리밥을 찾는 사람들의 발길이 계속 이어질 것이다. 향수도 하나의 무서운 전염병이기 때문이다. 생보리를 쑥과 함께 확에 갈아 손으로 만지작거려 쪄 먹던 보리개떡도, 그 걸 별미라고 산행 등 행락 길에 싸가지고 오는 사람들이 적지 않으니 말이다.

임신 중독의 초기 증상으로 나타난 입덧도 일종의 음식에 대한 향수다. 지하세계下界의 마왕 하데스Hades에게 납치당한 페르세포네Persephone는 납치된 후 십여 일 동안 식음을 거부했다. 헤르메스Hermes가 제우스신의 명령을 받고 페르세포네를 구원하기 위하여 지하세계로 갔을 때에는, 페르세포네는 이미 잘 익은 석류 열매를 따먹은 후였다. 헤르메스는 하는 수 없이 6개월간은 지하세계에서 하데스와 함께 지내고, 6개월은 지상에 올라와 곡식의 신인 어머니 데메테르Demeter와 함께 지낸다는 조건으로 하데스의 납치사건을 용인하였다. 헤르메스는 페르세포네가 식음을 거부한 것과 석류 열매를 먹은 사실을 입덧으로 해석하였던 것이다. 임부가 입덧이 나면 식욕 부진의 증상이 나타나면서 오직 원하는 한두 가지 음식만을 먹게 된다. 임부는 심신이 허약한 상황에서 특별한 음식에 대한 향수가 강하게 나타나는 것이다. 입덧에 의한 맛의 향수는 참으로 힘든 일종의 병고病苦다.

미국에 있는 우리 막내며느리는 지난겨울에 입덧으로 고생을 많이 했다. 구토가 일고 밥을 거의 못 먹을 지경이었다. 경험이 없는 우리 아들놈은 당황하여 난데없이 상주 곶감과 삶은 찰옥수수를 보내 달라고 SOS를 날렸다. 곶감을 구하는 데는 문제가 없겠지만 겨울철에 찰옥수수를 어떻게 구하나 하고 걱정을 했는데, 동네 시장 "연희동 사러가"에서 손쉽게 구입할 수 있었다. 며느리는 우리가 보내준 음식, 아니 자신이 간절히 먹고 싶었던 음식을 먹고 입맛을 회복하였다고 했다. 향수에는 약이 따로 필요 없다. 향수는 고향에 가기만 하면 즉시로 해결되는 특별한 병이다. 맛의 향수도 매한가지다.

1970년대 후반의 일이다. 나는 이李 모 교수와 황黃 모 교수 등 두 분 교수와 함께 미국 일리노이 대 연구 교육을 마치고, 한 달여 동안 미국의 주요 대학들과 기념관들 그리고 국립공원들을 돌아보는 여행을 하게 되었다. 가는 곳마다 새롭고 감동적이어서 참으로 보람이 있었다. 그런데 문제는 음식이었다. 그 중에서도 절실한 것은 김치였다. 너나할 것 없이 다 마찬가지였지만 세 사람 중에 황 모 교수가 제일 힘들어했다. 식사를 못하니 체중이 빠지고 생기가 없으며 아무런 낙이 없어 보였다. 우리는 할 수 없이 무엇보다도 식사 문제를 해결하기로 뜻을 모았다. 어느 지방에 가든지 한국 음식점을 찾는 것이 급선무였다.

한국 음식점을 찾으려면, 먼저 한국 교포 택시기사를 만나야 한다고 판단했다. 그런데 그 일이 생각처럼 쉽지 않았다. 우리는 동양계 출신으로 보이면 달려가서 물었다. "Can you speak Korean?" 어떤 기사는 머리를 설레설레 흔들고, 어떤 기사는 "Yes, a little." 하고 반응을 보이지만 한국 음식점을 아느냐고 물으면 "No, sorry." 다. 하기야 동양계로 보이는 얼굴들이 다 한국인이겠는가? 급한 눈으로 보면 홍콩인, 일본인, 중국인들이 모두 한국인으로 보이지만, 각기 자기의 고국이 따로 있는 사람들이다. 이렇게 수십 명을 인터뷰한 끝에 한국인 택시 기사를 만났다. 한국 음식점을 아느냐고 물었더니, 한국인 손님을 모시고 자주 간다고 했다. 참으로 반가웠다. 샌프란시스코에서의 일이었다.

오랜만에 찾아간 한국 음식점이었다. 우리 세 사람은 갈비탕을 시켜 놓고 김치가 나오기를 기다렸다. 드디어 갈비탕이 나왔는데 반찬으로는 배추김치가 아니라 깍두기가 나왔다. 아쉬움이 없지 않았지만 지금 우리가 어디 배추김치 무김치를 따지게 되었는가? 깍두기도 황송했다. 갈비탕을 맛있게 먹고 나오려는데, 황 모 교수가 다음날 아침을 위하여 깍두기를 사가자고 제의했다. 누가 반대를 하겠는가? 세 사람은 깍두기 삼인분이 든 팩을 들고 숙소로 돌아가기 위하여 남가주 행 시내버스를 탔다. 두 시간쯤 가야하는 거리였다. 한 30분쯤 갔을까? 승객 한 분이 코를 실룩거리며 이거 무슨 냄새냐고 소리를 질렀고, 그 소리가 신호탄이라도 된 듯이 여기저기서 지탄의 소리가 들려 왔다. 우리는 죄인처럼 숨도 제대로 못 쉬고 앉아 있는데 한 승객이 우리를 향하여 큰 소리로 외쳤다.

"이것, 한국의 김치 냄새야! 나는 한국에서 3년 동안 군복무를 해서 아는데 틀림없이 한국의 김치 냄새야!" 하고 떠들어댔다.

그 순간 차내에 있던 모든 승객들이 일시에 우리를 쳐다봤다. 우리는 버스 맨 뒷좌석에 있었기 때문에, 앞좌석에 있던 몇몇 승객들은 김치의 주인공을 보려고 자리에서 일어나기까지 하였다. 더러는 웃는 눈빛도 있었지만 대부분은 불쾌한 표정이었고, 결코 적지 않은 승객들이 험악한 인상을 지었다. 마치 우리가 독극물이나 뿌리고 다니는 위험인물이나 되는 것으로 판단했던 모양이다. 앞으로 한시간 30분은 더 가야하는데, 그대로는 도저히 버틸 수가 없을 것 같아서 일어나서 한마디 했다.

"대부분의 승객들이 김치 냄새를 혐오스럽게 여기는 것 같은데, 미안합니다. 김치는 한국의 전통 음식으로 모든 한국인들이 즐겨먹는 음식입니다. 그런데 여러분들이 알아야 할 것이 있습니다. 이 김치는 한국에서 가져온 것이 아니라, 미국에서 산 음식입니다. 그리고 비밀 장소에서 구한 것이 아니라, 미국의 행정기관이 허가한 대중식당에서 구입한 것입니다. 들고 갈 수 있도록 팩에 넣어준 대로 샀기 때문에 그대로 버스에 반입한 것입니다. 양해하시기 바랍니다." 분위기가 크게 호전되었다. 어떤 승객은 자기도 김치를 먹어봤다고 털어놓기도 하였다. 다행이었다. 미국 사람들은 사리에 맞으면 수긍하는 국민인 것 같았다. 그런 점이 미국인들의 멋이며, 국민적인 장점인 것 같았다.

우리 세 사람은 호텔에 와서도 무척 신경을 썼다. 무엇보다도 냄새가 번져나지 않도록, 깍두기 팩을 비닐봉지와 신문지로 다시 잘 쌌다. 이 모 교수가 먼저 호텔에 들어가 분위기를 살피고, 황 모 교수는 깍두기 팩을 들고 뒤따라 들어가며, 나는 만일의 사태를 대비하여 황 모 교수를 수행하기로 했다. 치밀한 준비 때문이었는지 호텔에는 무사히 통과할 수 있었고, 그 치밀한 작전 덕분에 아침 식사 문제는 가볍게 해결이 되었다. 이 모두가 "추한 한국인"이 되지 않기 위한 노력이었지만, 술수는 역시 술수이어서 뒷맛이 그리 개운치는 않았다. 그러나 어찌 하겠는가? 다음 날 아침에 황 모 교수가 (하기야, 우리역시 50보 100보였지만) 즐거운 얼굴로 식사를 마치는 것이 당장의 우선 목표이었으니 말이다. 누구의 죄인지 모르겠다. 김치가 문제인지, 아니면 남의 문화를 이해하지 못하는 인간의 편협성이 문제인지 두고두고 반성하고 숙고할 과제였다.

이처럼 숨고 쫓기던 우리의 김치가 미식가의 천국 프랑스에서 각광을 받고 있다 하니 가슴 벅찬 낭보가 아닐 수 없다. 금석지감今昔之感을 느낀다. 20여 년 전의 일이다. 파리의 북역北驛 근처에 있는 작은 호텔 엘리베이터 속에서 당한 수모가 생각난다. 오륙 명의 승객 중에 젊은 어머니와 10세 미만의 아들이 내 앞에 서 있었다. 어린아이는 어머니의 손을 끌어당기며 칭얼댔다. "엄마, 이게 무슨 냄새야? 못 참겠어!Mom, smells something bad. Oh, horrible!" 어머니는 나를 슬쩍 쳐다보더니 작은 소리로 아이를 달랬다. "이 남자한테서 나는가봐. 잠깐만 참아!He's the problem, maybe. Be patient a moment!" 이 말이 떨어지기가 무섭게, 그 아이는 나를 째려봤다. 마치 괴물이나 본 것처럼, 이상하게 그의 시선이 흐려졌다. 나로서는 낯뜨거운 수모였다. 어쩌면 한국의 수모였는지도 모른다.

문제는 역시 김치였다. 패키지여행이었는데, 파리의 관광을 마치고 그 다음날 한국으로 돌아간다고 귀국 전날 밤에 10여 명이 모여 한잔했었다. 어떻게들 간수했는지 다들 한두 가지씩 한국 반찬을 꺼내 놓아 테이블이 그득했다. 우리 집 내외만 그냥 왔지 다들 준비를 해왔다. 아끼느라고 그랬는지 먹을 기회가 마땅치 않아서 그랬는지, 음식이 많이 남아 있었다. 다시 한국으로 가져갈 수도 없고 해서 다들 한 자리에 꺼내놓은 것이다. 한국 음식의 최고 양념은 역시 마늘인지라, 마늘, 파, 고추장, 깨소금, 고춧가루 등이 듬뿍 든 별미들이 쏟아져 나왔다. 그 중의 백미는 무어니 해도 김치였다. 플라스틱 통에 잘 담아온 김치가 시큼시큼 익어서 일품이었다. 하기야 보름이 넘도록 김치 맛을 못 봤으니 오죽 했을까? 나로서는 샤워를 하고 세심하게 양치질을 했건만 어린 꼬마한테 그 큰 수모를 당한 것이다.

말이 나왔으니 말인데, 우리나라의 김치만큼 우수한 영양식이 어디에 또 있는가? 기본 재료로 보더라도 배추, 무, 갓, 오이, 부추, 파, 씀바귀 등 모두 신선한 야채다. 양념으로는 마늘, 고추, 생강, 파, 참깨, 해조류 등 건강식품으로 가득하다. 그 뿐인가? 멸치와 황석어 액젓 등 해산물도 들어간다. 기본 재료와 양념들을 잘 배합하여 발효시킨 김치야말로 섬유질은 물론 무기물과 비타민, 효소와 젖산 등이 가득한 우수식품이다. 맛도 상쾌하고 깔끔하며 구수하고 암팡지다. 어디다 내놓아도 손색없는 식품이다.

엊그제 또 하나의 낭보가 우리에게 날아들었다. 두바이의 7성 호텔 버즈 알 아랍Burj Al Arab에서 일주일 동안 "한국 음식 축제"를 연다고 한다. 수석 주방장으로 일하는 우리나라 권영길 씨의 노력이 컸겠지만, 두바이에서 날로 높아가는 한국 음식의 열기가 큰 몫을 했다고 한다. 두바이의 통치자가 먹는 음식 곧 세이크 메뉴에 한국의 갈비찜이 들어 있다고 하던데, 필시 갈비찜과 김치가 아우르는 그 뇌쇄적인 맛깔을 간과할 수 없었으리라. 다른 나라의 음식

축제를 여는 일은 세계 어느 곳에서 그 전례가 없다고 하니, 가슴이 설레지 않을 수 없다. 천하의 명품은 어디에 숨어 있든지 기어이 드러나기 마련인가 보다.

얼마 전에 어느 일간지에 보니까, 프랑스, 영국, 미국 등 서양 사람들은 일본 요리를 먹어보지 못한 사람은 문화인 측에 끼지 못한다고 한단다. 남의 나라 음식을 폄하하는 것은 아니지만, 기본적으로 일본 음식처럼 성의 없는 음식이 어디에 있는가? 그들이 자랑하는 생선회도 그렇다. 그냥 볼품 있게 썰어서 겨자 넣은 간장에 적셔 먹는 것이 고작이다. 그들이 좋아하는 삼치구이도 원래는 소금에 강하게 절여서 구어 먹는 아주 짠 음식이다. 쇠고기 전골(스키야키)도 예외가 아니다. 철판에 정종을 약간 붓고 쇠고기와 시금치 및 토란을 넣어 살짝 익힌 후에 설탕으로 가미하여 간장에 적셔 먹는다. 음식에 감칠맛을 내는 양념이라는 것도 없고, 재료들이 서로 어우러져 나오는 맛깔의 조화도 없다. 그런데도 어찌된 일인지 일본 요리가 세계의 최고급 식품으로 대접을 받고 있단다. 그것도 국력의 일환일까?

80년대 초반일 거다. 영국 버밍엄 대학에서 연구 생활을 할 때다. 학과장 교수의 집에 초대를 받았었다. 뒤뜰의 연못이 인상적이었다. 맑은 물에 송어들이 아름답게 노닐었다. 학과장 교수는 연못에 낚시를 드리우며 물었다. "황 교수님도 생선회를 먹습니까?" 나는 부득이한 경우를 제외하고는 생선회를 먹지 않으며, 특히 "R"자가 들어가지 않는 달에는 절대로 먹지 않는다고 말했다. 영국 사람들은 "R"자가 없는 5~8월May, June, July, August에는 굴oyster을 먹지 않는다. 무더운 이 기간에는 굴에서 인체에 해로운 독이 분비된다고 한다. 학과장 교수는 말을 받았다. "생선을 날로 먹는 것은 문화가 없는 야만이에요. 요리는 문화의 꽃입니다. 일본인들에게는 음식의 문화가 없어요." 교수님의 말이 아직도 귀에 확연한데 상황은 완전히 반전되었다. 그들이 꾸준히 연구하고 개량하고 홍보한 대가일 것이다.

우리도 잇따른 낭보들에 자만하지 말고 더욱 노력하고 연구해야 한다. 우리는 김치를 사랑하고 만자 앞에 치켜세우고 있지만, 위생적으로 현대 과학이 수용할 수 없는 부분은 없는지 세심하게 살피고 개선해 나가야한다. 식생활은 쇠고기수입 파동에서 실감하였듯이 예민한 생활 문화이기 때문이다. 현대인들은 편의를 추구한다. 김치가 사회생활에 불편을 주는 점은 없는지도 점검해서 현대인의 편의주의에 접근할 수 있어야 한다. 음식은 무엇보다도 청결개념에 어긋나면 수용할 수 없다. 여기서 주목해야 할 점은, 청결개념이란 결코 음식 자체에만 국한된 것이 아니라는 것이다. 주변의 거리가 불결한데 음식인들 청결할 것이며, 사회가 불결한데 음식인들 청결할 것이며, 정치가 불결한데 음식인들 청결할 것인가? 우리는 먼저 세계만방에 깨끗한 국민적 인상을 심어주어야 한다. 그것이 한류의 근본이다.

우리 어머님이 소중히 담그는 김치가 있다. 고들빼기김치다. 고들빼기와 씀바귀를 혼동하는 사람이 더러 있지만, 이 둘은 분명히 다르다. 전자는 잎이 타원형으로 후자에 비하여 짧고 넓으며, 후자는 잎이 전자에 비하여 길고 가늘며 갈라진다. 고들빼기의 뿌리는 탄탄하고 굵으며 황금색이 나고, 씀바귀의 뿌리는 전자에 비하여 부드럽고 가늘며 색깔이 희끄무레하다. 초여름에 2년생 고들빼기를 구하여 보름 동안 쓴 맛을 우려낸다. 우리 어머님은 고들빼기 항아리를 아예 우물가에 놓고 이른 새벽에 깨끗한 물로 갈아 넣으셨다.

쓴물이 빠진 고들빼기를 잘 씻어 채반에 담는다. 무와 배를 채로 치고, 실파와 부추를 성큼성큼 썰어 놓는다. 싱싱한 생갈치의 은비늘을 완전히 제거한 후 가늘게 포를 뜬다. 황석어 액젓에 찹쌀풀을 섞고 거기에 다진 마늘과 생강, 고춧가루와 설탕, 실고추와 통깨 등을 넣어 진국을 만든다. 이 진국에다 준비한 속을 털어 넣고 배합이 잘 되도록 둥글려서 고들빼기와 섞는다. 고들빼기가 잘 적셔지도록 국물을 충분히 채우고 밀봉하여 응달에서 숙성시킨다. 한 달은 족히 기다려야 한다.

고들빼기김치가 잘 익으면 씹히는 감촉이 오돌오돌하며 맛도 빼어나거니와 모양 또한 환상적이다. 자주 빛 잎새에 노란 뿌리가 식욕을 당긴다. 나는 어릴 때부터 김장때가 되면 어머니 옆에 붙어 앉아 잔심부름을 해주고 깨소금에 묻힌 배추 속을 얻어먹었다. 어머님이 배추 속을 입에 넣어주시면, 나는 어머님의 손가락을 쪽 빨아먹는다. 아! 그 손맛이 얼마나 황홀했던가?

이젠 우리 어머님이 연만하셔서 병석에 누워 계시니 맛의 향수를 어떻게 달랠 수 있을까? 어머님께서 담그신 고들빼기김치는 언제 다시 먹어볼 수 있을까? 마음이 허전하여 내가 어릴 때에 본 그대로 상상을 가미하여 어설프지만 글로써 잠시 고들빼기김치를 담가봤다. 때로 상상이 현실보다 통렬하기 때문이다. 하지만 상상으로 밀봉한 김치가 숙성이 잘 될런지? 황홀했던 어머님의 손맛은 그 언제나 재현될 것인가? 눈 꼬리에 자주 손이 간다.

전투경찰

요즘에 촛불집회를 놓고 시위대와 전투경찰 사이에 긴장이 고조된 것을 참으로 안타깝게 생각한다. 대중집회에는 확실한 목적이 있고, 집행부는 그 목적을 정부의 유관부처와 사회 일반에게 알리려고 시위를 유도할 것이다. 때로는 시위의 효과를 극대화하기 위하여 강경 자세를 취할 수도 있다. 수위 조절은 집행부가 알아서 할 일이지만, 분명한 것은 시위가 아무리 강렬할지라도 집시법의 한계를 넘어서는 안 된다는 것이다. 시위대가 군중 심리에 휩쓸리면 판단이 흐려져 법의 한계를 넘을 수도 있다. 치안 조치의 필요성을 제공한 것이다. 전투경찰은 치안을 담당하는 국가기관이다. 법치 사회에서는 원칙적으로 시위대와 치안 부서 사이에 마찰이 있을 필요가 없다. 물론 있어서도 안 된다. 양자 모두 법치 안에서 자부심을 갖는 민주 시민으로 구성되었기 때문이다. 각기 자긍심을 발휘해야 한다.

우리 집 큰놈이 군에 입대할 때가 생각난다. 자식을 군에 보낼 때의 심정이 참으로 묘했다. 북한과 대치하는 상태에 있다고는 하지만, 그렇다고 전쟁을 하는 것도 아닌데 왜 그런지 모르겠다. 일제의 징집과 6.25의 동원령이 보여준 쓰린 감상感傷이 아직도 우리의 가슴과 뇌리에 남아 있기 때문이었을까? 나는 34개월의 군복무를 마친 예비역 육군 병장이다. 군생활의 분위기를 조금은 안다. 우리 두 부부는 아들의 군 입대를 앞두고 아들이 일선 최전방에서 근무하도록 해달라고 하나님께 기도하였다. 엄격한 병영 생활이 좋게 보였기 때문이다. 군복무를 마치고 나면 부쩍 성숙한 모습으로 탈바꿈하는 젊은이가 있는가하면, 그와는 정반대로 타락한 몰골로 초췌하게 나타나는 친구도 없지 않다. 최전방에서 성실히 국방 의무를 이행하면서 유익한 사색을 취하는 것이 인격 도야에 좋을 것으로 생각했었다.

우리 부부는 입소식에 참석했다. 환송을 마치고 돌아오려는데 아들놈이 한 마디 부탁을 했다. 평소에는 다소 답답할 정도로 말이 없는 놈인데, 어렵사리 한 마디 운을 뗀 것이다. “아버지, 전투경찰로는 떨어지지 않도록 해주세요. 죄송합니다. 차운전 잘 하고 가세요.”

나는 입을 열지도 못했고 고개를 끄덕이거나 가로젓지도 못했다. 우리는 그저 덤덤하고 찜찜한 심정으로 작별의 손을 흔들었다. 그놈의 뜻을 못 알아들어서가 아니었다. 나는 나름대로 원칙론자로서 남에게 부탁을 못 하는 주제이기도 하지만, 우리나라 사회의 현상이 너무 답답하고 실망스러웠기 때문이었다. 우리는 왜 젊은이들을 떳떳하게 놔두지 못 하는가? 우리는 왜 그들이 스스로 비굴해지도록 만드는 것일까?

우리 집 큰놈은 대학 3학년을 마치고 자원하여 육군에 입대하였다. 어제까지도 학창의 동료이었는데, 오늘은 전투경찰이 되었다고 서로 밀고 당기며 던지고 쏘아대는 물리적 충돌을 할 수가 있겠는가? 그게 어디 사람이 할 짓인가? 전투경찰의 옷을 벗으면 그동안 적대했던 학우들과 얼굴을 맞대고 학구 생활을 같이 해야 한다. 사람의 낯으로 어디 견딜 수 있는 일인가? 이런 상황이 수십년이 흘렀지만 안타깝게도 우리나라는 이 부문에서 한 치의 변화도 없어 보인다. 전에도 그랬고 앞으로도 자신이 없다. 민주주의 법치국가로 기치를 높이 들고 출범한지가 60년이 넘지 않았는가? 왜 우리는 그저 "나만" 잘났다고 하는가? 이제는 "남도" 잘났다고 인정해 줄 때가 되었다. 우리도 여유를 보여줄 줄 알아야한다.

우리 집 큰놈은 특전사로 배정이 되었다. 특전사는 군기가 워낙 강한 부대여서 걱정이 된 것도 사실이었지만, 전투경찰대로 발령이 나지 않은 것이 다행이었다. 아들이 어렵게 꺼낸 부탁의 말을 듣고, 나는 속으로 몹시 당황하고 미안했었다. 나로서는 부탁을 들어줄 능력도 없었고 그렇게 할 의사도 없었기 때문이다. 아내도 마음이 홀가분해 보였다.

어느 토요일엔가 우리 부부는 특전사 훈련장으로 면회를 갔었다. 하필이면 가는 날이 장날이라고, 그날따라 훈련을 받던 한 위관장교가 점프를 하다가 다리를 크게 다쳤다. 훈련장이 술렁이었다. "하얀 뼈가 살을 뚫고 나왔다"느니, 모래 바람에 너무 오래 노출되어 다리를 절단할 수밖에 없다느니 질겁할 소리들이 나돌았다.

면회 온 부모들의 심정이 어떠했겠는가? 우리 부부는 눈앞이 캄캄했다. 얼이 빠지고 정신이 나간 모습으로 집에 돌아왔다. 아내는 집에 들어서기가 무섭게 울기 시작했다. 눈물의 여신 니오베Niobe처럼 시작도 없고 끝도 없었다. 아예 눈물의 석상이 되어버렸다.

집사람은 울음을 멈출 때마다 나에게 독설을 퍼붓기 시작했다. "사람이 그렇게도 활수가 없어 가지고, 아이를 특전사까지 가게 만들다니!!!" 나는 아내가 그렇게 표독스럽게 나올 줄은 꿈에도 몰랐다. 아니, 최전방으로 가게 해달라고 기도를 할 때는 언제고 이제 와서는 "빽"이 없어서 아이를 죽이게 되었다고 땅을 치는 것이다. 집사람은 밤마다 울고불고 무능한 남편을 성토하며 완전히 히스테리에 빠졌다.

나는 당할 일 못 당할 일을 다 당하면서도 내심으로는 하나님께 감사했다. 만일 우리 큰놈이 전경으로 배속을 받아 애를 삭이지 못하고 군복무를 그르친다면, 이 애비의 심정이 오죽이나 고달플까? 특전사의 병영생활이 제 아무리 힘겹고 위험하다한들, 우리 큰놈이 우려했던 마음고생보다 더 힘이 들겠나? 생각이 거기에 미치자, 우리 집 큰놈을 선발한 특전사가 그렇게 고맙고 존경스러울 수가 없었다.

어느 텔레비전 방송을 보니까 초등학생인지 중등학생인지 어린 학생이 전경에게 삿대질하는 것을 봤다. "나는 너희들을 사람으로 보지 않는다." 라고 하던가? 어린 아이를 유모차에 싣고 나온 어느 젊은 주부는 호각소리를 듣고 전경을 향하여, "우리 아기 깬다!"고 호통을 쳤다. 우리사회의 한 단면을 여실히 보여주는 장면이었다. 우리 모두 똑똑히 알아야 한다. 전경들은 동물이 아니다.

그들에게도 우리만큼의 생각과 판단력이 있고 그들대로의 고뇌가 있다. 그들 역시 인간의 존엄성을 지닌 인격체다. 오직 치안 경찰의 의무를 다하기 위하여 시위현장에 출동하였고 그 고생을 다하고 있을 뿐이다.

한 나라의 법은 국민의 인명과 재산을 보호하고 인권을 수호하기 위하여 존재한다. 그러나 아무리 법의 정신이 좋다고 하드라도 지켜지지 않으면 무용지물이다. 치안 경찰은 법의 준수를 위하여 존재한다. 치안 경찰은 법과 동연적인 위치에 있다해도 과언이 아니다. 법은 지켜지지 않으면 이미 효력을 잃고 죽은 법이 되기 때문이다. 오늘날 우리나라에, 법위에 군림하려는 월법자가 있는가? 있다면, 전경은 그들과 싸워야 한다. 오늘날 우리나라에, 법을 무시하는 탈법자가 있는가? 있다면, 전경은 그들과 싸워야 한다. 전경은 치안 경찰이기 때문이다. 오늘날 우리나라에 법 아래에 있어 인권을 보호받지 못하는 자가 있는가? 전경은 어떤 세력과도 싸워 그들의 인권을 보호해야 한다. 그것이 전경의 본분이기 때문이다.

시위대가 전경과 다투는 일은 의미 없는 일이다. 시위대가 불법자나 탈법자가 아닌 바에야 무엇 때문에 치안 경찰과 싸운다는 말인가? 법치 사회에서는 무엇이나 법과 함께 가야 한다. 치안 부서와 서로 협조해야 하는 것이다. 어쩌자고 학원 강사라는 시위참가자는 거짓말로 전경을 사회에 고발하여 물의를 일으키고 있는가? 정의의 눈으로 세상을 보라. 거짓은 결코 정의가 될 수 없다. 정의가 없는 시위는 사회의 호응을 얻지 못 한다. 정의가 없는 언론은 신뢰를 얻지 못한다. 정의는 인간의 양심이다. 누구나 양심에 가책을 느끼면 진실을 밝히고 사과해야 한다. 실정법이 자연법을 모법으로 삼는 이유가 거기에 있다.

로마의 정치가이자 도덕철학자인 시세로Marcus Tullius Cicero는 자연법을 "자연과 일치하는 인간의 바른 이성"이라 했다. 그는 설파하였다. "보편적인 적응성과 불변의 영속성을 갖고 있는 자연법은, 명령으로 의무를 부여하고 금령으로 비행을 단절하지만 선한 자로부터 결과를 얻을 수 있을 뿐 악한 자에게는 명령도 금령도 쓸모가 없다." 자연법은 결국 이성과 양심이 작용하는 인간의 본성을 말한다. 인간이 인간됨을 부지하려면 본성을 잃지 말아야 한다. 이성이 무너지고 양심이 마비된 인간은 스스로 자연법을 외면하는 자들이다.

지금 우리의 눈앞에서는, 시위대와 전경 사이에 진실 게임이 벌어지고 있다. 과잉 진압이냐 폭력시위냐, 그 것이 문제다. 법학자들은 불법 시위에 공권력을 행사하는 것은 치안 활동일 뿐, 과잉 진압이 아니라고 말한다. 결국 시위의 적법성 시비가 쟁점이다. 세상에는 눈이 있고 귀가 있기 때문에, 누구의 말이 옳고 누구의 말이 그른지 진위가 가려질 것이다. 그러나 각기 스스로 이성과 양심으로 대답하는 모습이 멋있고 신사답다.

시세로가 갈파한 대로, 자연법에는 보편적 적응성이 있고 불변의 영속성이 있다. 누구나 한 순간 손바닥으로 진실을 가린다고 해서 영원히 가려지는 것이 아니다. 시위는 국가에 대한 충정을 알리려는 비상한 행위다. 그 자체가 고귀하고 신성하며 진솔해야 한다. 치안을 담당하는 전경의 자세는 더욱 그렇다. 전투경찰은 신성한 국방의 의무를 수행하고 있지 않은가? 신성성은 양심의 소관이다. 하나님과 양심 앞에 한 점의 부끄럼이 없을 때 신성성이 나타난다. 신성성은 절대적 선인 것이다.

어린이 시절에 읽었던 한 일화가 가슴에 스며온다. 영국의 심미주의 작가 와일드Oscar F. O. W. Wilde는 하얀 중절모를 즐겨 쓰는 멋쟁이 신사였다. 그의 손에는 항상 보드라운 광택이 엷게 흐르는 상아 지팡이가 쥐어 있었다. 하루는 그가 런던의 어느 한가한 공원에 들어섰다. 그런데 한 어린이가 공원 입구 잔디밭 앞에서 울고 있었다. 까닭을 물은즉 어린이는 이렇게 대답했다. "바람에 제 모자가 잔디밭으로 날아갔어요. 학교 선생님은 잔디밭에 들어가면 안 된다고 하셨거든요." 멋쟁이 신사는 허리를 낮게 굽히고 상아 지팡이를 길게 뻗어 간신히 모자를 꺼내주었다. 신사와 아이는 모두 이성이 작용하고 양심이 살아 있었던 것이다. 영국의 법치주의가 다른 나라들에 앞서 꽃을 피우게 된 것은, 영국 사람들이 일찍이 자연법을 헌법처럼 불문율로 받아들이고 있었기 때문일 것이다.

맥베스Macbeth는 반란을 평정한 개선장군이다. 그는 왕과 백성의 환호를 받는 순간 야망에 사로잡혀, 친척인 국왕 단칸을 살해하고 왕위를 찬탈한다. 스코틀랜드의 왕위에 오른 맥베스는 자신의 시역행위가 발각될 것을 우려하여 뱅코우 장군을 비롯한 요주의 인물들을 모조리 살해한다. 파이프 성의 영주 맥다프Macduff는 맥베스의 폭정에 반기를 들고 원군을 청하기 위하여 영국에 망명한다.

맥베스는 맥다프의 집에 자객을 보내어 그의 아내와 이제 겨우 말을 배우는 어린 아들을 살해한다. 맥베스는 나라를 구출한 개선장군에서 포악한 폭군으로 돌변한 것이다. 어떤 비평가는 맥베스와 같은 간악한 폭군이 과연 비극의 주인공으로 적합한가 하는 적절성의 문제를 제기하기도 한다. 그러나 이 비평가는 맥베스가 자연법을 끝까지 팽개치지 못하고 번민하는 인간적인 모습을 간과한 우를 범한 것이다.

맥베스는 자신이 강행한 폭정에 대하여는 실정법을 내세워 변명하지만 자신이 자연법을 범한 사실에 대하여는 통회하며 고민한다. 그는 단칸 왕을 살해한 시역 그 자체보다도 친척으로서 자신을 환대하였던 단칸 왕을 살해한 자신의 배은망덕에 대하여 더욱 고뇌한다. 맥베스는 반군과의 접전에서 맥다프를 피하고지 노력한다. 맥다프가 두려워서가 아니라, 그의 아내와 철부지 아들을 살해한데 대한 양심적 부담 때문이었다.

맥베스는 결국 자신의 심적인 부담을 맥다프에게 고백하고, 무장을 해제하자고 제의한다. 왕과 신하, 국왕과 반군의 관계가 아니라 인간과 인간으로 돌아가 서로 멱살을 잡고 치고받으며 싸워보자는 것이다. 저자 셰익스피어는 실정법을 범한 맥다프가 아니라. 자연법을 어긴 맥베스에게 패배와 죽음을 안겼다. 실정법의 효력은 유한하지만 자연법의 효력은 영원하기 때문이다.

존경하는 형제자매들이여, 우리 모두 다 함께 여기서 시위냐 치안이냐의 문제를 벗어나 잠시 자연법으로 돌아가자. 자연은 질서다. 자연법은 질서의 규약이다. 이성은 사유思惟의 질서요, 양심은 선악의 질서다. 흐르는 물은 언제나 위계질서와 수평질서를 고집한다. 물은 어느 경우에나 위에서 아래로 흐르며 예외 없이 수평을 채운다. 부모와 자식 간의 애정은 수로水路와 같다. 그래서 사랑은 내리사랑이라 했다.

천하의 어떤 자녀도 부모의 사랑을 능가할 수 없다. 자식에 대한 부모의 사랑은 강렬할 뿐만 아니라, 자식 각자에 대한 부모의 마음은 한결같다. "열 손가락 깨물어 안 아픈 손가락이 있느냐?"고 했다. 자연법에 균열이 생기면, 가정은 균형을 잃고 비틀거린다. 어린 딸애를 이름 모를 납치범에게 빼앗기고, 엄마는 몸져눕고 아빠는 직장을 떠나 정처 없이 딸을 찾아 나서는 인간 비극을 우리가 어디 한두 번 겪는가? 문화인은 자연법을 소중히 여겨야 한다. 인간의 선한 본성을 지키기 위해서다.

나는 안다. 우리 집 큰놈을 통해서 엇비슷한 체험을 하였기에, 아들을 전경에 보내 놓고 잠자리에 들어도 발 한번 뻗지 못하는 부모들의 심정을 나는 잘 안다. 영어에 "hockey mom"이라는 말이 있다. 자녀를 위하여 억척을 부리는 어머니를 말한다. 그러나 자식을 제켜두고 제 몸을 사리는 어머니가 세상 어디에 있을까? 세상의 모든 어머니는 특히 한국의 어머니는 모두 다 "hockey mom"이다. 각기 표현만 다를 뿐이다. 부모의 마음은 어딜 가나 매한가지다. 내 자식이 아니라고, 인지상정人之常情을 외면하면 인간의 도리가 아니다.

시위대나 전경이나 각기 자신의 주장에 집착하다보면 악에 받쳐, 이성을 잃고 양심을 내던질 수도 있겠지. 그러나 인간의 행위는 시점이 중요하다. 바로 그 격앙된 시점에서 한 템포를 늦출 줄 알아야 한다. 그것이 지혜요, 이성이며, 문화다. 가혹하게 들릴지 모르지만, 그 한 템포가 문화 민족과 미개 민족을 갈라놓는 것이다. 우리는 저력있는 국민이다. 최단 시일에 경제를 구축하고 민주주의를 성취했다. 우리는 서로가 자연법사상을 고취하여 문화의 선진 대열에 앞장서야 한다. 아무리 힘에 겨워도 우리의 오장육부를 쓸어내리며 노력하고 정진하여야 한다.

친 부모자식의 사이가 아닌들 어찌 그 정리를 모르랴? 인간은 이성이 있어 사유하고, 양심이 있어 선악을 구별하거늘! 사실, 맥베스에게는 자녀가 없다. 그러나 그는 부모의 애달픈 심정을 너무나 잘 알고 있었기에 가장 부끄러운 자신의 치부를, 가장 긴박한 순간에, 가장 증오스러운 적장에게, 자신의 심정을 고백할 수 있었다.

> 모든 사람 중에서 나는 너를 피해왔다.
> 등을 돌려 달아나라. 나의 영혼은 이미
> 네 가족들의 피로 큰 부담을 안고 있다.

작가는 소격효과alienation effect를 보여준다. 소격효과란 다른 장면들과 차별화하여 강한 이미지를 부각시키는 극작 수법이다. 맥베스는 맥다프의 창에 찔려 쓰러졌을 때, 육신은 비록 괴로웠으나 영혼은 오히려 홀가분했을 것이다.

양심의 가책을 묻어둔 채 세상을 편안히 살아갈 간 큰 장사는 하늘아래 어느 곳에도 없다. 맥베스가 실증하지 않았는가? "끝이 좋으면 다 좋다."고 했다. 맥베스는 역시 멋있는 친구다. 그는 끝을 잘 맺고 갔다. 우리는 시방 우리가 벌려놓은 일들을 어떻게 처리 할 것인가? 인간의 본성으로 돌아가서 생각하면 된다. 우리 모두 자연법사상을 통하여 모든 것을 깔끔하고 멋있게 잘 정리할 수 있기를 학수로 고대한다. 뜻이 있으면, 길은 열리리라.

도시락

우리가 초등학교에 다니던 1940년대에는 도시락이라는 말이 생소했다. 도시락은 대나무의 매끄러운 껍질부분이나 버드나무 잔가지로 엮어 만든 작은 고리짝을 말한다. 주로 먼 길을 떠나는 사람이 음식을 넣어 허리춤에 차고 갔다. 도시락에는 반찬 넣는 곳이 따로 없기 때문에, 소금으로 간을 한 주먹밥을 넣는 경우가 많았다.

더러는 이른 봄날에 아낙네들이 취나물이나 톳나물 등 산채를 뜯으러 갈 때 밥만 도시락에 싸간다. 반찬으로는, 맑고 시원한 개울물에 산채를 씻어 따로 챙겨간 날된장에 버무려 먹기도 하였다. 봄 냄새 물씬 풍기는 즉석 오찬이다. 도시락에는 제법 낭만도 얽혔을 법하고 식문화가 묻어난 일화도 있으련만, 나는 과문의 탓인지 전해오는 이야기를 들어본 적이 없다. 애석한 일이다.

그 시대에 점심밥을 싸가지고 다니는 보편적인 용기容器는 "벤또"였다. 그 때의 정서로, "왜놈"의 말이다. 광복 직후, 반일감정이 고조되면서 외래어나 한자어를 우리말로 바꾸려는 소위 언어순화 운동이 일기 시작했다. 기억을 더듬어보면, 기차를 "쇠말"로 바꾸자는 제안도 있었고 자장면을 "되된장가락국수"로 부르자는 제안도 있었다. 실효성보다는 감정이 앞선 제안도 적지 않았다. 도시락의 경우는 "왜놈"의 말을 떨쳐버리고 순수한 우리말로 대체된 성공사례다. 그러나 도시락이 규격문화의 한 산물로 등장하기에는 아직 시기상조였다. 우리 동네는 100호가 넘는 마을이었지만 "벤또"가 있는 집은 10호도 안 되었다. 그러기에 "산골짝의 다람쥐"도 도토리 "도시락"보다는 도토리 "점심" 가지고 "원족을 갔던" 것이다.

초등학교 5학년 때의 일이다. 하루는 담임선생님께서 식사지도 계획을 발표하셨다. "다음 주 월요일부터 당분간 우리 학급 70명 모두가 선생님과 함께 교실에서 점심을 먹을 겁니다. 한 사람도 빠짐없이 각자 도시락을 싸오세요." 평소에 선생님이 엄하시기도 하고 우리 모두가 선생님을 잘 따르고 있었던 터라, 누구하나 선생님의 말씀에 거역할 학생은 없었다. 그러나 현실적으로 "벤또"를 가지고 있는 가정이 거의 없었으니 "벤또"를 구하는 일이 걱정이었다. 그뿐만이 아니었다. 당시에는 먹는 것도 밥이면 밥 죽이면 죽 형편대로 아침을 먹고 등교하는 학생들이 많았다. 도시락에 죽粥을 싸올 수도 없는 노릇이었다.

나로서는 전주까지 올라가서 새 "벤또"를 구입한다는 것은 엄두도 못 내는 일이었다. 나는 동네에서 빌려보려고 100호가 넘는 집을 가가호호 일일이 방문하였다. 세상에 죽으라는 법은 없는 모양이다. 어렵사리 낡은 "벤또" 두 개를 빌릴 수 있었다. "너무 낡아서 못 쓴다"는 것을, "괜찮다"고 우기어 빌린 것이다. 하나는 양은洋銀 "벤또"였고, 다른 하나는 뿔ebonite "벤또"였다. 양은 "벤또"는 밑 가양이 삥 둘러가며 심하게 부식이 되어 구멍이 송송 나 있었다. 보기에도 거부감이 들었지만 도시락 구실이나 제대로 할 수 있을런지가 의심스러웠다. 뿔 "벤또"는 공교롭게도 찬그릇과 밥그릇이 맞닿는 부분이 함께 떨어져 나갔기 때문에, 도시락으로 사용하기가 곤란해 보였다. 그러나 어찌하랴? "벤또"의 형상만 남아 있어도, 그저 고맙고 감지덕지해야할 처지가 아닌가.

월요일 아침, 등교시간이 되었다. 어머니의 손으로부터 도시락을 받아 든 순간, 나는 마음이 뿌듯했다. 허리가 똑바로 펴지고 배가 불룩 나오며 두 어깨가 저절로 뒤로 젖혀졌다. 남들처럼 떳떳이 도시락을 내놓고 먹을 수 있었기 때문이다. 한 가지 더 이유가 있다면, 어머니가 반찬으로 청태靑苔 무침을 해주셔서 그랬는지도 모른다. 청태무침은 맛보다 냄새가 그만이다. 내 도시락에서 묻어나는 청태무침의 구수한 향기가 학생들의, 아니 선생님의 식욕을 돋우어준다면 얼마나 신나는 일인가? 나는 1교시가 끝나기도 전에 점심시간이 기다려졌나. 책상 밑으로 슬그머니 손을 넣이 도시락을 만져봤다. 따뜻한 훈김이 느껴졌다.

오전 수업 4교시가 다 끝나고, 기다리던 점심시간이 되었다. 담임선생님은 교탁위에 도시락을 풀어놓으시고 말씀하셨다. "우리는 식사 때마다 하나님께 감사하고 부모님께 감사해야 합니다. 내가 '즐거운 식사 시간입니다.' 라고 말하면, 여러분은 '감사히 먹겠습니다!' 라고 크게 제창하세요." 나는 조심스럽게 "벤또"의 뚜껑을 열어 가지런히 놓았다. 순간적으로, 묘안이 하나 떠올랐다. "맞아, 그렇지!" "벤또"를 뚜껑에 포개놓으면 밑바닥이 떨어져 나갈 염려가 없겠다 싶었다.

나는 조심스럽게 "벤또"의 양 옆에 두 손을 대고 살짝 들어 뚜껑으로 옮기려 했는데, 오, 주여! 맙소사. "벤또"의 밑바닥이 밥의 하중을 견디지 못하여 그만 밥과 더불어 책상위로 내려앉고 말았다. 찰기가 없는 꽁보리밥 때문이었을까? 두 손에는 밑 없는 "벤또"의 껍질만 남게 되었고, 청태무침 찬그릇도 엎질러졌다.

그와 거의 동시에 한 여학생이 소리를 쳤다. "어머!! 무슨 '벤또'가 저래? 낄낄낄" 내가 눈동자처럼 조심조심 다루었던 양은 도시락은 한 순간에 모든 학생들의 연민어린 눈총을 받고 말았다. 담임선생님은 입장이 난처하셨을 것이다. 선생님은 "즐거운 식사시간입니다." 라고 말씀을 못하시고, 그저 나지막한 음성으로 "식사시간입니다." 라고만 말씀하셨다. 실망어린 선생님의 눈빛이 지금도 두 눈에 선하다. "선생님은 나를 무척 사랑해주시는데, 나는 왜 이렇게 일만 저지르는 것일까?" 담임선생님께 참으로 죄송했다.

나는 그 다음 날 뿔 "벤또"에 점심을 싸가지고 간 것을 끝으로 식사지도에 참석을 안 했다. 뿔 "벤또"의 에보나잇 냄새가 나에게는 너무 역겨웠기 때문이다. 나는 점심시간이 되면 운동장 저편 한적한 곳으로 가서 혼자 책을 읽었다. 규격문화에서 일탈된 것이다. 그런데 하루는 강 아무개 급우가 나 있는 곳을 어떻게 알고 찾아왔다. 그는 무엇인가 종이에 싼 물건을 던져주고는 교실로 달아났다. 식사지도를 받으러 간 것이다. 뜯어보니 야구공만한 쌀 누룽지 뭉치였다. 그는 그 다음 날도 오고 계속해서 나에게 와서 점심 대용으로 누룽지를 주고 갔다. 나는 계속 받고만 있을 수 없어서, 더 이상은 절대로 받지 않겠다고 단호하게 말했다. 내가 받기를 거부하자, 그는 누룽지를 살포시 땅에 놓고 달아나 버렸다. 그의 성의가 고맙기도 했지만, 사실 나는 자존심이 무척 상했다. 갈등의 연속이었다.

그렇게 10여 일이 지났을 것이다. 드디어 그가 나타나지 않았다. 그 다음 날에도, 그 그다음 날에도 나타나지 않았다. 나는 참 잘 되었다 싶었다. 마음이 편했다. 그런데 이상했다. 마음 한 구석으로는 어딘지 모르게 그를 기다리고 있었으니, 이는 또 무슨 심사란 말인가? 나흘 만에야 그는 다시 나타났다. 그는 누룽지를 내밀었다. 어머니가 어디에 다녀오시는 바람에 못 왔었다며 미안해 했다. 그 소리를 들으니, 갑자기 그가 어른스러워 보였다. 그는 다른 곳에서는 어디에서도 누구에게도 누룽지 이야기는 일체 입 밖에도 꺼내지 않았다.

그는 상대를 세심하게 배려할 줄 알았던 것이다. 그런데, 나는 무엇인가? 생각과 말로는 누룽지를 안 받겠다고 해 놓고, 배가 고파오면 은근히 기다려지는 이 약한 심사가 바로 그 무서운 거지 근성이 아닌가? 나의 이중적인 자신이 선생님께서 그렇게 경계하시는 거지근성임에 틀림없다는 생각이 들었다. 나는 겁이 났다. 갑자기 두 눈 앞에 빨간 불길이 아른거렸다. 어렴풋이나마 속물주의 Philistinism를 배격하려는 어린 영혼의 각성이었으리라.

우리나라 속담에 "수염이 대자라도 먹어야 양반이다." 라는 말이 있다. 수염을 길게 늘어뜨린 사람은 아무래도 성인군자에 빗

댄 은유일 것이다. 성인도 군자도 배가 든든해야 양반의 행세를 할 수 있다는 말이다. 배에서 꼬르륵 소리가 나는데도 점잔을 빼며 양반 행세만 고집하다가는 양반은 고사하고 생명도 부지하기 어렵다. 생명체에서 최고의 선善은 개체의 보존이다.

창조주는 식욕을 인간의 제일 본능으로 규정하여 강권적으로 인간에게 개체보존을 명령하였다. 구약성경 창세기에 보면, 인간은 먹는 문제eating로 인하여 인류 최초의 죄를 짓고 낙원을 잃는다. 아담과 하와는 마귀satan의 유혹에 넘어가 선악과를 따 먹고 말았다. 사단이 창조주에 대적하기 위하여 인간의 식 본능을 전술적으로 이용하였던 것이다. 어디까지가 속물주의이며, 어디까지가 생존의 당위當爲인지 그 선을 긋기가 쉽지 않다.

≪말괄량이 길들이기≫*The Taming of the Shrew*라는 희곡이 있다. 베로나의 신사 페트루키오Petruchio는 퍼두아의 갑부 뱁티스터의 딸 캐서리나Katherina와 결혼한다. 캐서리나는 말괄량이로 악명이 높은 당찬 여성이다. 페트루키오는 결혼식이 끝나자마자 피로연을 거절하고 곧바로 자신의 별장으로 아내를 모셔간다. 별장은 말을 타고 두 시간을 달려야 할 거리에 있다. 신혼부부가 별장에 도착하였을 때, 신부 캐서리나는 배도 고프고 피곤도 하여 기진맥진이었다. 신랑은 신부를 깍듯이 대하며 하인들에게 음식을 빨리 가져오라고 호령한다. 하인들은 신부를 여왕이라도 모시는 듯이 정중하고 융숭하게 대한다.

첫 번째로 들어온 음식은 양고기 구이다. 은은한 마늘 향이 신부의 갑상선을 자극했다. 캐서리나는 눈이 번쩍 뜨이며 사르르 가벼운 현기증이 일었다. 미각의 최면이랄까, 식 본능의 발현이랄까? 신부가 나른한 행복에 빠져드는 순간 페트루키오의 입에서 청천벽력이 떨어졌다. "이 천하에 못된 놈들아!!! 이것을 음식이라고 가져 왔어? 주인마님을 이렇게 맞이해도 되는 거야? 이게 까맣게 타버린 숯이지, 이게 어디 음식이야?" 신랑은 음식 접시를 집어 던지며 다른 음식을 가져오라고 고래고래 소리를 지르고 난리를 친다. 그러나 신부에게는 최고도의 부드러운 말씨로 사과한다. "여보, 큰 소리를 쳐서 미안해요. 저 무식한 놈들은 악을 쓰고 야단을 쳐야 알아들어요. 나의 심정을 이해해 주셔야 해요."

페트루키오는 들어오는 음식마다 이리저리 트집을 잡아 퇴짜를 놓는다. 캐서리나는 우선 배가 고프고 하인들이 불쌍하고 미안도 해서, 하인들을 용서하고 그냥 식사를 하자고 운을 떼어본다. 그러나 신랑은 그럴수록 더욱 뚝심을 부리며 한다는 소리가, "우리 오늘 저녁에 차라리 금식을 합시다." 하는 말로 나온다. 너무 황당한 제의다. 신랑은 부드럽고 신사다운 태도를 끝까지 잃지 않지만, 말이 제의지 칼날 돋친 명령이었다. 캐서리나는 배가 고파 헛것이 보일 지경이었다. 그러나 상대방이 점잖게 나오는 데야 어떻게 하겠는가? 참고 견디는 수밖에 다른 도리가 없었다.

페트루키오는 잔인하리만치 캐서리나의 식욕을 억압하며, 그 반사작용에 의하여 그녀의 별나고 강퍅한 심성을 교정했다. 인간의 아킬레스건Achilles' tendon은 역시 식 본능이며 먹는 문제다. 페트루키오는 인간의 아킬레스건을 조종할 줄 아는 인간 조련사다. 캐서리나는 전혀 딴 인간이 되었다. 그녀는 자신의 모든 것을 다 포기했다. 돌출했던 자신을 질서 속에 귀의시킨 것이다. 페트루키오는 자신의 조련술을 만자萬者 앞에서 시험해 본다.

페트루키오. 글쎄, 달이라니까.
캐서리나. 네, 달이에요.
페트루키오. 아니야, 당신은 거짓말쟁이야. 저것은 밝은 태양이야.
캐서리나. 아, 그러시다면 저것은 분명히 태양이에요. 그러나 당신이 태양이 아니라고 말씀하신다면, 물론 태양이 아니지요. 달은 당신의 마음 따라 언제라도 변하니까요. 무엇이나 당신이 이름을 부르면, 다 그대로 되는 거예요. 물론 저도 당신을 따라 그렇게 부를 테고요.

페트루키오는 "밥"으로써 "말괄량이" 처녀를 길들였다. 뜻을 달성한 페트루키오로서는 너털웃음을 웃을지 모르지만, 인간의 고결한 이성과 철학 등 고귀한 가치의식은 어떻게 되는가? 인간이 배를 채우지 못하면, 그들도 물거품이 되는 것일까?

"목구멍이 포도청"이라 했다. 포도청은 오늘날의 사직 당국이다. 사직당국에서 소환을 하는 데야, 무슨 수로 불응하겠는가? 만물의 영장인들 먹지 않고 배겨낼 재간이 있는가? 어차피 인간은 영과 육의 이질적인 조합이 아니던가? 현대정치는 곧 경제정치라는 강변도 궁극적으로는 "목구멍이 포도청"이기 때문이다. 1960년대에 우리나라의 가장 강력한 국가적 욕구는 경제의 자립이었다. 절대빈곤과 전란으로 인하여, 우리는 인간의 존엄성마저 거부당했다. 시골에서는 초근목피로도 배를 채우지 못하여 학교가 문을 닫았고, 도시에서는 아사자와 동사자가 속출하였다. "목구멍"의 문제가 절체절명의 과제였던 것이다.

국운이 따로 없다. 국가의 욕구를 타결할 수 있는 지도자를 시의 적절하게 만나는 것이 바로 국운이다. 우리나라는 40년대에 이승만 대통령을 만나 국체國體의 방향을 확정했고, 60년대에 박정희 대통령을 만나 산업화를 실현했으며, 90년대에 김영삼 대통령을 만나 민주주의를 토착시켰다. 이 세 가지 성공들 가운데서도 산업화의 실현이야말로 국가의 대운 중에 대운이다. 산업화를 통한 국부는 국가 발전에 상대적 가치가 아니라 절대적 가치이기 때문이다.

나는 1950년대 후반에 군복무를 했다. 그 당시, 훈병들에게 가장 힘든 문제는 "밥"이었다. 질의 문제가 아니라 양의 문제였다. 부끄러운 일이었다. 건장한 청년들에게 미제 쪽 숟가락으로 두 세 숟갈밖에 안 되는 밥을 먹였으니, 어디 견뎌낼 도리가 있겠는가? 식사 시간에는 의례히 배식 사고가 발생했다. 소대원들은 침상에서 서로 마주보며 두 줄로 앉은 상태로 배식을 받는다. 식사 당번이 배식을 하면, 밥그릇은 소대원들이 옆으로 전달한다. 끝에 있는 사람부터 먼저 받고 차례를 채워오면 좋으련만, 꼭 앞자리부터 채워간다.

밥을 받은 사람들은 자기 것보다 많아 보이는 밥그릇이 나타나면 잽싸게 바꿔치운다. 경우에 따라서는 밥그릇이 송두리째 없어진다. 소대원들의 시선이 온통 새로 나오는 밥그릇에만 쏠려 있다 보니, 이미 지나간 밥그릇은 없어지든 말든 관심이 없다. 식사 당번은 모든 식수 인원에 배식을 완료했다고 하지만 밥을 받지 못한 사람이 나타난다. 으레 말석에 있는 사람이 굶을 수밖에 없었다.

충청도 서산에서 왔다는 훈병이 생각난다. 밥을 못 받으면 항의도 못 하고 비실비실 우는 모습이 너무 안타까웠다. 전에 한번 밥을 못 받았다고 항의를 했다가, 일이 이상하게 발전하여 훈병들 사이에 험한 욕설과 주먹이 오가고 야전삽이 난무하는 등 분위기가 험악했었다. 다행히 인명사고는 없었지만 단체 기합을 호되게 받았다. "한강 철교"에, "원산폭격"에, "토끼뜀"에 눈알이 핑핑 돌았다. 구대장은 "밥을 가지고 싸우는 치사한 놈들"이라고 우리 소대원들을 신랄하게 꾸짖었다. 배식사고가 발생해도 쉬쉬하고 지나가는 것이 상책이었다. 조달장교는 차질 없이 임무를 수행했어야 했다. 선한 훈병들을 억지 "말괄량이"로 만들어서야 되겠는가? 국가의 장정들을 속물로 전락시켜서는 절대로 안 된다. 천벌을 받는다.

서산 친구는 착하고 좋은 훈병이었다. 사회에서 무엇을 하다가 입대했는지는 모르지만 평소에도 밥 양이 모자라 힘들어했다. 그러니, 배식 사고가 나서 밥을 못 타먹게 되면 얼마나 실망이 클까? 나는 이틀에 한 봉지씩 배급되는 건빵과 담배를 그 친구에게 주었다. 나는 당시 위가 좋지 않아 건빵을 먹지 못했고, 담배는 피워 본 적이 없었기 때문이다. 거의 매일 저녁 취침 시간에 소등을 하고 나면 서산 친구는 침구 속에서 조용히 건빵을 먹는다. 건빵을 침으로 불려서 소리 없이 먹어야 한다. 구대장에게 들키면 영락없는 "토끼뜀"이다. 나는 서산 친구가 조심조심 건빵 먹는 소리를 들을 때면 마음이 흐뭇했었다. 내가 초등학교 때에 학우로부터 도시락 대용으로 받아먹었던 그 누룽지를 생각하면서 말이다.

엊그제 우리 동네의 한 일식 전문 음식점에서 "도시락"이란 메뉴를 식단표에서 읽었다. 메뉴에는 음식의 재료 등 음식의 내용이 밝혀지는 것이 일반적인 상식인데, "도시락"의 경우에는 내용은 없고 용기만 밝혀진 셈이어서 속빈 강정 같았다. 내가 초등학교 5학년 때 도시락의 내용은 아래로 빠져버리고 "벤또" 껍질만 두 손에 들고 있었던 그 망신스런 사건이 재현되었다. 개인의 취향이 존중되어야 하는 음식 문화에도 규격개념이 침투하는 것일까? "도시락" 메뉴를 읽고 있자니 우리나라의 평준화 교육이 연상되어 마음이 씁쓸했다.

"평준"이라는 말은 역사적으로 중국의 한무제漢武帝 때 시행되었던(BC.181~140) 균수평준법均輸平準法으로 소급된다. 균수평준법은 상홍양桑弘羊이 한무제의 명에 따라 각 지방마다 균수관을 두고 중앙에는 평준관을 두어, 국가가 가격이 저렴한 곳에서 과잉물자를 매집하여 물자부족으로 인하여 가격이 높은 지방에 매각함으로써 물가의 평균적 안정을 도모했던 경제 정책이다. 그러나 소제昭帝 때에 와서는 이 정책이 농본억상주의農本抑商主義에 근거한 것이라 하여 폐기되었다. 소제는 현량賢良과 문학文學의 주장을 받아들여 자유 경쟁에 입각한 시장 원리를 채택했던 것이다. "평준"은 수평水平의 기준基準으로, 절대적 평등을 지향한다. 경쟁은 어느 경우에도 일체 용납되지 않는 것이다.

우리나라의 교육 평준화에는 교육의 달성 목표가 없다. 평가 자체가 무의미하다. 수월성의 추구는 아예 절대 반란이다. 서울시 교육감 선거에 출마했던 어느 입후보자는 수강생이 100명이든 200명이든 모두 A학점을 준다고 하던데 그것이 우리나라 교육 평준화의 실상인 모양이다. 어느 대입 전형에 제출된 서류에는 230여 명 중에서 모두가 1등이고, 2명만이 2등으로 기재되었다고 하니 그런

평가가 무슨 쓸모가 있겠는가? 풀빵을 붕어 모형으로 찍어낸다고 해서 붕어의 육미와 무슨 관계가 있으며, 풀빵을 국화 모형으로 찍어낸다고 해서 국화의 향기와 무슨 연관이 있겠는가? "참교육"을 주장하는 사람들이 아무리 A폭격기로 A학점을 퍼부은들 풀빵이 찹쌀떡 되겠는가? 포장이야 어떻든 풀빵은 여전히 풀빵일 뿐이다. 국가의 교육이 "도시락" 메뉴로는 안 되는 것이다. 천부당만부당한 일이다.

올림픽의 영웅들을 보라. 그들의 경쟁은 치열하고 냉엄하다. 기록경기에서 0.1~0.2초를 다툰다. 은메달 수상은 자체로서 위대한 영광이지만 국가적 순위 경쟁에는 은메달 열 개, 아니 백 개가 모여도 금메달 한 개를 당하지 못한다. 엄연한 사실이다. 올림픽 영웅들은 그야말로 피나는 노력과 불굴의 정신이 있었기에 그 엄청난 경쟁을 극복할 수 있었다. 그들의 영광은 교육의 낙수落穗요, 수월성의 결정結晶이다. 교육에서는 "도시락" 메뉴처럼, 내용과 용기容器를 혼돈해서는 결코 안 된다. "꿀떡"을 만든다고 갖은 소란을 다 피워놓고, "꿀떡" 삼켜버리면 그런 낭패가 어디에 또 있겠는가?

마술사

마술을 좋아하는 사람들이 많다. 특히 어린이들에게는 절대적인 인기다. 마술은 "상식적인 판단으로는 불가능하다고 생각되는 기묘한 현상을 엮어내는 솜씨, 또는 그러한 예능"이기 때문이다. 내가 마술을 하나의 공연으로 처음 관람한 것은 아마도 초등학교 4학년 때가 아니면 5학년 때로 기억이 된다. 그 당시 우리와 같은 시골 학생들에게는 영화 관람 등 문화교육이 그리 용이하지 않았다. 상대적으로 접근이 용이한 마술 공연을 학교에서 초청하였을 것이다. 마술을 관람하고 나면 적어도 일주일동안은 마술로 화제의 꽃을 피운다.

검은 가운을 입은 마술사가 한 손을 공중으로 뻗쳐, 흡사 공기를 한 주먹 가득히 쥐어다가 앞에 놓인 작은 통에 담는 동작을 취하였다. 마술사는 손을 바꾸어가며 같은 동작을 두어 차례 계속하더니, 세 번째부터는 공중에서 하얀 손수건을 끌어왔다. 그는 오른 손과 왼 손을 바꾸어 가며 손수건을 끌어와 넉 장의 손수건을 만들었다. 그가 두 손으로 손수건들을 만지작거리고 있는데, 손수건 속에서 난데없이 한 마리의 하얀 비둘기가 나왔다. 너무나 놀랍고 어안이 벙벙했다. 탄성이 쏟아져 나왔다. 마술사는 의기양양하여 비둘기를 공중으로 날렸다. 비둘기는 잠깐 공중을 날더니 공연팀이 가져온 한 공연기구 위에 살포시 앉았다. 우레 같은 박수소리에 놀랐던지 비둘기는 다시 공중을 날다가 자리를 바꾸어 앉았다.

마술사는 비둘기 장면 다음으로, 돈을 만들어 냈다. 예비 동작은 비둘기의 장면과 같았는데 비둘기 대신에 이번에는 백환짜리 지폐 한 장이 나왔다. 앞자리에 앉은 아이들이 외쳤다. "돈이다. 백환짜리 지폐다!!" 마술사는 이번에도 의기양양하여 지폐를 높이 쳐들어 앞면과 뒷면을 보여주고는 잠시 자리를 떴다.

다시 돌아온 마술사는 눈을 두리번거리며 다그쳤다. "여기 돈 어디 갔어! 내 돈 누가 가져갔어!!" 그는 관중 앞으로 다가와서 관중을 살펴보더니 한 학생을 가리키며 일어나보라고 했다. 잠시 훑어보고 나서 그 학생은 앉히고 그 옆의 학생을 일어나라 했다. 두 번째 학생이 일어서자 다시 그 학생을 앉히고 그 옆의 학생을 일어나라 했다. 아뿔싸! 세 번째의 학생은 바로 나였다. 나는 괜히 얼굴이 화끈거렸다.

마술사는 나를 보고 무대로 올라오라고 했다. 그는 다짜고짜로 손을 내밀며 어서 내놓으라고 야단을 쳤다. 내가 무엇을 내놓느냐고 항의하자, 그는 고함쳤다. "호주머니에 있는 것, 어서 내놓으라고!!" 나는 기가 찼지만 호주머니 속에 손을 넣어봤다. 이게 어떻게 된 노릇일까? "그 돈"이 나의 조끼 호주머니에 들어있지 않은가? 나는 지금도 궁금하다. 그 돈이 어떻게 나의 호주머니 속에 들어 왔을까? 굳이 알려면 알아낼 방법이 있겠지. 수강료를 내고라도 알려면 알 수 있는 일이겠지. 그러나 그 아름다운 환상을 일부러 깰 필요가 있을까? 비싼 수강료를 내면서까지 말이다. 나는 그때의 환상을 지금도 소중히 간직하고 있다.

셰익스피어William Shakespeare는 많은 비평가들로부터 언어의 마술사라는 평을 들어온다. 세상이 깜짝깜짝 놀랄 작품들을 수없이 써냈기 때문이다. 사실 그의 표현에는 짧은 대사 하나에도 마술사의 혼이 담겨 있다. "사느냐 죽느냐, 그 것이 문제로다(햄릿)." 라든가 "꺼라, 꺼라, 촛불을 꺼라! 인생은 걸어가는 그림자, 무대에 올라가 잠시 떠들다가 배역이 끝나자마자 잠적해버리는 배우인 것을(맥베드)." 이 같은 대사는 그 자체가 미학이며 철학이다. 셰익스피어에게는 이처럼 타인이 부여한 마술사의 칭호도 있고, 스스로 자신을 규정한 마술사의 정체성도 있다. 후자는 물론 종교적 신념에서 표출된 것이다.

셰익스피어는 독실한 기독교 신자였다. 영국 중서부 지방에 스트랏포드Stratford라는 조용한 도시가 있다. 이 도시를 가로질러 맑고 깨끗한 아본Avon 강이 흐른다. 아름답고 평화로운 강이다. 아름드리 나무들로 숲을 이룬 강변에는 아담한 교회가 서 있다. 성 삼위일체 교회The Collegiate Church of Holy Trinity라 부른다. 셰익스피어는 이 교회에서 1564년 4월 26일에 세례를 받았다. 그가 1616년 4월 23일에 소천한 후 그의 유해는 이 교회 건물 내부에 손수 지은 비문과 함께 안장되었다. 벌써 430여년이 흘렀다. 지금도 원하면 누구나 그의 무덤과 비문을 볼 수 있다. 강단 뒤켠, 교회 앞부분에 안치되어 있다.

셰익스피어는 교적敎籍상으로 남다른 기록을 가지고 있지만, 기독교 신자로서 그의 위대성은 그가 그의 모든 작품들 구석구석에 구현한 기독교 사상과 기독교적 가치관에 드러난다. 그는 문학과 연극의 작품을 통하여 기독교를 실생활에 실천하고 있는 것이다. 성서와 신앙 속에 갇혀있는 폐쇄적인 기독교는 생명력이 없다. "행함이 없는 믿음은 이미 죽은 믿음"이기 때문이다.

셰익스피어는 한 때 신구간의 종파분쟁에 휘말리어 시험에 빠질 뻔했었다. 스트랏포드의 시장과 시의회 의장직을 동시에 맡고 있던 아버지 존John Shakespeare이 갑자기 파직 당했고, 사업에도 안팎으로 엄청난 압박이 가해졌기 때문이다. 존이 구교와 내통한다는 근거 없는 고발로 인하여 셰익스피어가家는 삽시간에 사업은 물론 생계도 어려울 지경에 놓여 있었다. 굳건한 믿음이 아니었더라면 고난의 생활을 견디어 낼 수가 없었을 것이다.

셰익스피어는 열두 살 되던 해에 그 환난을 당했다. 그가 다니던 왕립 문법학교King Edward the Sixth's Grammar School의 졸업을 1년 남겨두고 일어난 사건이었다. 셰익스피어가 문법학교를 졸업하지 못했다는 풍문이 나돌았었다고 하나, 보존된 기록에 의하면 그가 문법학교를 졸업한 사실은 명백하다. 셰익스피어는 아버지 친구들의 도움으로 간신히 문법학교를 졸업할 수 있었던 것이다. 그는 열세 살 때 문법학교를 졸업하고 아버지와 함께 가축 도살장에서 일했다고 한다. 화려한 관직을 박탈당한 불운의 아버지와, 시학 윤리학 논리학 수사학 등 귀족 교육을 마친 아들이 도살장에서 함께 일하는 처지가 얼마나 처량했을까? 어린 셰익스피어는 이 모든 변고를 오직 신의 뜻으로 받아들였다.

그는 희곡 40편, 소넷 154수, 장시 3편, 단시 10여 수 등 많은 작품을 썼다. 그러나 대별해서 비극과 희극으로 구분할 수 있다. 셰익스피어 비극의 일반적인 주제는 정의justice다. 그리고 비극의 결말은 죽음이다. 인간은 오만해지면 신의 질서를 파괴한다. 신은 그때마다 죽음으로 응징한다. **구약성경** 창세기에서 사단은 하와Eve를 유혹할 때에 그 분위기를 대충 이렇게 몰고 간다. "선악과를 따 먹으면 죽는다고? 천만에. 선악과를 먹으면, 너도 하나님과 같이 되기 때문에 못 먹게 하는 거야! 이 천하의 바보 같으니!!" 하와는 하나님과 동급이 된다는 말에 그만 가슴이 덜컹 부풀었다. 오만이 그녀의 영혼을 엄습한 것이다.

하와는 전에 같았으면 겁이 나서 감히 선악과를 제대로 쳐다보지도 못했는데, 오만이 생기자 두 눈을 크게 뜨고 선악과를 똑똑히 바라볼 수 있었다. 오만의 눈에 비친 선악과는 탐스럽고 맛이 있어 보였다. 하와는 거침없이 선악과 하나를 뚝 따서 아담에게 주고 자신도 먹었다. 그 죄 값으로, 인간은 영영 죽을 수밖에 없는 죄인으로 전락한다. 창세기에 나타난 "오만－죄악－사망"으로 이어지는 필연적인 구도가 셰익스피어 비극의 요제가 된다. 다분히 성서적이다. 햄릿은 유령의 호소에 이끌리어 복수를 결심한다. 그러나 그가 결심한 복수는 국왕을 시역하는 역모이며, 왕권신수王權神授의 질서를 파괴하는 오만인 것이다. 햄릿 왕자의 죽음은 도덕적 질서의 필연적인 결말이라 할 수 있다.

정의는 다른 말로 형평이다. 서양에서는 대체로 법원 청사의 건물 전면에 저울과 날카로운 칼을 양각한다. 저울은 물론 앉은뱅이저울scale이다. 천평칭天平秤이라고도 부른다. 앉은뱅이저울은 양쪽에 올려놓은 물건들이 "하나님이 인정할 정도로 완전한 형평"을 이룰 때까지 한 치의 오차도 인정하지 않기 때문이다. 날카로운 칼로 무거운 쪽에서 정확히 떼어 내어 가벼운 쪽에 올려놓아야 천평을 이룬다. 칼이 둔탁하거나 칼을 사용하는 손길이 치밀하지 못하면 완전한 형평이 이루어질 수 없다. 정의는 이처럼 정확성과 형평성을 내포한 개념이기 때문에, 인간이 추구하는 가장 중요한 덕목의 하나다. 셰익스피어는 정의를 통하여, 좀 더 구체적으로 말해서 비극을 통하여 그의 인간학을 정리하고자 하였을 것이다.

그런데 한 가지 간과할 수 없는 의문이 제기된다. 저울은 인간이 다루어야 하는데 인간은 너 나 할 것 없이 죄인이 아닌가? "의인은 없나니 하나도 없느니라." 죄인이 어떻게 다른 죄인을 저울질하고 정죄할 수 있다는 말인가? 저울을 속이는 일이 어디 푸줏간에서만 일어나는 일상인가? 셰익스피어는 비극만으로는 그의 인간학을 정리할 수 없다고 생각했을 것이다. 그는 다른 가능성을 모색할 수밖에 없었다.

그는 희극을 시도했다. 셰익스피어 희극의 일반적인 주제는 사랑이다. 그리고 희극의 결말은 화해다. 같은 과오라 할지라도 사랑의 눈으로 보면 달리 보인다. 정의의 눈으로 보면 대들보처럼 커 보이던 상대방의 과오가, 사랑의 눈으로 보면 티끌처럼 작아 보인다. 정의의 눈으로 보면 티끌만한 과오도 또렷하게 드러나 보이지만, 사랑의 눈으로 보면 과오는 고사하고 그 흔적조차 보이지 않는다. 희랍 신화에 나오는 사랑의 신 큐피드Cupid는 맹목盲目이다. 눈이 먼 것이다. 웬만한 과오는 눈감아 주라는 암시다. 아내가 사랑스러우면 처가 쪽에 있는 말뚝을 보고도 절을 한다하지 않던가?

우리는 여기저기에서 사랑한다는 말들을 많이 듣는다. 교회의 설교에서도 듣고, 대표 기도에서도 듣고, 구역의 예배에서도 듣는다. 큐피드는 "사랑한다."는 말을 들을 때마다 귀를 쫑긋하고 달려가 속삭일 것이다. 이쪽에서 들려오면 이쪽으로 달려오고, 저쪽에서 들려오면 저쪽으로 달려가서 호소할 것이다. "사랑한다며? 그러면 말로만 그러지 말고, 눈감아줘!"

마음이 온유하면 상대방을 이해하게 된다. "나도 그런 과오를 수없이 저질렀는데 뭐. 내가 그런 실수를 어디 한두 번 저질렀니? 니야말로 그 사람의 입장을 이해해 주어야해. 나도 전과자니까." 사랑하면 낮은 자리에 서게 되고, 낮은 자리에 서면 상대방을 이해하는 것이다understanding. 이해하면 용서하게 되고, 용서하면 화해하게 된다. 이것이 사랑의 순기능적 메커니즘이다.

셰익스피어는 정의와 사랑을 유기적有機的으로 결합하여 화해를 생성한다. 정반합正反合의 생성적 논리다. 정의는 선과 악을 구별하여 철저한 죄형罪刑의 형평을 주장하는 반면에, 사랑은 가능한 대로 눈을 감아주어 형평을 따지지 말자는 주장이다. 전자와 후자의 관계는 팽팽한 정반의 상충적 관계다. 피차가 양보할 수 없는 논리적 질곡에서, 이해와 용서라는 또 다른 가치가 촉매로 작용하여 모순적 긴장을 지양하고 화해를 생성하는 것이다.

정반합의 논리는 기독교에서 매우 중요한 사유思惟의 모형이다. 예수 그리스도는 인간을 구원하기 위하여 생명으로 세상에 오지만, 세상은 그를 십자가상의 사망으로 몰아붙인다. 그러나 기독교의 역사役事는 결코 거기서 멈추지 않는다. 부활을 통하여 보다 높은 차원의 생명 곧 영생을 가져온다. 정반합의 생성작용이 가져온 결과다. 철학하는 사람들이 사용하는 표현을 빌리자면, 변증법적 패러다임dialectical paradigm인 것이다.

인간 사회에는 절대 선도 없고, 절대 악도 없다. 하나님만이 절대 선이요, 사단만이 절대 악이다. 인간 사회에서는 상대적인 선과 상대적인 악이 공존하면서 "합동하여 선을 이루는" 것이다. "합동"은 물리적인 혼합이 아니라 화학적인 화합和合을 의미한다. "합동"에는 사랑이 필요하고, 희생이 필요하며, 철학이 필요하다. 셰익스피어의 문학 세계가 그렇다.

사마귀grasshopper는 교미를 하고나면 암놈은 즉석에서 수놈을 잡아먹는다. 새끼(알)에게 돌아갈 영양분을 비축하고, 종種의 체질을 전승하기 위해서다. 살을 섞은 지아비를 잡아먹는다는 것이 얼마나 잔인하고 처절한 일인가? 그러나 사마귀들에 있어 최고의 선은 종의 번식이다. 그 절대적인 소명 앞에서는 자신을 희생하고 죽음을 순순히 받아들여야 한다. 수놈은 아무런 저항 없이 암놈에게 제 몸을 내어맡긴다. 그 고통을 상상해 보라. "합동"은 아픔과 눈물과 비장한 죽음의 철학으로 생성된다werden. 셰익스피어 인간학의 기본 정신이 바로 그 같은 "합동"인 것이다.

셰익스피어는 1611년에 사실상 그의 마지막 작품이라고 볼 수 있는 로망스 ≪태풍≫*The Tempest*을 썼다. 제목이 암시하듯이 이 작품은 탐욕과 질투, 증오와 살육으로 점철되는 인생의 "태풍"이 휘몰아친 갈등과 혼란의 세계다. 아우가 형의 왕위를 찬탈하여 형을 어린 딸과 함께 무인도로 추방하는가 하면, 형인 왕에게 겉으로는 충성을 다하며 왕을 수종하면서도 내심으로는 왕을 죽이려고 호시탐탐 기회만을 노린다.

≪태풍≫은 당시의 서구 세계를 반영한 것이다. 강대국이 식민지를 탄압하여 그 주민을 흉물스런 동물로 취급하는가 하면, 인디안 원주민을 데려다가 상품화하는 등 잔혹한 일들이 태풍처럼 요동치고 넝마처럼 꼬여간다. 자연과 인간도 옛 모습을 상실하고 적대관계로 악화되어 첨예하게 대립한다. 인간은 자연을 학대하고, 자연은 보복의 기회만을 기다린다. "태풍"은 시간이 거듭될수록 괴력을 발휘하여 세상을 파괴하며 인간을 능멸한다.

주인공 프로스페로Prospero는 마술사로 등장한다. 그는 하얀 가운을 입은 하얀 마술의 마법사다. 하얀 마술은 검은 마술의 부정적인 이미지와 차별화된 긍정적인 마술을 의미한다. 그는 평생 동안 닦아온 그의 하얀 마술을 펴서 "태풍"을 잠재우고 침몰 직전에 놓인 항해선을 구출한다.

프로스페로는 서로 대적하는 생명들을 한 곳에 모아 화해의 축제를 베푼다. 비단 사람들뿐만 아니라 자연의 요정과 신들, 농작물의 신들까지도 모두 한데 어우러져 자연과 인간과 신의 세계가 하나 되는 멋진 화해의 축제다. 프로스페로는 축제를 마친 후, 마술사의 가운을 벗어 던지고 마술지팡이를 꺾어 사람의 손이 닿지 않는 심연에 묻어버린다. 주인공 프로스페로는 바로 셰익스피어 자신이다. ≪태풍≫은 자서전적 작품이다. 셰익스피어는 이 작품을 통하여 작가인 동시에 신앙인으로서 자신의 인생을 정리하고 있는 것이다.

셰익스피어가 감동과 감탄의 작품들을 연이어 쏟아내자, 그의 주변에서도 "태풍"이 요란했다. 당시 케임브리지와 옥스퍼드 대학 출신의 학자들이 각기 앞을 다투어 한 마디씩 논평을 쏟아냈다. 어떤 이는 그의 작품은 한 시대의 작품이 아니라 영원불멸의 작품이라고 했고, 어떤 이는 그는 사람이 아니라 자연의 아들The Child of Nature라고도 했다. 말이 "자연의 아들"이지 신이라는 뜻이다. 정작 셰익스피어 자신은 당혹스럽고 기가 막혔다.

그의 시각에서 보면 하나님이 자기에게 영감과 능력을 주었고 자기는 대필代筆만 하였기 때문에, 모든 작품은 하나님의 것이며 자신은 복사 이외에는 한 일이 전혀 없었다. 작품과 관련한 자신의 정체성은 사람들의 눈과 귀를 속이는 마술사에 불과 했던 것이다. 셰익스피어에게는 사람들이 자기를 "태풍"의 중심에 놓고 야단법석을 떠는 것은 한갓 무의미한 소란일 뿐이었다.

크든 작든, 모든 영광은 오직 하나님에게만 돌려야 한다. 하나님만이 만물의 창조주이기 때문이다. **구약성경** 전도서의 저자 솔로몬 왕이 설파한 것처럼, 창조주로 말미암지 않은 것은 그 어느 것이나 "헛되고 헛되며, 헛되고 헛되니 모두가 헛된 것"이다. 셰익스피어는 프로스페로의 대역을 통하여 자신의 마술복과 마술지팡이를 완전히 제거함으로써 자신의 신앙을 고백하고 있는 것이다.

셰익스피어는 ≪태풍≫을 쓴 뒤 고향으로 돌아가 5년 후에 세상을 떴다. 그는 런던London에서 찾아온 2-3명의 절친한 친구들과 모처럼의 즐거운 시간을 보내고 병석에 누웠다. 그는 병석에 누운 지 사흘만에 운명하였다. 그의 병명은 가벼운 열병light fever이었다. 사실 셰익스피어의 사위 홀John Hall은 케임브리지 대학에서 의학을 전공한 의사였다. 비타민 C를 최초로 병 치료에 사용한, 당시로서는 탁월한 명의였다. 그는 "가벼운 열병"을 치유할만한 실력을 충분히 갖추고도 남았다. 그러나 사람이 죽는데 어디 병이 깊어서 죽는가? 하나님이 부르시면, 언제라도 가는 것이 인생이다.

셰익스피어는 52세가 되던 해에 하나님의 부름을 받고 주저없이 달려갔다. "달려갈 길을 다 달려갔다"고 말한 사도 바울의 심경으로 단숨에 그 길을 달려갔을 것이다. 요즘에는 이상스럽게도, "죽음 기도를" 해야 한다느니 "죽음 축복"을 받아야 한다느니 하는 말들을 자주 듣게 된다. 전에도 비슷한 말이 어찌 없었겠는가? 내가 무심히 흘려보냈겠지. 같은 말이 새삼스럽게 귀에 크게 들리는 것을 보니, 나도 이제 나이가 어지간히 들었나보다. 끝은 새로운 시작을 여는 마술사이어라.

새 포도주와 새 부대

2008년 **베이징 올림픽** 경기의 야구 결승전은 한 편의 감동적인 드라마였다. 두 점짜리 홈런으로 선제공격을 가한 한국은 두 방의 쏠로 홈런으로 추격해 온 쿠바와 2 : 2의 동점을 이루었다. 한국은 뒤질세라 적시타로 한 점을 추가하여 팀 스코어 3 : 2로 9회 말의 수비에 들어갔다. 9회 말 경기의 흐름은 단연코 쿠바의 상승세였다. 일사 만루로 황금 같은 득점 기회였다. 홈런 한 방이면 3점차의 대승을 구가할 수 있고, 안타 하나면 1점차의 고소하고 짜릿한 승리를 맛볼 수 있다. 이도저도 여의치 않을 경우, 진루타 하나만으로도 동점을 이루어 연장전에 돌입할 수 있다. 한국은 공격의 기회가 없다. 오직 수비에 매달릴 수밖에 없다. 행운의 여신이 어떤 쌍두마차를 타고 나타날 것인가가 관중의 궁금증을 촉발했다.

드라마에서는 갈등 관계에 있는 두 세력이 상승과 하강을 반복하며 접전을 고조시킨다. 최고조에 달한 접전을 클라이맥스climax라 부른다. 클라이맥스는 대체로 드라마의 중앙에 나타나기 마련이지만 종말에 나타나는 경우도 적지 않다. 클라이맥스가 결말 부분에 나타나면, 고조된 분위기에 결말의 감동이 추가되어 정서적 효과가 배로 증가한다. 2008년 올림픽 야구의 결승전, 9회 말 경기의 흐름이 그러했다. 경기는 쿠바의 대역전극 흐름이었고, 9회 말 수비였으므로 한국의 재역전 희망은 제로 상태였다. 그러나 뉘 예상했으랴? 한국의 수비는 유격수-2루수-1루수로 이어지는 병살을 일구어 냈다. 사실상의 재역전이었다. 누구도 예측할 수 없는 상황에서, 대한민국이 결승전을 승리로 장식했던 것이다.

드라마의 역전은 불굴의 정신을 강조하는 주제 전달의 한 구성plot이지만, 결과에 대한 예단이 어렵고 사태 파악이 지연되어 관객의 흥미를 최대한으로 연장시킨다. 문학에서 흔히 거론되고 있는 "앞세우기"나 "낯설게 하기" 등은 러시아 형식주의 이론가들이 즐겨 지적하는 바 예측을 견제하는 수법들이다. 예단을 어렵게 함으로써 흥미를 최대한으로 지속시키고, 예상을 뒤엎음으로써 감동을 극대화하려는 수법인 것이다.

며칠 전에(2008. 08. 29), 이탈리아 태생의 미국 극작가 프래티Mario Fratti 교수가 서울 문화재단에서 "연극과 뮤지컬 창작을 위한 극작"이라는 제목으로 강연을 했다. 그는 이 발표에서 연극에는 관객이 예측할 수 없는 "깜짝 놀랄 사건a big surprise"이 있어야 한다고 강변하였다. 지난번 올림픽 야구경기 결승전 9회 말이 바로 그 같은 상황이었다. 한국 야구는 예측 불허의 드라마를 연출한 것이다.

한국 야구가 쾌거를 이루게 된 것은 뭐니 뭐니 해도, 선수의 세대교체를 과감하게 단행했기 때문이라 한다. 감독은 20세 전후의 젊은 선수들을 대거 기용하여 팀 분위기를 일신하였다. 참으로 용기 있는 처단이다. 성경에 보면 "새 헝겊"으로 "헌 옷"을 깁지 말라 했다. 새 헝겊을 낡은 옷에 붙이면, 빛도 없이 헌 옷의 올만 끌어당겨 조직을 망가뜨리기 때문이다. 김경문 감독은 젊은 세대를 땜질용으로 이용하는 것이 아니라, 젊은 기백과 철학을 통하여 팀 자체를 바꾸어 놓았다. "새 포도주"는 "새 부대"에 담아야 하기 때문이다.

고대 이스라엘의 민족지도자 모세는 가슴 아픈 회한을 남기고 세상을 떠났다. 그는 애굽에서 노예 생활을 하고 있던 동족을 도우며 40년간의 은둔 생활을 하였고, 60만 명이 넘는 성인 남자와 그 배수에 달하는 부녀자를 이끌고 애굽을 탈출하여 가나안 땅으로 인도하는 40년간의 대 역정을 마쳤다. 모세는 광야를 방황하던 40년 동안에 외적들과 수많은 전쟁을 치러야 했고, 그 많은 인구에게 식량과 식수를 조달해야 했으며, 갖가지의 의료 활동을 감당해야 했다. 지도자는 힘들고 고독한 것이다.

그런가 하면 불평분자들의 내란을 겪어야 했고, 탐욕자로부터 반역을 통한 정치 지도력의 도전을 받기도 하였다. 그도 인간인지라 구스여자를 취하는 등 인간적인 허물을 저질렀고, 여호와의 계시를 왜곡하는 신앙적 과오를 범하기도 하였다. 모세는 동족을 구출하기 위하여 혼신의 노력을 다하였지만, 약속받은 가나안 땅에 입성하기 바로 전날 밤에 죽고 말았다. 정작 모세 자신은 가나안 땅에 들어가지 못한 것이다. 예상 밖의 놀라운 사건이었다.

모세는 여호와의 계시에 따라 느보산에 올라, “내일이면” 입성할 가나안 땅 구석구석을 굽어보았다. 뜨거운 눈물이 솟구치며 시야를 가렸다. 80년 동안 이스라엘 백성을 위하여 호흡했던 숨결 숨결 하나하나가 광풍처럼 거세게 휘몰아쳤다. 애굽사람이 동족에게 행패부리는 것을 보고 울분을 참지 못하여 애굽사람을 죽여 암매장했던 일, 같은 이스라엘 민족끼리 싸우는 것을 중재하다가 그 중 한 명이 전에 있었던 암매장 사건을 고발하는 바람에 오지로 은둔했던 일 등 크고 작은 애환들이 주마등처럼 뇌리를 스치며 지나갔다. 모세가 여호와로부터 “너는 가나안에 들어가지 못하고 그 전날 밤에 죽는다.”는 계시를 받았을 때 얼마나 황망하고 낙담이 컸을까? 그는 날이 저물도록 차마 그대로 느보산을 내려올 수가 없었다.

구약성서 “신명기” 기자는 모세가 백성을 위하여 생활용수를 구할 때에 여호와의 이름으로 “바위에 명령하지” 않고 자신이 지팡이로 “바위를 내려친” 것을 구체적인 예로 들어 인책론을 제기하지만, 개괄적인 안목으로 보면 모세의 실각은 “새 포도주는 새 부대에” 논리에 귀결된다. 지도자는 흠결이 없어야 한다. 지도자는 위엄charisma과 신뢰가 절대적인 요건이기 때문이다. 지도자가 카리스마와 신뢰를 잃으면, 통치력에 누수가 생기고 권력 체계가 오리duck의 걸음처럼 기우뚱거린다. 사소한 의혹만 보여도 침소봉대하여 괴담이 돌고 잠재해 있던 반정부 세력들이 규합하여 준동하기 마련이다.

모세는 지도자 생활 80년의 우여곡절 속에서 드러날 것은 다 드러났다. 반감도 나올 수 있고, 원성도 나올 수 있다. 세상의 풍진을 온몸에 뒤집어 쓸 수밖에 없다. 이스라엘 백성들은 참신한 지도자를 원했을 것이다. 여호수아가 샛별처럼 떠올라 이스라엘 민족의 가나안 역사를 새로 열게 된 것이다. "새 포도주는 새 부대에"의 질서다. 모세의 인간적인 회한은 질서의 톱니바퀴에 묻혀 보다 큰 질서 속으로 소리 없이 사라져 갔을 뿐이다.

우리나라의 대선후보 경선은 좀 더 현명하게 치러져야 한다. 경쟁자들이 사생결단으로 상대방을 비방하고 헐뜯으면, 그 부작용이 자신들에게 돌아온다는 사실을 왜 모를까? 아무리 경쟁이 치열하다 해도 대선 후보를 겨냥하는 인물쯤 되었으면, 지켜야할 한계를 정하여 어떤 경우에도 그 비선을 파괴해서는 안 된다. 근거 없는 "의혹"과 떠도는 "설"을 가지고 사실인양 포장하고 변조하여 상대방을 매장하려는 행위는 더 이상 없어야 한다. 비겁한 발상과 무책임한 행위는 사라져야 한다.

그것은 후보 당사자들만의 일이 아니라, 소속 정당을 해치는 행위요 반국가적인 행위다. 국민의 이름으로 응징해야 마땅하다. 당원들끼리 상대방의 이미지image를 구길 대로 구겨 놓고 당이 온전하기를 바라는가? 천만에 말씀이다. 천재일우로 집권을 한다 해도 고독한 정부, 오합지졸의 여당 신세를 면하지 못 한다. 그런 정권은 술독에서 걸러내기도 전에 이미 "묵은 포도주"가 되어 "낡은 부대" 여기저기에 누수 현상이 나타나기 일쑤다. 아쉽게도 그 점에 있어 우리나라 법망法網이 너무 성글다.

이명박 정부를 보라. 이명박 대통령은 우리나라 대선 사상 역대 최다 득표로 당선된 위세 당당한 대한민국 대통령이 아닌가? 그런데도 정권 출범 3개월이 채 못 되어 곳곳에서 정권의 누수 현상이 일더니, 급기야 광우병인가 무언가하는 촛불시위가 폭발하여 나라 안팎으로 씻기 어려운 망신을 자초하였다. 이명박 대통령은 후보 경선 때부터 국민을 몹시 시달리게 했다. 듣기에도 알쏭달쏭한 BBK 의혹으로부터 고구마 줄기처럼 잡아당기기만 하면 줄줄이 달려나오는 숱한 의혹들을 바라보며 국민은 참으로 혼란스럽고 답답하고 피곤했다.

과연 어디까지가 진실이며, 어디까지가 낭설인가? 실망과 안도가 교차하는 순간순간의 연속이었다. 이를 어쩌랴? 너무 많은 유권자들이 이념 갈등의 커다란 대선 구도 속에서 대안을 찾지 못하고 울며 겨자 먹기 식으로 부득이한 선택을 취할 수밖에 없었으니! 지도자로서 카리스마를 굳히고 신뢰를 구축하기에는 너무나 험난하고 기이한 후보 경선 과정이었다. 무리가 있으면, 그 후유증이 어떤 모양으로든지 나타나기 마련이다.

고려 말기에는 나라는 망했어도 왕조는 외롭지 않았다. 선죽교에 선혈을 뿌린 정몽주뿐만 아니라, 이성계에 의하여 생화장을 당한 두문동 72인 같은 고려수절신高麗守節臣들이 많았기 때문이다. 이성계는 근세조선을 건국하고 유능한 관료들과 학자들로 하여금 새 조정에 협조할 것을 요청하고 종용하였으나, 신규申珪 서중보徐仲輔 등 72인은 두문동에 들어가 은둔하며 일체의 부역을 거부하였다. 이성계는 그들의 처소에 불을 질러 72명 전원을 생화장시켰다. 두문동은 경기도 개풍군 광덕면 광덕산 서쪽 기슭에 있는 촌락이다. 정조는 그들의 충절을 기리어 왕명으로 표절사表節祠를 짓게 하고 그들을 배향하였다.

고려수절신들은 "충신은 두 임금을 섬기지 않는다(忠臣不事

二君).”는 공맹사상孔孟思想을 신봉하는 열사들이지만, 다른 시각에서도 그들의 충정을 평가할 수 있다. “새 포도주”는 “새 부대”에 담아야 한다는 시각 말이다. 이명박 대통령이 취임한 후 얼마동안은 참으로 낯 뜨거운 일들이 속출했었다. 대통령이 바뀌면 장관들은 물론 주요 기관장들이 사표를 제출하는 것이 상식이자 순리가 아니겠는가? 새 대통령이 자신의 통치 철학을 실현할 수 있도록 운신의 폭을 넓혀주는 것이 양식 있는 공직자의 윤리이며 처신인 것이다.

그런데도 공영 방송사 (전)사장 등 몇몇 기관장들은 온갖 궤변을 다 늘어놓으며 자리 지키기에 혈안이었다. 인정도 없고, 사정도 없고, 염치도 없어 보였다. 대통령에게 임명권은 있어도 면직권은 없다며 고소할 뜻도 비쳤다. 정말 사리를 몰라서들 그러는가? 과연 누구를 위하여 종은 이처럼 요란하게 울리는가? 임기를 2-3개월 남기고 단서 조항 하나 없이 임명권을 휘두른 전직 대통령이나, 새로운 임명권자가 나타났는데도 자리를 뭉개고 앉아 있는 기관장이나 죽이 그렇게 잘 맞을 수가 없다. “새 포도주”는 “새 부대에” 담으라 했다. 질서를 거역하면 파멸밖에 없다.

나는 미시령彌矢嶺을 좋아한다. 미시령은 강원도 인제군 북면과 양양군 토성면의 경계에 있는 해발 808m의 고지다. 조선조 성종 12년(1481)에 노사신盧思愼 등이 편찬한 **동국여지승람**東國與地勝覽에는 미시파령彌時坡嶺으로 나와 있다. 지명으로 볼 때, 국가의 은밀한 궁술도장이 있었던 곳인지도 모른다. 미시령으로 가는 길 연변에는 백담사, 십이옥녀탕十二玉女湯, 도적소가 있고, 미시령 너머 영동에는 신선바위, 화암사禾巖寺, 울산바위가 있다. 미시령은 영동 영서를 가르는 분수령이자 명승지의 거점이다. 그러나 내가 미시령을 좋아하는 것은, 새봄이 될 적마다 새롭게 단장한 봄 색깔 때문이다.

미시령의 봄 색깔은 아무래도 연두색軟豆色 신록이다. 봄철이면 억 만개를 헤아리는 생명의 씨눈들이 동토의 각질을 뚫고나와 연두색 신록을 울컥울컥 뿜어낸다. 가을의 조락凋落과 겨울의 형극荊棘을 증오하면 무엇하랴? 그들이 거기에 있어, 그들을 극복할 수 있었기에 재생rebirth의 환희를 노래할 수 있는 것을! 미시령의 정상에 올라 푸른 동해를 등지고 십이 옥녀탕 계곡을 바라보라. 좌우 산자락에서 쏟아지는 신록의 폭포수가 “아든Arden 숲”을 연상시킨다. 아든 숲은 전원田園의 대명사다.

전원에 오면 누구나 마음이 차분하다. 질서개념에 사로잡히기 때문일 것이다. 질투심도 없어지고, 적개심도 사라진다. ≪뜻대로 하세요≫에 나오는 한 고관대작은 아우를 처치하고자 거처를 염탐하여 아든 숲을 찾고, 어떤 찬탈자는 후환이 두려워 형을 척결하기 위하여 친히 대군을 이끌고 아든 숲에 진입한다. 그러나 정작 형제살육Fratricide은 일어나지 않는다. 대자연의 질서가 그들을 포용하기 때문이리라. 그들은 형제간의 화해를 이루고, 각기 탈취했던 재산과 왕권을 환원한다. 탐욕자들은 아든 숲에서 여생을 보낸다. 그들은 수목과 개울로부터 질서의 지혜를 배우며 바위로부터 인고의 설교를 들을 것이다.

로잘린드Rosalind와 올란도Orlando는 각기 생명의 위협을 받아 아든 숲에 피신하지만, 두 사람은 다시 만나 사랑이 뜨거워지고 마침내 결혼에 성공한다. 로잘린드는 왕위를 찬탈당한 전 공작의 딸이다. 전 공작은 복권하여 사위인 올란도에게 대권을 넘긴다. 허물 있는 지도자는 새사람에게 자리를 내주어야 한다. 지도자로서 권력을 보전하지 못한 것만큼 큰 허물이 없는 것이다. 올란도는 뜻밖에 새로운 지도자로 탄생한다. "새 포도주는 새 부대에" 질서가 적용된 것이다. 역사는 순리를 따라 흐른다. 미시령의 찬란한 신록은 어떤 유형의 새로운 지도자를 탄생시키기 위하여, 이 봄에도 그처럼 청신하고 영롱한 색깔을 드러내는 것일까?

"아든 숲"에는 망각천이 흐른다. 한 쪽 천변에는 죽음을 암시하는 버드나무가 줄지어 서있고, 개울건너 저쪽 천변에는 천국을 상징하는 감람나무가 밀집해 있다. 그러나 모델로 사용되었다는 그 지역에 가보면 개울물도 없고 버드나무도 감람나무도 없다. 사실적 체험과 상상적 체험의 차이일 것이다. 색깔의 마술사로 알려진, 프랑스의 화가 마티스Henri Matisse 1869-1954가 말했던가? "내가 초록색을 칠한다 해서 꼭 숲을 그리는 것이 아니요, 내가 파랑색을 칠한다 해서 꼭 하늘을 그리는 것이 아니다." 보색 관계 등 색상에 관한 상상력의 무한한 조화를 강조하는 말일 것이다.

우리나라야말로 정말 정치의 마술사가 꼭 필요한가 보다. 법을 가장 소중하게 알아야 할 입법기관에서 어찌 그리 폭력이 난무하는 무법천지가 되었다는 말인가? 국회의원들이 쇠망치와 전기톱을 가지고 국회의 기물을 파괴하지를 않나, 국회의 내부 사무실에서 국회의원이 폭행을 당하여 입원사태가 벌어지지를 않나, 여당 국회의원이 야당의 당직자로부터 목을 졸리는 수모를 겪지 않나 도대체 창피하여 자라나는 아이들을 볼 면목이 없다. 우리나라가 어느 사이에 "법은 멀고, 주먹이 가까운 나라"가 되었다는 말인가?

정치가들이어, 부끄러운 줄을 아시라. 수치를 모르면, 타락이다. 보다 풍부한 상상력을 발휘하여 안목의 지평을 넓히시라.

우리도 이제는 투쟁문화를 바꾸어야 한다. 투쟁의 개념부터 갈아야 한다. 전쟁과 학살은 다른 것이다. 전쟁에는 무사의 도가 있어야하고, 인류의 공익을 위한 최소한의 공통분모가 있어야 한다. 도道도 없고 공익의 목적도 없으면, 비열하고 잔악한 살육에 불과하다. 노사 간의 투쟁도 여야 간의 투쟁도 투쟁하는 과정에서 서로 존경받는 자세를 갖추어야 한다. 권위주의 시대에 강권에 항거했던 소위 민주화 투쟁에서는, 그런대로 비민주적 폭력이 이해되었지만 민주화의 노력에 힘입어 이제는 세상이 달라졌다. 세계가 인정하지 않는가?

이제는 구각舊殼에서 벗어나야 한다. 굼벵이가 구각을 벗지 않으면 도저히 매미가 될 수 없다. 구각에 대한 회한과 애착이 아무리 강할지라도, 하늘을 날고 아름다운 노래를 부르는 매미가 되려면 허물을 벗어야 하는 것이다. 도대체 민주주의는 무엇을 위하여 쟁취하였던가? 민주체제를 아끼고 사랑하며 누리기 위한 것이 아니었던가? 우리가 그처럼 역겨워했던 비민주적 폭력을 다 잊어버리고, 오히려 우리가 바로 그 비민주적 폭력의 주범이 되어 있다면 이 얼마나 역설적인 비극인가? 더디어도 참아야 하는 것이 민주주의이고, 뜻이 달라도 수용해야 하는 것이 민주주의다. 민주주의의 적은 다름 아닌 독선에 있는 것이다.

세상에는 독야청청獨也青青이 없다. 소나무는 가을과 겨울을 이기며 푸름을 과시한다. 그러나 소나무의 경우에도, 그 나무 아래를 보라. 낙엽이 된 솔잎이 수북이 깔려 있다. 소나무가 아무리 상록수라지만 해마다 일정양의 솔잎은 갈아치우는 것이다. 활엽수만 단풍이 들고 낙엽이 지는 것이 아니다. 우리 고장에 가면 땔감으로 "가리나무"라는 것이 있다. 소나무의 낙엽을 갈퀴로 긁어모은 땔감이다. 화력이 뛰어나서 주로 쏘시개로 사용된다. 쏘시개는 젖었거나 덜 마른 나무에 불을 붙이는 촉매 역할을 한 땔감을 말한다.

생 솔가지도 가리나무로 불을 지피면 훨훨 탄다. 그 명칭이 재미있다. 새 솔잎이 나오도록, 오래된 솔잎이 떨어져 잎의 "갈이"를 해 주는 것이다. 우리나라 정치에도 "갈이"나무 같은 원로 정치인 마술사가 필요한가 보다. 한 알의 썩은 밀알이 있어야 "새로운" 생명이 태어난다. "새로운" 정치를 하려면 "새로운" 시각과 사고가 필요한 것이다. 신시각과 신사고가 없는 "새로운" 정치는 공염불이다. 달리진 것은 없고 의욕만 강하다보니, 사사건건 부딪치고 본의 아닌 폭력이 난무할 수밖에 없다. 새 포도주는 반듯이 새 부대에 담아야 한다.

국민의 뜻은 천차만별이다. 그것이 민주주의의 속성이다. 어느 경우에도 획일화는 폭력이다. 획일화는 아무리 미화해도 정치적 카리스마가 될 수 없다. 획일적 가치관을 버려야 "나"도 보고 "남"도 볼 수 있다. 이질적인 요소들을 한데 아울러 충분히 숙성시켜야, 미학적 의미의 "새 포도주"가 양조되는 것이다.

나는 마음이 허할 때면 으레 창을 열고 버릇처럼 미시령 방향을 바라본다. 미시령의 녹색 세계가 이 땅에 또 한 번의 장미꽃 정치기적을 몰고 오기를 바라는 간절한 소망 때문이다.

전자 모기채

지난주에는 우리 집사람이 봉천동 쑥 고개를 간다고 나가더니 엉뚱한 것을 하나 사들고 들어왔다. 생김새는 영락없는 정구채인데, 규격이 작고 가느다란 철선으로 조밀하게 망이 얽혀 있었다. 하도 요상하게 생겼기에 무엇이냐고 물었다. 집사람은 한참 동안 뜸을 들이더니 "모기채"란다. 참 이상한 물건 다 봤다. 내 나이 70이 넘게 살았지만 "파리채"란 소리는 들었어도 "모기채"라는 소리는 처음 듣는다. 우리가 어릴 때에는 파리가 워낙 많았었다. 어쩌다 음식물 부스러기가 바닥에 떨어져 있으면 어디서 날아 왔는지 파리가 까맣게 들어붙어 열심히 빨아먹는다, 그럴 때 파리채를 "딱" 하고 내리치면, 동작 빠른 몇 놈들을 제외하고는 거의 다 몰살이다. 그 통쾌함이란 이루 말할 수가 없다. 이제는 다 옛날이야기가 되었다. 헌데 모기채가 다 뭐람? 그것도 그냥

"모기채"가 아니라 "전자 모기채"란다.

우리 집은 단독주택이라서 그런지 유난히도 모기가 많다. 창피한 일이지만 모기들과 합숙을 한다 해도 변명할 언변이 없다. 우리는 그 "괴물"에 충전을 시켜가지고 당장 그날 저녁에 효능을 시험해 보기로 했다. 전에 파리채를 사용하던 방식이 떠올라 벽에 붙어 앉은 모기가 없는지 살펴봤다. 어찌 없겠나? 계곡물이 콸콸 흐르는 산수화 한 모퉁이에 한 놈이 점잖게 좌정하고 있었다. 깊은 사념에 잠긴 철학자 같기도 하고 그날 저녁 만찬 메뉴를 고민하는 미식가 같기도 하였다. 내가 이번 공격에 성공하는 날이면, 형이상학파 철학자가 아니면 현실주의자 미식가가 처참하게 운명할지도 모른다. 나는 두근거리는 가슴을 진정시키며 모기채, 아니 전자 모기채를 재빨리 모기에게 갖다 댔다.

땅 따따 탕탕탕, 땅 따따 탕탕탕!!! 이게 웬 날벼락인가? 모기란 놈이 잽싸게 도망을 치려다 전선망에 빨려 들어갔다. 살상과 화장火葬과 공중분해가 동시에 이루어지다 보니, 6.25 동란 때 우리를 기절초풍시켰던 따발총처럼 화력이 동시 다발적으로 폭발한 것이다. 나는 난데없는 연발탄 소리에 놀란 나머지 그만 모기채를 땅에 떨어뜨리고 말았다. 다른 식구들도 놀라서 무슨 소리냐고 각기 제 방에서 뛰어 나왔다. 식구들은 "사건"의 자초지종을 듣고 나서야 안도하며 환호했다. 나는 워낙 이공계열에는 문외한이어서 그런지 무척 신기했고 콩 볶듯 튀어 오르는 폭발 소리에 스트레스가 확 풀리는 것만 같았다.

전자공학을 전공한 막내가 전자 모기채를 이리저리 살펴보는 중에 마침 불빛 속으로 모기 한 마리가 날아가는 것을 목격했다.

그는 벌떡 일어나더니 끝까지 추적하여 그 놈을 모기채 속에 낚아챘다. 땅 따따 탕탕탕, 땅 따따 탕탕탕, 탕탕!!! 이번 모기는 사람의 피를 웬만큼 빨아먹었는지 여진처럼 추가 폭발도 있었다. 화장꺼리가 좀 많았던 게다. 막내는 속이 시원한 모양이었다. 희희낙락했다. 식구들은 제각기 자기 방에 가서 모기를 잡겠다고 모기채를 빼앗느라 아우성이다. "괴물"이 일약 사랑받는 귀중품으로 둔갑해버렸다. 인류의 공적公敵을 멸하는 데에는 전문가 비전문가가 따로 없고 식 무식이 따로 없는 모양이다.

모기와의 전쟁은 역시 농촌에 가야 걸판지다. 9-10월 밤공기가 쌀쌀해지면, 모기들은 악이 나서 독이 오를 대로 오른다. 한 방 쏘이면 따갑고 아리고 쓰리다. 심하면 염증도 생긴다. 농부들은 오만가지 쓰레기를 다 긁어모아 "모기불"을 지피고 모닥불 위에 쑥다발을 얹어 놓는다. 매캐하고 씁쓸한 연기가 진동하여 콧물이 흐르고 눈물이 난다. 농부들은 그만하면 되었다 싶으면 멍석을 깔고 삶은 감자나 옥수수를 간식으로 먹으며 자정을 넘긴다. 모기들은 이제나 저제나 쑥 다발 모닥불이 꺼지기를 기다리며 "돌격 앞으로"를 수차례 시도해보지만, 그놈의 쑥 냄새만 맡으면 속이 뒤집어지고 울렁거려 번번이 실패다. 모기부대는 자정을 넘어 냉기가 한계에 달하면 그놈의 "쑥 냄새"를 원망하며 오합지졸이 되어 흩어진다. 모기와 쑥의 악연이 지금도 계속되나 보다. 우리 집사람은 "쑥고개"에서 전자 모기채를 사가지고 와서 모기와 전쟁을 벌이고 있다. 땅 따따 탕탕탕, 방마다 전자전이 요란하다.

저기 그 "견문발검見蚊拔劍"이라는 말이 있지 않은가? 모기를 보고 칼을 빼든다는 말이 아니던가? 그 말 참 맹랑하고 고약한 말이다. 겉으로 보기에는 티끌만도 못한 미물을 상대로, 명색이 만물의 영장이란 인간이 대검大劍을 빼어들고 설치니 얼마나 옹졸하고 속알머리 없는 처신인가? 추태도 그런 추태가 없을 것이다. 가뜩이나 우리 집 식구들은 목하 모기와의 전쟁에서 대검으로도 모자라 21세기의 자존심 전자공학을 끌어들이고 있는 판국이니, 우리의 체면이 도대체 어디까지 추락했는지 모르겠다. 하지만 우리 "칼잡이"와 "총잡이"에게도 할 말이 전혀 없는 것은 아니다. 우리를 소인배로만 치부해서는 안 된다.

모기란 놈은 참 밉살스런 친구다. 무더운 여름철에 피곤한 몸을 이끌고 전전긍긍하다가 밤이 되어 간신히 잠을 청하고자 애를 쓰는데, 하필이면 그 때에 귓가를 서성대며 신경을 건드릴 게 무언가? "찰싹" 손바닥을 내리쳐보지만, 고 미운 "오리 새끼"는 얄밉게 빠져나가고 고막만 터질 듯이 "윙윙" 울려댄다. 몇 차례 놈들의 게릴라 전법에 말려들어, 손바닥이 이마로 갔다, 다리로 갔다, 목으로 갔다, 머리로 갔다, 요동을 치다 보면 정신이 혼몽해진다. 모기가 무는 대로 이리저리 끌려 다니며 뒷북만 치게 된다. 그 앙큼한 놈이 콧등을 물고 늘어지는 것도 모르고 놈을 따라가다 콧등을 힘껏 내려친다. 코피가 터진다. 피를 보면 열이 오르는 법이다. 천하의 대장부라 할지라도 칼을 뽑지 않을 재간이 있겠는가?

그 뿐인가? 모기는 태생이 하수구 수채 구멍 출신이라 본래 지저분한 족속인데다 말라리아와 일본 뇌염 등 국제 전염병의 하수인 역할을 자청하는 놈들이다. 70년대 후반까지만 해도 우리 국민은 이들 전염병으로 인하여 얼마나 많은 고통을 받았는지 모른다. 귀중한 생명도 수없이 빼앗겼다. 뇌염 환자는 뇌 손상이 심각하여 치료를 받은 후에도 저능아가 될 확률이 높다. 특히 어린 아이들에게 감염률이 높기 때문에 젊은 어머니들이 밤잠을 설쳐야 했다. 혹시라도 친환경을 외치며 모기들의 "범죄"를 덮어두려는 자가 있다면, 그는 분명히 위선자이며 기억 상실증 환자다. 소인배 취급을 조금 당하면 어떤가? 칼이라도 빼어들고 전자총을 겨누어서라도 국민의 건강을 위하여 조치를 취해야 되지 않겠는가? 어디 모기들뿐인가? 우리나라는 유례없이 사면도 많고 복권도 많은 나라다. 그야말로 범죄자 천국이다.

모기는 특별히 인간에게만 적개심을 가진 동물은 아니다. 모기의 유인원誘引源은 이산화탄소라고 한다. 피가 달면 모기가 더 덤빈다든가, 여성과 어린 아이에게 더 공격적이라든가 하는 이야기는 전혀 근거 없는 낭설이다. 드라이아이스를 피우면, 모기가 많이 날아드는 것도 이산화탄소 때문이다. 모기는 알을 낳으려면 흡혈을 해야 한다. 암컷만 흡혈하는 것은 그 때문이다. 흡혈은 산란에 필수조건이지만, 인간의 피에 국한된 것은 아니다. 어느 동물의 피도 상관없다. 흡혈만 하면 되는 것이다. 사실은 찬 밥 더운 밥 가릴 여유도 없다.

모기는 피를 먹고 사는 곤충이 아니다. 나뭇잎이나 풀잎의 즙을 빨아먹고 산다. 오직 종의 번식을 위하여 암컷이 생명을 무릅쓰고 흡혈전선에 뛰어드는 것이다. 흡혈을 위해서라면 호랑이 등에도 빨대를 꼽고 쑥 내도 마셔야 하며 전자 모기채의 위험도 감수해야 한다. 창조주의 준엄한 명령이기 때문이다. 같은 생명체로서 창조주의 명령에 충실한 모기에게 응분의 존엄성을 느낀다. 생명의 요람은 역시 암컷이다. 씨가 있어도 터가 없어 허공을 맴돌면 어떻게 발아할 것인가? 인간도 마찬가지다. 문예부흥 이래로 작가들은 낭만희극의 주인공을 거의 모두 여성으로 등장시킨다. 낭만희극의 주제가 사랑과 생명이기 때문이다. 지난번 쇠고기파동 때 촛불시위에 유모차 부대가 등장한 것도 같은 맥락이라면 좋으련만!!

성충으로서 모기의 일생은 짧으면 4일이고 길어도 1주일을 넘지 않는다. 암컷은 이 기간 동안에 짝을 찾아 교미를 해야 하고, 위험을 피해 1회 이상 흡혈을 해야 하며, 산란에 적절한 물을 찾아야 하고, 반드시 수면위에 산란을 마쳐야 한다. 미국의 초월주의 작가 소로Henry David Thoreau 1817-1861는 생명의 목적을 "간단없이 살아가는 것"이라 했다. 모기는 개체보존을 위하여 풀잎을 쪼아 즙을 마시고, 개체보존의 한계성을 종種의 보존으로 극복한다. 열심히 살며 생의 목적에 충실한 자를 감히 누가 험담할 수 있으랴? 세상사 모두 양면성이 있나보다. 그래서 항상 사물에는 긴장관계가 지속되는 모양이다.

어찌되었든 우리가 시험한 전자 모기채의 효능은 양호한 것으로 판명이 되었다. 좀 더 솔직히 말하면 대 호평이었다. 전자 모기채를 하나 더 사자는 제의도 나왔다. 하나만 더 있으면 금년도 모기 문제는 완벽하게 해결된다는 것이다. 우리는 당장 그 다음날에 하나를 더 샀다. 모기 소탕전은 더욱 활기를 띠었고, 탄력적인 폭발음으로 온 집안에 생기가 돌았다. 찜통 여름 날씨로 가족들의 건강과 사기가 다소 저조했었는데 뜻밖의 전자 모기채가 나타나 분위기를 역전시켰다. 모기채가 화제의 중심에 오르며 한 주일이 금방 지났다. 그런데 이상한 일이 나타났다. 전자 모기채를 사용한 후로 일주일 동안은 매일 적어도 몇 마리의 모기가 벽에 앉아 쇄도

우 모션을 펴곤 했는데, 요즘에는 한 놈도 벽에 붙어있질 않는다.

처음에는 모기가 박멸되었나보다 싶어 좋아했다. 그런데 취침시간이 되어 소등을 하면 놈들은 구석 저쪽에서 장렬하게 선전포고를 합창한다. 그리고는 쏜살같이 각개전투에 돌입한다. 귓전을 스치며 약을 올리거나 콧등을 걷어차고 공중 비행을 시도하는 등 제법 지능적으로 나온다. 혀를 내두를 일이다. 자기네끼리 무슨 "대책회의"라도 열었다는 건가? 아니면 "전자" 모기채가 등장했다 해서 무슨 직관력Intuition이 발동한 건가? 도무지 갈피를 잡을 수가 없다. 인도네시아에서는 쓰나미가 휩쓸기 얼마 전에 개미떼가 요동을 쳤다하고, 중국에서는 쓰촨성의 지진이 일기 전에 두꺼비가 집단으로 시위를 벌였다고 하지 않던가? 우리의 경우에는 어찌된 일인지 전혀 감이 잡히지 않는다.

상황이 그쯤 되었으면 전쟁은 모기와 우리 식구의 싸움이 아니라 이미 직관 대 과학의 전쟁으로 한 단계 발전하였다. 21세기의 최첨단 공학과 태고의 전통적 영감靈感이 한 판 붙게 된 것이다. 소로는 월든 호수 근처의 한 임간에 거처하면서 풀벌레와 곤충 산새들과 들쥐 등 야생 동물들의 생활상을 관찰하고 그들의 단순한 생활 방식에 경탄했다. 그는 인간이 자연과 교감하며 하나가 되기 위해서는 생활구조와 사고방식을 대폭 간소화해야 한다고 주장했다. 피타고라스의 영혼윤회설Metempsychosis은 소로의 심회를 잘 설명해준다. 인간은 본래 순수성Innocence을 지니고 태어나기 때문에 직관력을 가지고 있지만, 타락한 언어 등 세상의 풍진Experience에 묻히면서 직관력을 상실하게 된다는 것이다.

아주 어릴 때의 기억이다. 우리 어머니는 젖먹이 동생이 까닭

없이 자지러질 정도로 울어대면 이런 걱정 저런 걱정 많은 걱정을 하셨다. "나라에 무슨 변고가 날려나? 왜놈들이 또 놋그릇을 압수해 갈려고 저러나? 남원에 가신 아버지가 잘 돌아오셔야 할 턴데—" 어머님 말씀에 의하면 어린 아이는 말을 못 해서 그렇지 천리만리 먼 곳에서 일어난 일도 육안으로 직접 보는 것처럼 다 안다는 것이다. 주변에 안 좋은 일이 다가오면, 말은 못하고 울음을 터트려 알린다는 것이다. 지금 생각해 보면 우리 어머님은 인간의 직관력에 대하여 말씀하셨던 것이다. 우리나라에도 고대 희랍의 영혼윤회설이 민간에 전래되었던 모양이다.

성경에 보면 "너희가 돌이켜 어린아이가 되지 않으면 결단코 천국에 들어가지 못하리라." 했다. 또 "누구든지 하나님의 나라를 어린아이와 같이 받들지 않는 자는 결단코 들어가지 못하리라."고도 했다. 천국은 인간의 마음으로부터 열리는 낙원이다. 어린 시절에 직관을 통하여 감동했던 순간순간의 단편들이 바로 현상계의 천국이다. 우리가 아성兒性을 항구히 회복하면, 순간의 편린들이 동영상처럼 영원한 하나로 이어질 것이다. 천국은 아성을 회복한 자들의 낙원이기 때문에 어린아이를 천국처럼 받들어야 한다. 오만과 야욕에 매달려 아성과 직관을 스스로 상실하는 자는 천국의 길을 보지도 파악하지도 못하는 것이다.

우리 인간들이 직관력을 회복할 수 있으면 얼마나 좋을까? 그 찬란한 꿈을 실현하기 위해서는 먼저 욕망의 굴레에서 벗어나 삶의 수단과 목적을 단순화해야 한다. 우리는 너나 할 것 없이 일거에 부귀영화와 불로장수를 누려보겠다고 버둥댄다. 허황한 꿈이다. 인간의 심령을 치유한다는 종교계의 기도를 들어 봐도 오직

"달라"는 말밖에 없다. 과욕의 소리다. 낯간지럽지 않은가? 모두 다 내려놓고 모두 다 털어내야 한다. 직관력이란 추리와 판단의 중간과정 없이 감각으로 사물을 파악하는 능력이다. 굳어진 삶의 공이를 떼어내고 무디어진 감각을 소생시켜야 한다. 직관은 천부天賦의 은사이거늘!!

억새 스퀘어

우리 집에 아주 작은 억새 공간이 하나 생겼다. 거실에서 정원으로 나오는 계단과 두 방의 외벽으로 둘러싸인 4방 2미터 정도의 구형矩形이다. 원래는 잔디가 깔려 있었는데 여건이 안 맞아서 그런지 잔디는 사라지고 심지도 않은 억새가 날아들어 4각 공간을 점령해 버렸다. 불청객이지만 열심히 사는 모습이 기특해서 그대로 두었더니, 잎이 힘 있게 뻗고 꽃대도 두어 개가 나왔다. 한 모서리에 국화 두세 그루를 심어봤다. 노란 꽃송이가 쭉쭉 뻗은 억새 잎에 어울려 운치가 제법 그럴싸하다. 공간이 작다고 여건 타령만 할 것이 아닌가 보다. 다소 들뜬 기분이었을까? 어설픈 시상이 떠올랐다. 한 구절 적어본다.

行人探香叩柴門(행인탐향고시문)
지나가는 나그네 향기를 따라 사립문을 두들기니,
月明芝談菊黃奮(월명지담국황분)
달빛에 억새들 속삭이고 국화는 노랗게 들떠있네.

아무래도 억새의 매력은 지칠 줄 모르는 밀어의 행진이리라. 억새들의 밀어는 진실을 밝혀내고 비밀을 들추며, 설화와 전설을 들먹이고 시정市井의 다반사茶飯事를 떠올린다. 억새들의 밀어에는 사랑과 정의가 있고, 열정과 수난이 있으며, 철학과 미학이 있고, 역사와 미래학이 있다. 억새 광장을 지척에 두었으니 얼마나 큰 행운인가? 허나 등잔 밑은 언제나 어두운 법. 지척이 천리로 변하지나 않을런지? 마음이 가까우면, 천리도 지척인 것을.

수년전의 일이다. 20년도 넘고 30년도 넘은 꽤 오래전에, 나는 억새에 대한 강한 인상을 받은 적이 있다. 집사람과 함께 제주도의 산굼부리를 구경하러 갔었는데, 근처에 억새가 광활한 군락을 이루고 있었다. 억새꽃이 잔잔한 바람결에 잎새를 펄럭이며 하얀 머리를 우아하게 흔들었다. 마치 백학白鶴의 군무群舞처럼 황홀했다. 장관이었다. 아, 이윽고 불어닥친 갯바람이여! 군무는 간곳 없고 억새는 하얀 풍랑으로 바뀌었다. 바람 따라 밀려갔다 밀려오고, 밀려왔다 밀려가는 뒷모습이 무척이나 애련했다. 어느 시인의 심경처럼 "찬란한 슬픔"의 억새랄까?

억새꽃은 머리가 세었으니 반백半白의 신사처럼 한 평생의 풍상을 겪을 대로 겪었으련만, 아직도 시류時流를 거스르지 못하여 끌리고 떠밀리며 허둥댄단 말인가? "강한 풀"이라서 "억새"라 했거늘, 어찌하여 그리도 유약한 것일까? 고대의 고구려에서는 무능한 왕을 규탄하는 뜻으로 억새의 잎을 머리에 꽂고 시위를 벌였다던데, 한낫 옛 사가의 허사虛辭 이었던가? 프랑스의 철학자 파스칼 Blaise Pascal이 인간을 "생각하는 갈대"라 불렀던 그 심회를 새삼 음미하게 된다. 제주도의 그 때 그 억새꽃이 20년 30년의 파고를 타고 넘어 지금도 내 마음을 넘실대며 좀처럼 기억에서 지워지지 않는다.

억새와 갈대는 혼동하기 쉽다. 양자 모두 벼과에 속하는 다년생 식물로서, 서로 닮은 곳이 많아서 그렇다. 억새는 내륙의 산야 전역에 걸쳐 서식하고, 갈대는 천변이나 늪 등 습지에 서식한다. 그러나 더러는 습지에서 억새가 보이는 경우가 있고, 산등성이에 갈대가 나타나는 경우도 간혹 있다. 서식처로 양자를 판별하는 데에는 다소 무리가 따른다. 가장 구별하기 쉬운 것은 잎이다. 억새의 잎은 겹으로 나와서 1미터 안팎으로 자라며, 잎의 중앙에는 하얀 심이 세로로 뻗어 있다. 반면에, 갈대는 마디마다 단엽이 나오고 중앙에 심이 없다. 갈대 잎은 억새 잎보다 다소 넓지만. 길이는 짧아 억새 잎의 3분의 1정도에 불과하다.

사실은 나도 헷갈린다. 나의 "제주도 회상"이 억새에 관한 것인지 아니면 갈대에 관한 것인지 분명치가 않다. 혼란스럽게 들리겠지만, 그렇다고 크게 문제 될 것은 없다. 정체성의 혼돈은 때로 중대한 사회 문제를 일으키지만, 억새와 갈대의 경우에는 말하는 사람 듣는 사람 할 것 없이 대체로 정체성을 혼돈하여 사용하기 때문이다. 아무래도 개운치 않다고 느끼시는 독자라면, 백문이 불여일견이라고 서울의 하늘공원을 직접 방문해 보시라. 친절하게도 탐

방객 안내소 바로 앞, 억새밭 배수로에 갈대 몇 그루를 심어 놓았다. 고마운 일이다.

성경에는 갈대가 많이 언급된다. 모세는 생후 3개월에 갈대 상자에 넣어진 채로 나일 강의 갈대숲에 던져졌다. 애굽 왕 바로가 이스라엘 민족이 남자아이를 낳으면 즉시 살해하도록 엄명을 내렸기 때문이다. 그러나 역설적인 일이 일어났다. 모세는 다름 아닌 바로의 딸에 의하여 구출되어 그녀의 양자로서 40년간의 궁중 생활을 하게 된다. 갈대에는 생명을 보호하는 신령한 힘이 있다. 신God의 성령이 함께하기 때문이다. 바로의 딸은 단순히 목욕을 하기 위하여 나일 강의 갈대숲을 찾았다가 모세를 만나 그의 양모가 된 것이다. 갈대의 마력魔力이 작용했던 것이리라?

갈대의 마력은 모세가 팔순이 되어, “출애굽” 할 때에도 일어났다. 모세가 이스라엘 백성의 지도자로서 100만 명 이상의 백성을 이끌고 애굽을 떠나올 때 바로는 군대를 풀어 에스라엘 민족을 몰살하려 하였다. 애굽 군대의 추격을 받은 이스라엘 민족은 급한 나머지 홍해에 뛰어들었다. 연안에 서식한 갈대숲에 몸을 피한 것이다. 그런데 놀랍게도 바다가 양쪽으로 갈라져 물 벽이 생겼고, 이스라엘 백성은 무사히 애굽 군대의 추격에서 벗어날 수 있었다. 역시 갈대의 마력 때문이다. 홍해의 명칭에 대하여는 이견이 있다. “Red Sea(홍해)”는 “Reed Sea(갈대 바다)”의 오기誤記라고 주장하는 학자들이 적지 않다.

성경은 갈대를 단순히 “녹색 세계”의 일환으로 파악하는 것이 아니라 인간 자체를 암시하기도 한다. 구약의 이사야와 신약의 마태는 각기 여호와를 “상한 갈대를 꺾지 아니 하시는” 하나님이라 칭송한다. "상한 갈대"는 유약하고 부족한 인간을 말한다. 적절한 비유다. 유약하기로 말하면 인간처럼 유약한 존재도 없고, 강하기로 말하면 인간처럼 강한 존재도 없다. 사단의 유혹 한 마디에 영혼을 팔아넘기고 에덴동산을 잃었으니 인간은 얼마나 유약하고 모자란 존재인가? 그러면서도 만물을 다스리는 권능을 부여받고 사유와 기지를 가졌으니, 얼마나 강한 존재인가? 인간은 신의 형상으로 창조되었으니 신의 능력에 무한히 접근해 갈 것이다.

희랍 신화에 보면, 시링크스Syrinx는 산양의 몰골로 나타난 목신牧神 판Pan의 끈덕진 추격을 피하여 갈대로 변신했다. 기지에 찬 호신護身이었다. 판은 갈대 피리를 꺾어 불며 시링크스에 대한 애달픈 연정을 달랬다. 외눈박이 거인 폴리페모스Polyphemos 신은 갈라테이아Galateia를 짝사랑하였다. 갈라테이아에게는 연인 아키스Akis가 있었다. 폴리페모스는 아키스가 애인 갈라테이아를 포옹하고 있는 것을 목격하고, 질투에 사로잡혀 즉석에서 바위 돌을 내려쳐 아키스를 살해했다. 선혈이 낭자했다. 그러나 갈라테이아는 재빨리 갈대로 변신하여 폴리페모스의 폭행을 피할 수 있었다. 갈라테이아는 제우스신에게 개울물을 달라고 애원했다. 그 순간 아직도 흐르고 있던 아키스의 피가 강물로 변했다. 갈라테이아는 아키스의 품에 영원히 안길 수 있게 되었다. 갈대는 사유하고 기지를 발휘하는 인간의 변신인 것이다.

희랍 신화의 미다스Midas 왕 이야기와 신라의 48대왕 경문왕景文王의 설화는 갈대의 실체를 보다 내면적인 인간에 결부시킨다. 이 두 이야기는 인간의 속성과 생활 문화를 주제로 삼고 있기 때문이다. 각기 통치자에 대한 비유가 예리하다.

갈대 피리로 음악에 자신감을 얻은 판은 수금을 타는 악신樂神 아폴론에게 도전하였다. 심판을 맡은 토몰로스 산신은 아폴론의 승리를 선포하여 만장의 환호를 받았다. 그러나 미다스는 판정에 불만을 품고 소란을 피웠다. 판에 대한 사심이 작용했기 때문이다. 화가 난 아폴론은 미다스의 한 쪽 귀를 잡아당겨 당나귀 귀처럼 늘려 놓았다. 청력을 고양시키는 동시에, 오청誤聽을 응징하자는 것이었다. 그 사실을 알고 있는 미다스 왕의 이발사는 비밀을 발설하고 싶어 전전긍긍하다 땅을 파고 그 속에 한 마디를 내뱉고 흙으로 덮어버렸다. 그러나 그 자리에 갈대가 돋아나서 바람이 불 적마다 왕의 비밀을 만천하에 알린다. "임금님 귀는 당나귀 귀!! 임금님 귀는 당나귀 귀!!" 세상에 비밀은 없는 법이다, 진실은 언제고 밝혀지기 마련이다. 그것이 인간지사다.

경문왕은 왕위에 오른 후, 한쪽 귀가 점점 커지기 시작하더니 마침내 당나귀 귀가 되었다. 한쪽 귀를 두건으로 가릴 수밖에 없었다. 사실을 알고 있는 두건장頭巾匠은 발설을 하고 싶어 안달이 났다. 그는 은밀히 대나무밭을 찾아가 외쳤다. "임금님 귀는 당나귀 귀, 임금님 귀는 당나귀 귀!!" 그 후로 바람이 불때마다 대나무 잎은 그 비밀을 세상에 알렸다. 미다스 왕의 전설과 경문왕의 설화는 내용이 엇비슷하다. 갈대가 대나무로 바뀌었지만 보기에 따라서는 대나무 잎은 갈대 잎과 흡사하다. 서양의 신화가 동양에 전래되면서 한국의 정서에 맞도록 변형되었는지도 모른다.

인간의 중요한 속성 중의 하나가 표현욕이다. 젖먹이 아이를 보라. 불편하면 언제고 서슴없이 울어대고, 기분이 좋으면 무슨 소리인지 알 수도 없는 소리를 마냥 지껄인다. 그래도 성이 차지 않으면 팔다리를 휘젓는다. 성인도 마찬가지다. 수다를 떨어야 스트레스가 풀리고, 비밀을 털어놓아야 속이 시원하다. 울화는 맺히면, 폭발한다. 삼각산에 가보라. 목청이 떨어지라고 그저 "주여!!!"만을 외치는 사람이 많다. "고기는 씹어야 맛이고, 말은 뱉어야 맛이라." 했다. 할 말은 해야 유기체에 엔돌핀이 돈다. 그래서 언론의 자유요, 그래서 알 권리다. 갈대는 무엇인가를 항상 속삭인다. 그것이 갈대의 속성이며 갈대의 세계다.

미다스 왕은 주신酒神 디오니소스Dionysos와 친분이 두터웠다. 디오니소스는 손에 닿는 것마다 황금이 되게 해달라는 미다스의 과도한 청을 냉큼 들어주었다. 디오니소스는 감상적이고 즉흥적이며 서정적이다. 판은 디오니소스와 같은 맥락의 신이다. 미다스 왕이 음악 경연에서 아폴론을 배격하고 판을 옹호한 것도 그러한 사감私感 때문이었다. 통치자로서는 천부당만부당한 처사다. 미다스의 "당나귀 귀"는 백성의 소리를 바로 들으라는 책명責命이다. 우리나라에도 국민의 소리를 외면하고 코드 정치에 열을 올렸던 대통령이 있었던가? 그 통치자의 "당나귀 귀"가 보고 싶다. 그분의 "이발사"는 속 꽤나 터지고 있을 게다.

경문왕은 20세에 왕위에 올랐다. 그는 약관의 나이답지 않게 덕치를 행하여 선정을 베풀었다. 그의 재위(861-75) 시에는 정국이 불안하고 천재지변이 많아 백성이 곤궁에 빠져 있었다. 중앙에서는 귀족의 모반이 끊이지 않았고, 지방에서는 반란이 빈번하여 영일이 없었다. 게다가 홍수와 한발까지 겹쳤으니 국왕의 고초가 오죽했으랴? 왕은 겸손, 검소, 도량度量을 통치 철학의 근간으로 삼고 난세의 극복에 심혈을 쏟았다. 무엇보다도 "백성의 소리"를 듣는 것이 중요했다. 그는 민정 시찰을 암행하였다. 한쪽 귀를 얼마나 쫑긋거렸으면, "당나귀 귀"처럼 "큰 귀"가 되었을까? 경문왕의 "당나귀 귀"는 스스로 듣는 귀, 바르게 듣는 귀, 국익을 위한 귀였다. 우리나라의 국정원이어, 부디 경문왕의 "당나귀 귀"가 되시기를!!! 국정원의 그 귀한 귀가 평민의 귀보다 왜소해서야 되겠는가?

이태리의 작곡가 베르디Giuseppe Verdi의 가극 ≪리골레토≫ *Rigoletto*에서는 여자의 마음을 "바람에 날리는 갈대"에 비유하여 호되게 성토한다. 호색한好色漢 만토바 공작은 제 3막에서 눈물과 웃음으로 남자를 속이며 정처 없이 꿈속을 헤매는 "여자의 마음"을 열창한다. 자기에게 농락당한 여성 가르다가 자기의 명예를 위하여 스스로 자객 스팔라푸칠레에게 살해되는데도 말이다. 탕아의 넋두리로 보기에는 너무 심각한 사안이다. 과연 여자의 마음은 "항상 변하는" 요물이던가? "바람에 날리는 갈대"는 시중의 조롱거리인 정치 철새라도 된다는 말인가? 만토바가 가르다를 비방하듯이 탕아의 눈에는 탕녀만 보이는 것이다. "갈대의 순정"이 보이겠는가?

"바람에 날리는 갈대"는 온유한 생활 철학에 따라 특유의 유연성을 십분 활용하고 있는 것이다. 우리는 강풍에 가지가 꺾이고 몸통이 부러진 나무들을 자주 본다. 어떤 나무들은 아예 뿌리까지 뽑혀 바닥에 팽개쳐 있나. 이 처참한 나무들은 대개가 침나무가 이니면 소나무들이다. 기개가 굳고 등치가 당당한 나무들이 체통을 망치고 기품을 잃는 모습들이 보기에도 측은하다. 그러나 갈대는 자신의 유연성을 살려 개체의 생명을 보존하고 종種을 이어간다. 비록 외형은 유약하게 보일지라도 뿌리는 강건하여 근본은 결코 흔들리지 않는다. 갈대야말로 외유내강外柔內剛의 전형이다. 주위를 돌아보라. 세상에는 체통은 그럴듯하면서도 뿌리가 허약하여 흔들리고 무너지는 군상들이 얼마나 많은가?

자고로 "굳으면剛, 꺾인다折"고 했다. 인생은 강유剛柔의 조화다. 경문왕이 등극하기 전 60년 동안은 권력 투쟁이 살벌했다. 왕이 셋이나 살해되었다. 왕위의 찬탈자는 왕가의 귀족들이었다. 정쟁은 경문왕 즉위 후에도 계속되었지만, 역모들을 깨끗이 평정할 수 있었던 힘은 무엇보다도 경문왕의 금도襟度에서 나왔다. 금도란 "남을 받아들일 만한 도량"을 말한다. 설화에 의하면 경문왕의 침상에는 온갖 뱀들이 기어올라 왕은 뱀을 이불처럼 덮고 잤다고 한다. 신하들이 뱀을 처치하려 했지만, 왕은 한사코 제지했다고 한다. 경문왕은 교활한 자나, 흉측한 자나, 악독한 자나 모두 받아들였던 것이다. 온유는 역설적으로 창검을 녹이는 강한 방패인 것이다.

갈대는 유연하고 섬세한 특성 때문에 부당한 인식을 받는다. 때로는 시류에 휩쓸리는 유랑아 취급을 받고, 때로는 절조 없는 탕녀 취급도 받는다. 어처구니없는 일이다. 유연성과 유약성은 전혀 별개의 개념이다. 유연성은 여유인 동시에 지혜이며 금도인 반면에, 유약성은 허약인 동시에 우매이며 굴종이다. 갈대의 유연성은 고차원적 지혜의 소산이다. 시각을 달리해 보라. 억새는 멋진 플란넬flannel 외투를 걸쳐 입고 반백의 노신사로 우리 앞에 의연히 나타날 것이다. 그 살인 미소를 입에 물고 다니면서 말이다.

우리 민족은 역사적으로 너무 강퍅한 생활을 해왔다. 강직성 일변도로 역경에 대처해 온 것이다. 그 길만이 유일한 선이었기 때문이다. 우리는 외국인이면 무조건 "놈"으로 불렀다. "왜놈"과 "뙤놈"은 기본이고, 어디까지나 "미국 놈"이요 "소련 놈"이다. "미국

놈 믿지 말고, 소련 놈에 속지 말라."는 말이 한 때의 유행어가 되었었다. 너무 삭막한 배타주의다. 이제는 우리도 여유가 생겼다. 지혜도 얻었다. 세계화 추세는 거스를 수 없다. 외세를 정략적인 적으로 파악하지 말고 우리의 품안으로 끌어들여야 한다. 유연한 자세가 필요한 시대다.

금년에는 유난히 억새축제가 많은가 보다. 곳곳에 억새축제다. 광고전도 꽤 요란하다. 다행한 일이다. 만추晩秋는 사색의 계절이 아니던가? 코발트 하늘아래 싸늘한 갈바람이 불어오면 너나없이 철학에 몰입된다. 어디 그 뿐인가? 우리의 원초적 향수랄까? 까닭 없이 감상에 젖어들어, "베르테르의 슬픔"을 함께 나눈다. 억새와 더불어 군무를 즐기다 보면, 심신의 건강 지수가 상승하리라.

우리 집 억새 스퀘어에도 환상의 미니 축제가 열리고 금도의 유연한 바람이 불어왔으면!! 아니, 내가 지금 이러고만 앉아 있을 때가 아니다. 서둘러 나가서 고무풍선 몇 개라도 띄워야 한다. 장이 서야 나팔을 불 것 아닌가?

목가 문학

나는 요즘 바짝 목가 문학이 좋아졌다. 본시 농촌 태생인데다 칠순이 넘은 노령이기 때문일 것이다. 목가 문학을 접하면 마음의 고향이 새록새록 떠오른다. 회상recollection이 안겨주는 행복한 정서다. 천진난만했던 어린 시절 그 예민한 감수성이 각인한 고향의 정취를 이 노구가 재현할 수 있다니!! 망각의 다리를 건넜던 필부匹夫가 환속한 기분이다. 회상의 위력이 아니라면 상상이나 할 수 있는 일인가? 영국의 낭만주의 시인 워즈워스William Wordsworth가 회상을 "위대한 축복"이라 말한 것도 그 때문이었으리라.

우리 고향마을 앞에는 너른 벌판이 펼쳐진다. 아마도 임실군내에서는 가장 넓은 들판이 아닐까 싶다. 섬진강 상류가 흘러 관개灌漑도 용이하다. "작은 평야"라 불러도, 손색이 없을 것이다. 봄철

5월이면 그 넓은 벌판에 자운영紫雲英 꽃망울이 서둘러 터진다. 코발트 하늘 아래 퍼플의 대지! 장관이 연출되는 것이다. 자줏빛 꽃송이가 나비처럼 바람에 날고, 향기 찾아 모여든 벌들의 노래가 천지를 흔든다. 시샘하는 봄바람에 파도처럼 출렁이는 보라색 융단자락!! 아, 그 감미롭고 황홀한 감촉이여!! 병암 벌의 자운영 축제는 전원의 향연이며 보라색 낭만이었다. 그 찬란한 자취들, 지금은 다 어디로 갔는가? 추억만 남는구나.

나는 병암 벌을 생각하면 "세일 땅 에돔 들"이 연상된다. 우리가 어릴 때에는 "횃불 싸움"이 있었다. 싸리, 억새, 노가주 등을 묶어 "홰"를 만들고, 거기에 불을 붙인다. 음력 1월 14일 대보름 전야에 이웃 신평면을 대표하는 창인 마을과 관촌면을 대표하는 병암 마을의 청장년들이 "횃불" 싸움을 벌인다. 양방의 주민들이 각기 자기 마을에 가까운 논두렁과 밭두렁부터 태워나가다 보면 중앙 지점에서 조우하게 된다.

"횃불"들의 거센 접전이 시작되고 전세는 막상막하다. 일진일퇴의 치열한 교전 끝에 어느 일방이 퇴각하게 된다. 경우에 따라서는 심한 불상사도 일어난다. 그러나 두 마을 사람들은 불상사를 현명하게 수습하고 한데 모여 씨름도 하고 농악도하고 노래 경연도 펼친다. 서로가 서로에게 막걸리와 떡을 대접하며 모두가 유쾌하게 희망의 새해를 시작한다. 농사農事로는 음력 대보름이 설날이다.

재미있는 것은 씨름과 노래 경연에서 승자를 가리겠다고 처음에는 요란하게 법석을 떨지만 결과는 예외 없이 무승부로 끝이 난다. 승자만 있고 패자는 없는 것이다. 굳이 이유를 밝히자면 주

최측의 농간 때문이다. 그러나 모두 선의의 농간이다. 상과 상품도 상대방이 상대방에게 베푸는 호의와 격려의 시상이다. 농사철을 맞이하여 이웃 간에 화해를 이루며 협조를 당부하는 화목제의 의식인 것이다. 탕평책이 생각난다. 탕평은 탕탕평평蕩蕩平平의 준말로서 어느 쪽에도 치우치지 않는 절대공평을 말한다. 정조正祖는 당쟁을 불식시키기 위하여 밤낮을 가리지 않았다. 그의 침실을 탕탕평평실蕩蕩平平室이라고 부를 정도였다.

신기한 일이다. 우리 마을 병암 벌에서 해마다 음력 정초에 있었던 "횃불 싸움"의 제반 의식들이 목가 문학의 형식과 정신을 너무 많이 닮았다. 목가 문학에서 목동들은 신앙이나 결혼 등 일상의 문제로 서로 언쟁을 벌이다가 원만한 결론에 도달하지 못하면 노래 경연으로 승부를 가린다. 언제나 삼전 이 선승제 승부다. 판정의 결과는 예외 없이 일승 일패 일무로 무승부가 된다. 결승전에서는 심판관을 교체하여 심사를 강화하지만, 역시 결과는 무승부의 판정이다. 평화주의 정신이 철저하게 적용된 탕평인 것이다.

나는 평화주의자다. 적어도 자칭으로는 그렇다. 나는 가능한 한 충돌을 멀리 한다. 아마도 성격 탓일 것이다. 설사 의견의 대립이 있어도 그 자리에서 툭툭 털고 일어나야 사나이답고 신상에도 좋으련만 나는 사안의 주요성에 관계없이 그것을 꼭 잠자리에까지 끌고 와서 반추를 하게 된다. "정말, 그렇게 해야만 되었던가? 과연 다른 길은 없었던가?" 마음의 평안을 좀처럼 찾지 못 한다. 항시, 결론은 분명하다. "대립은 피해야 한다. 삶의 목적에 위배되는 일만은 삼가야 한다." 사실인즉 그렇다. 인간은 누구나 평화롭게 살면서 행복해야 한다. 생명과 평화와 행복이야말로 인생의 목적인 것이다.

평화주의는 오해를 받는 경우가 더러 있다. 패배주의로 착각하는 것이다. 전자는 후자와 달리 사안이 공의에 관한 논란이라면 절대로 양보하지 않는다. 불의와 사악에 야합하는 행위는 굴종이요 비겁이며, 배신이자 이기주의이기 때문이다. 기독교는 때때로 야합의 종교로 비쳐질 때가 있다. 성경에는 악한 자를 적대하지 말라며 "오른쪽 뺨을 치는 자에게 왼쪽도 돌려 대라" 했고, 강제로 "너로 오리를 가게 하는 자에게 십리를 가주라." 했으니 불의에 대한 저항이 어떻게 가능할 것인가? 한 술 더 떠서 남을 사랑하되 원수까지 사랑하라 했으니 어떻게 선악을 구별할 수 있겠는가? 얼핏 보기에 기독교가 자기모순에 빠져 든 것처럼 보인다. 안타까울 것이다. 그러나 조금만 시각을 달리하면, 안타까움은 곧 해소된다.

기독교의 모순적 어법은 선의 속성을 암시함으로써 악을 제압하려는 일종의 전략적인 수법이다. 우리는 불의와 사악에 직면하여 먼저 자신과의 싸움에서 이기고, 그 여세를 몰아 여유 있게 "악한 자"와 "원수"를 대하라는 뜻이다. 기독교는 "의에 주리고 목마른 자는 복이 있다" 했고, "사랑은 불의한 것에 기뻐하지 않는다." 고도 했다. 평화주의는 하나의 합목적적인 유연한 수단일 뿐이며, 불의와 사악을 묵인하는 현실도피는 결코 아니다. 소위 "행동하는 양심"만이 양심인 것은 아니다. 그것은 투쟁을 강요하는 혁명적 발상일 뿐이다.

고대 희랍의 정치가이자 시인안 테오크리투스Theocritus. 308-240 BC는 목가 문학의 창시자로 알려져 있다. 테오크리투스는 시실리 섬의 출신으로 청운의 뜻을 품고 아테네로 상경하여 궁정에 입궐

했으나, 궁정에는 치열한 경쟁으로 질투와 살육이 난무하여 하루도 영일이 없었다. 그는 궁정생활에 염증을 느끼고 낙향해버렸다. 서양의 도연명陶淵明이랄까? 전원으로 돌아와 보니 고향의 봄이 그렇게 평화로울 수가 없었다. 하늘에는 종달새가 노래하고, 운무에 젖은 푸른 초장에는 하얀 양떼가 한가롭게 풀을 뜯고 있었다. 옆에서는 소박한 목동과 목녀가 숨을 죽이며 사랑을 속삭인다. 얼마나 아름답고 평화로운 정경인가?

한국의 독보적인 목가문학가 신석정辛夕汀, 1907-1974 시인은 주로 일제 강점기를 거치며 작품활동을 하였다. 시각에 따라서는 그의 시상詩想이 혹여 불의의 침탈을 외면한 채 전원에 안존하는 것이 아닌가 의아해할 수도 있으리라. 그러나 착각이다. 그는 개인적으로 창씨개명을 거부하여 일제의 황민화皇民化 정책에 맞섰고, 印度의 노래 등 10여 편의 유작 참여시를 통하여 제국주의의 만행을 신랄하게 규탄하였다. 신석정 시인의 전원시에는, 현실적 고뇌를 정신력으로 초월하는 무저항주의의 심층적 저항철학이 담겨있다. *夕汀*의 평화주의다.

테오크리투스의 ≪목가 시≫*Idylls*는 "푸른 초장"에 영원한 평화를 구가하는 목동의 노래다. 목가 문학은 전원과 산야를 배경으로 설정한 문학형태이지만, 그렇다고 자연의 풍경묘사에 치중하는 문학은 아니다. 미국 프린스턴 대학의 에틴Andrew V. Ettin 교수는 목가 문학에 대한 그릇된 통념에 일침을 가한다.

> 목가 문학이라고 해서 꼭 자연에 관해서 기술한 것만은 아니다. 사실 목가 문학은 근본적으로 자연에 대한 직접적인 관심

을 갖지 않는다. 목가 문학에 나타난 자연의 세계는 하나의 배경이거나 정서적 상황의 외형적 표현일 뿐이다.

목가 문학은 자연의 단순한 외형적인 모사模寫가 아니라, 자연에 내재한 한 근원적인 사상의 구현이라는 말이다.

에틴 교수는 영국의 문예부흥기 이래로 성행한 목가 문학의 성향과 모형을 브라우닝Robert Browning의 피파의 노래Pipa's Song에서 찾는다.

한 해는 봄철
하루는 이른 아침
아침은 정각 일곱 시
산허리에 이슬이 맺히고
종달새는 창공에서 노래하고
달팽이는 가시 숲속을 기어가며
하나님은 하늘 위에 계시나니
세상은 만사가 평화로워.

이 시는 간결한 언어로 인간과 자연의 교감을 칭송하고 신의 섭리를 찬미하며, 우주만물에 신성을 부여한다. 목가 문학은 기독교의 평화주의를 정신적 기조로 깔고 있는 것이다. 목가 문학은 평화를 숭상한 고대 유목민의 생활 철학에서 탄생한 구비 문학을 문자화한 형태다.

구약성서 "창세기Genesis"에 보면, 여호와 하나님은 철저한 평화주의자시다. 여호와는 가인의 제사는 거부하였고, 아벨의 제사는 열납悅納하였다. 가인은 농업에 종사하느라 싫든 좋든 전쟁주의자가 되었고, 아벨은 목축에 종사하였기 때문에 평화주의자가 되었다. 평화를 사랑하는 여호와는 평화주의자 아벨의 제사를 열납하였던 것이다. 해석상에 논란이 되고는 있지만 그 상징성에 유의하면 될 것이다.

농업에 종사하자면 다툼이 많다. 농토를 마련하기 위하여 자연과 싸우고, 농지구역을 정리하고 농수를 끌어오기 위하여 이웃 농가와도 싸운다. 비교적 물이 풍족한 우리나라에서도 가물 때면 서로 자기 논에 물을 대려고 농부끼리 목숨을 걸고 싸웠던 시절이 있었다. 한동네 이웃 사람을 삽으로 찍어 즉살한 끔찍한 불상사들을 아마도 기억하시리라. 이 모두 농사 때문이었다. 하물며 물이 턱없이 부족한 이스라엘에서야 오죽했을까? 반면에, 목축업에 종사하는 사람은 양들을 보호하며 초지를 따라 산야를 오르내리다 보면 어느덧 한 해가 다 지나간다. 순한 양을 거느린 선한 목자는 스스로 자연스럽게 평화주의자가 되는 것이다.

야곱과 에서의 결전장이 된 세일 지방 에돔 벌판은 목가 문학의 정신적 요람이라 할 수 있다. 아우 야곱은 잔꾀가 많아 형의 소탈한 성격을 역으로 이용하여 형의 장자권을 사취했다. 아버지 이삭이 노쇠하자 부친을 속여 장자의 축복기도마저 가로챘다. 아우의 간계에 넘어간 에서는 화가 치밀어 "세일 땅 에돔 들"에 4백 명의 장정으로 진을 치고 아우에게 결전을 통고했다. 야곱은 겁에 질렸다. 형의 위력을 잘 알고 있었기 때문이다. 그는 결전 당일 염소, 양, 소, 낙타, 나귀 등 가축 6백여 마리와 남녀 종복들을 에돔산 기슭에 세워놓고, 마치 죄인이나 된 것처럼 검은 복장으로 혼자서 결전장에 나타났다. 에서는 의아했다. "이번에는 또 무슨 수작을 부리려고 저러나?"

야곱은 삼 보 걷고 땅에 엎드리어 일 배, 또 삼 보 걷고 땅에 엎드리어 일 배, 이렇게 칠 배를 거듭한 후에 무릎을 꿇고 흐느꼈다. 아우의 수상쩍은 행동을 예의주시하고 있던 에서는 아우에게 달려가 아우의 눈물을 확인한 순간 아우를 일으켜 세우고 열렬히 포옹하였다. 형제는 뜨거운 눈물로 화해했고, 창검으로 무장한 4백 명의 장정들도 함께 울었다. 에돔은 감격의 산야가 되었다. 화해는 언제나 보는 이들을 울리는 감동의 마술사다. 형은 아우를 용서했고, 아우는 가축과 종복으로 보답했다. 에돔은 평화의 벌판이 된 것이다.

전원과 산야는 그 어디나 선한 목자와 순한 양을 수용하는 영원한 잠재성을 지니고 있다. 구약성서 "시편Psalm"의 주요 집필자인 다윗David은 제 23편에서 그 잠재성을 다음과 같이 노래하였다.

> 여호와는 나의 목자시니 내가 부족함이 없으리로다. 그는 나를 푸른 초장에 누이시며 쉴만한 물가로 인도하시는도다. 내 영혼을 소생시키시고 자기 이름을 위하여 의의 길로 인도하시는도다. 내가 사망의 음침한 골짜기로 다닐지라도 해를 두려워 않을 것은 주께서 나와 함께 하심이라.

캐나다 토론토 대학의 프라이Northrop Frye 교수는 목가 문학의 배경을 "녹색 세계Green World"라 했고, 역사 문학의 배경을 "적백 세계Red and White World"라 불렀다. 후자는 "장미 전쟁"이라 불리는,

영국 두 왕가의 피비린내 나는 권력 투쟁에서 비롯된 것이다. 프라이 교수는 양자를 차별화하고 있지만, 비극은 적백 세계에만 있는 것이 아니다. 녹색 세계에도 "사망의 음침한 골짜기"가 도사리고 있는 것이다. 그러나 주께서 선한 목자로서 우리와 "함께 하시기" 때문에 녹색 세계는 어제나 안전하고 평화로우며 생동력이 넘치는 곳이다.

≪뜻대로 하세요≫의 아든 숲은 전경에 죽음의 강이 흐르는 언덕에 위치한다. 수시로 사자와 독사가 출몰하고, 강도와 검객이 준동하는 곳이다. 그러나 아든 숲은 로살린드를 선한 목자로 맞이하면서 "녹색 세계"의 마력을 회복한다. 아우를 살해하고자 아든 숲을 찾았던 올리버는 아우 올란도를 만나 뜨거운 눈물로 화해를 이루었고, 형을 척결하기 위하여 친히 대군을 거느리고 아든 숲을 추적했던 프레데릭 공작은 형에게 왕위를 돌려준다. 네 쌍의 선남선녀들이 각기 사랑을 찾아 짝을 짓는다. "녹색 세계"의 위력 때문이다.

같은 아든 숲에 기거하면서도, 아무런 변화도 받지 않는 군상들이 있다. 염세주의자 제이크스가 그렇고, 교회의 종소리에 둔감한 윌리엄이 그렇다. 그들에게는 "녹색 세계"의 마력이 미치지 않는 것이다. 녹색 세계는 지리학적 공간뿐만이 아니라 심리학적 공간이기도 하다. 지리학적 공간이 녹색 세계의 필요조건이라면, 심리학적 공간은 필요충분조건이라 할 수 있다. 녹색 세계는 전원이나 산야에만 있는 것이 아니다. 도심의 작은 공간이나 가정의 주택에서도 얼마든지 녹색 세계를 체험할 수 있다. 한 주 동안 직장에서 열심히 일하다가 주초에 교회를 찾는다면 얼마든지 심리학적

"녹색 세계"를 체험하게 되는 것이다.

목가 문학의 정수精髓인 녹색 세계의 체험은 오직 여호와 하나님을 "나의" 목자로 마음에 모심으로써 가능하다. 링컨은 기도로 일과를 시작하는 대통령으로 유명하다. 그는 엄청난 신상의 고난을 기도로써 극복하였고, 변호사 생활도 기도로써 이어갔다. 대통령직을 기도로써 수행하였고 남북전쟁을 기도로써 승리했으며, 노예해방도 기도로써 선포했다. 그는 사적이든 공적이든 자신이 하는 일이 곧 하나님의 뜻을 대행하는 일이 되게 해달라고 기도하였다. 주님이 그와 동행해 달라고 기도하는 것이 아니라, 그가 하나님을 동행하게 해 달라고 기도하였다. 내가 몸소 주님에게 달려가야 주님을 진정으로 마음에 모시는 것이다.

우리 고향, 병암 벌에는 양떼가 없다. 양 없는 "푸른 초장"이다. 그러나 병암 마을에는 50여 년 전에 교회가 세워졌다. 병암교회는 병암 벌의 심리학적 녹색 세계인 것이다. 교회가 세워질 당시 우리 어머니는 심한 생활고를 겪으셨다. 한계상황을 넘나들며 피나는 노력을 하셨다. 그런 와중에서도 어머님은 교회의 종탑을 세우고 종을 구입하는 경비를 혼자서 부담하셨다. 물론 노역봉사도 하셨다. 어머님은 평화주의자시다. 다투시지를 않는다. 반세기가 넘도록 지겨온 병암교회여, 이 강산에 평화의 종소리를 영원무궁토록 울려주시기를!!! 아멘.

어머니와 교육

지상에서 가장 교육열이 높은 민족은 아마도 유대 민족일 것이다. 그들은 자녀 교육에 대하여 막연한 열성을 보이는 것이 아니라, 교육의 주체와 방향은 물론 교재까지도 구체적으로 설정한다. 유대인들이 지칭하는 민족 교육의 주체는 유대인 어머니다. 가정에서 어머니가 탈무드와 모세 오경 그리고 예언서 등을 교재로 사용하여 자녀를 가르쳐야 민족의 정기와 철학이 담긴 소위 민족 교육이 이루어지는 것이다. 유대인 어머니는 유대 민족의 필요충분조건이다.

유대 민족은 동족의 자격 요건을 유대인 여성의 자녀로 규정한다. 아버지가 유대인이라 할지라도 어머니가 유대인이 아니면 그들의 자녀는 유대 민족이 아니다. 반면에 아버지가 유대인이 아니라 할지라도 어머니가 유대인이면 그들의 자녀는 유대 민족인 것이다. 유대 민족은 철저한 모계 혈통을 고집한다. 그들은 혈통을 중시하면서도 민족 교육을 더욱 중요시하며 교육은 어머니가 담당해야 한다는 확신을 가지고 있다. 친화력affinity 때문일 것이다. 교육에 있어 교육자와 피교육자간의 친화력만큼 중요한 인자도 없다.

자녀는 누구나 어머니의 뱃속에서 10개월 동안 함께 호흡하고 맥박을 같이 하는, 어머니의 분신이다. 탯줄을 끊은 후로도, 자녀는 어머니의 품에 안겨 태중의 고요한 향수를 달래면서 어머니의 젖을 빤다. 아이를 굽어보는 어머니의 흐뭇한 시선과 어머니를 올려보는 아이의 평화로운 눈빛이 마주칠 때 맑고 행복한 미소가 번진다. 그 같은 미소야말로 친화력의 극치다. 교육은 이러한 청징한 친화력 속에서 성취되는 것이다. 어디 그뿐인가? 어머니는 헌신과 희생의 화신이다. 맹수의 암컷을 보라. 조건 없이 새끼의 보육을 전담한다.

맹수의 세계는 매정하다. 수컷은 사생결단으로 짝짓기 상대를 획득하여 씨만 뿌리고 어디론가 유유히 사라진다. 후사나 후승後承 따위는 안중에도 없다. 암놈은 만삭이 되어 극도로 거동이 불편해도 혼자서 먹이 사냥을 해야 하고, 출산을 전후하여 진통과 산고에 시달려도 외롭게 먹이를 구해야 한다. 자신의 주린 배도 채워야 하지만 새끼에게 젖을 물리기 위해서는 절박한 현실이다. 양육뿐만이 아니다. 암놈은 소정의 생활 교육을 끝낸 후에 모정을 단절하는 아픔마저 홀로 감당해야 한다. 그 애달픈 심정을 단장애斷腸哀라 했던가? 인간사 생이별만큼 괴로운 것이 또 있을까? 하물며 부모 자식 간이랴?

치타는 맹수에 속하는 동물이지만 현실적으로는 애매한 입장이다. 사자나 호랑이처럼 체구가 당당하거나 기개가 용맹스러운 것도 아니고, 하이에나처럼 턱뼈가 강하고 치아가 튼튼한 것도 아니다. 달리기 속도만이 맹수 중에 으뜸이다. 빼어난 주행속도 하나로 사슴 등 날렵한 초식동물을 제압하여 먹이로 사냥할 수 있는 것이다. 독수리와 하이에나의 눈을 피하여 새끼들을 덤불 속에 감추어 놓고, 새끼들 근처에서 사냥을 하자니 얼마나 힘이 들고 불안하겠는가? 수놈이 옆에서 새끼라도 보호해 준다면 오죽이나 고마울까?

언젠가 텔레비전에 방영되었던 "동물의 왕국"의 한 장면이 떠오른다. 치타는 그 날도 새끼 세 마리를 덤불 속에 숨기고 먹이 사냥에 나섰다. 이상하게도 그날따라 멧돼지와 하이에나의 공격을 피해가며 먹이를 사냥하느라 많은 어려움을 겪었다. 네 차례나 실패를 거듭한 끝에 큼직한 사슴 한 마리를 잡았다. 치타는 등치 큰 사슴을 입에 물고 새끼 곁으로 끌고 가느라 진땀을 흘렸다. 새끼들을 숨겨 놓은 덤불에 가까이 왔을 때 하이에나 한 마리가 나타났다. 치타는 본능적으로 새끼들을 보호하려고, 먹이를 그 자리에 놓고 새끼 곁으로 달려갔다. 기회를 놓칠 세라 하이에나는 사슴을 물고 달아났다. 날강도도 그런 날강도가 따로 있겠나?

하루 종일 숨 돌릴 겨를도 없이 힘들게 사냥한 먹이를 강탈당한 치타의 심정이 얼마나 허전했을까? 안타깝게도 지는 해가 지평선 아래로 떨어지며 어두워가고 있었다. 어미 치타도 공복에 기진맥진했지만 배를 곯은 새끼들이 칭얼대며 어미의 마음을 얼마나 괴롭힐 것인가? 텔레비전에 비쳐진 어미 치타는 일몰을 바라보며 무법천지의 정글 세계를 한없이 원망하고 있었다. 종種의 존속은 창조질서의 존엄이거늘, 어찌하여 육아와 교육은 암컷만의 책무이던가? 하염없이 석양을 바라보는 치타의 두 눈이 애처롭게만 느껴졌다.

어느 사냥 포수로부터 들은 이야기다. 한 동안 사냥이 극성했던 60년대 후반일 것이다. 노루 세 마리가 눈에 띄어 이리 쫓고 저리 몰며 추격을 하던 중에, 갑자기 한 마리가 불쑥 튀어나와 포수 앞에 나타났다. 포수 앞에 멈추어 선 노루는 앞발을 들고 일어나 두 발로 배를 두들겼다. 놀란 포수가 방아쇠를 당기려 하자 노루는 힘껏 뛰어 오르더니 다시 자신의 임신한 배를 두들기더라는 것이다. 포수는 직감했다. "새끼를 살려달라는 호소로구나!!" 포수는 총부리를 내리며 속삭였다. "짐승도 새끼를 살리겠다고 저 모험을 다하는데, 내가 이 짓을 계속해야 되겠는가?" 그는 자괴하며 그 후로는 더 이상 총을 들지 못했다고 했다.

나 몰라라 달아난 두 마리의 노루는 분명히 수놈들이었을 것이다. 수놈들은 육아도 교육도 오불관여다. 어디 짐승들의 세계에서만 있는 일인가? 인간의 세계에서도 흔히 볼 수 있다. 고래로 학동들의 한서 교재에도 "부생아신父生我身하시고, 모국오신母鞠吾身이로다."라 했으니 안타까운 일이 아닐 수 없다. 세상의 어머니들이시여, 부디 가슴앓이를 하지 마시기를!! 그대들이야말로 하나같이 우주의 교사敎師로다. 그대들의 헌신적인 양육과 교육이 있기에 숲에서 동물들이 약동하고, 문명사회에서 인간들이 문화를 누릴 수 있으리라.

인류의 역사에는 유난히 육아와 교육에 탁월한 어머니들이 있다. 그들은 각기 자녀 교육을 위하여 헌신과 희생을 마다하지 않았다. 그들은 어려운 환경 속에서도 모든 난관과 한계상황을 극복하고, 자녀를 성현이나 위대한 지도자로 길러 냈다. 동양 문화권의 공자와 맹자의 어머니가 그러했고, 서양 문화권의 링컨과 오바마의 어머니가 그러했다. 그들의 빼어난 교육의 공로로 인류는 위기마다 난세를 극복하는 지도자를 갖게 된 것이다.

공자의 어머니 안징재顔徵在는 20세에 남편을 잃었다. 결혼 생활 3년도 못 채우고 당한 불행이었다. 그녀는 두 살 난 공자를 남겨 두고 팔자를 고칠 것인가 고민하다가 개가를 포기하고 자식을 돌보기로 결단했다. 끝없는 희생이었다. 그녀는 아들의 자존심을 보호하기 위하여 아버지는 전쟁터에 나갔다고 속이고, 예의범절 등 아들의 감성 교육에 열중하였다. 공자가 훗날에 인의에 치중한 것도 어머니로부터 받은 교육의 여파라 할 수 있다. 16세에 어머니를 잃은 공자는 3년 동안을 하루같이 어머니의 묘소에 기거하며 친상을 마쳤다. 학행일치였다.

맹자의 어머니는 남다른 교육관을 가지고 있었다. 맹모의 삼천지교三遷之教는 교육 환경설의 실증이다. 맹자가 나태하여 학업을 중단하고 집에 돌아왔을 때, 맹모는 베틀에 걸린 날줄을 끊어버렸다. 그녀는 일갈했다. "남자가 수도를 중단하면 여자가 베줄을 끊는 것과 무엇이 다르겠는가?" 그렇다. 베는 날줄과 씨줄이 정교하게 조합된 배열이다. 인간의 수도도 매한가지다. 맹모의 단기지교斷機之教는 교육 효과에 대한 실증주의의 실례다. 엄숙한 실증 앞에 맹자는 정신이 번쩍 들었으리라. 흔히 맹모삼천을 운위하지만 단기 지교는 맹모의 사천四遷이라 할 수 있다. 그녀는 맹자의 교육적인 시각을 외부에서 내부로 옮겨 놓은 것이다.

아브라함 링컨Abraham Lincoln은 학교 교육을 9개월 밖에 받지 못했다. 가정이 극도로 빈곤했기 때문이다. 어머니 낸시Nancy가 아들의 실질적인 교사였다. 낸시는 책도 없고 필기도구도 없었기 때문에 나무 가지를 꺾어 땅바닥에 글씨를 써가며 알파벳과 아라비아 숫자를 가르쳤다. 아브라함이 어느 정도의 독해 능력을 취득했을 때 낸시는 아들에게 찬송을 가르치고 성경을 읽어주었다. 성경에 나오는 인물 중에 낸시가 특별히 중요시한 인물들은 믿음의 조상 아브라함과, 이스라엘의 민족적 지도자 모세와, 이스라엘의 성군 다윗이었다. 어릴 적부터 성경을 통하여 감성을 순화하고 지도자의 꿈을 키우자는 장대한 의도였다.

낸시는 링컨이 아홉 살 때 풍토병으로 사망하였다. 그녀는 아들에게 성경 한 권을 유산으로 물려주며 말하였다. "성경은 백만 평의 땅보다 더 값진 재산이다. 잘 읽고 성경대로 살아라." 링컨은 성경을 가슴에 안고 한없이 울었다. 링컨은 두세 달 후에 새엄마 사라Sarah를 맞았다. 처음에는 새엄마를 몹시 미워하여 엄마라고 부르지도 않았다. 그러나 사라는 진솔한 사랑으로 링컨에게 접근하였다. 하루는 사라가 링컨에게 물었다. "죽은 엄마가 왜 네 이름을 '아브라함'이라 지었는지 아니?" 어린 링컨에게는 너무 진지한 질문이었다.

새엄마는 말을 이었다. "엄마는 네가 아브라함처럼 위대한 조상이 되라고, 너의 이름을 그렇게 지은 것이야. 어머니가 지어준 이름이니 '아브라함'을 평생 동안 잊어서는 안 된다." 이 한 마디가 링컨의 생각을 완전히 바꾸어 놓았다. 그 한 마디는 죽은 어머니와 어머니의 가르침을 연상시키는 말이었기 때문이다. 링컨의 머리와 가슴속에 긍정의 회오리가 일었다. "그렇다. 내가 아브라함처럼 위대한 인물이 됨으로써 어머니를 기릴 수 있으며 어머니의 교육을 실천할 수 있는 것이다." 링컨은 틈만 나면 성경책을 들고 새엄마를 찾아가 아브라함 이야기를 읽어 달라고 졸랐다. 그는 대통령이 되어 노예 석방을 선언함으로써, 흑인 인권의 조상이 되었다. 빈곤한 링컨가家의 "아브라함"이 위대한 미국의 "아브라함"이 된 것이다. 감명을 주는 교육만이 영혼을 변화시키고 인생을 바꾸어 놓을 수 있는 것이다.

교육에는 끈질긴 인내와 아낌없는 헌신이 필요하다. 어머니를 잃은 어린 링컨은 절망적인 상황에서 뜻밖에 새엄마를 맞게 되어, 반항심과 증오심을 온통 새엄마에게 퍼부었다. 사라는 가난한 구두 수선공의 후처로 들어와서 전실 자식의 조롱과 학대를 받았을 때, 자신의 운명이 얼마나 원망스러웠을까? 그러나 그녀는 모든 모멸감을 꿀꺽 삼키며 링컨의 상한 마음을 돌려놓는 데 심혈을 기울였다. 외롭고 괴로운 신자의 길이었다. 정성을 다하면 하늘도 움직인다. 링컨은 마침내 새엄마의 품으로 돌아와 그녀로부터 성경을 통한 감성 교육과 기초 교육을 받았다. 링컨은 새엄마를 "천사 어머니"라 부르며 평생 동안 존경하였다.

대통령 취임식과 관련된 한 일화가 생각난다. 링컨 대통령이 고향 스프링필드에서 주민들의 환송식을 마치고 백악관을 향하여 떠나려는 참이었다. 수많은 인파에 쌓인 링컨 일행은 삼엄한 경비 속에 출발 신호만을 엄숙하게 기다리고 있었다. 바로 그 순간이었다. 링컨의 새엄마로부터 급한 전갈이 들어왔다. 링컨은 황급히 어머니에게 달려갔다. 군중들은 무슨 일인가 의아하여 술렁이기 시작하였다. 링컨은 새엄마에게 물었다. "어머니, 무슨 일이세요?" 70세가 넘은 새엄마는 링컨의 귀에 대고 속삭였다. "차 조심하라고." 링컨은 정중하게 대답했다. "알겠습니다, 어머님. 잘 다녀오겠습니다." 새엄마의 황당한 노파심에서 빚어진 씁쓸한 해프닝이었지만, 새엄마에 대한 링컨의 효심과 존경심을 잘 반영하는 일화다.

미국의 제 44대 대통령 당선자, 오바마Barack Obama의 어머니 앤Ann은 결혼 초기부터 신변이 어수선했다. 20세 미만의 혼전 임신이며, 백인 여성으로서 흑인과의 결혼 문제며, 아들이 두 살 때 이혼으로 인하여 남편이 떠나버린 일이며, 아들을 양육하고 교육하는 향후의 일 등 미묘하고 복잡한 문제들이 앤을 엄습해 왔다. 그 고통의 와중에서도 오바마의 어머니는 흔들리지 않고 아들의 교육 문제를 치밀하게 계획하였다. 아들의 교육을 백인인 자신이 맡아 흑인으로서의 차별화를 차단해야 했고, 미국 내의 한 지도자가 되기 위해서는 영어를 백인 원어민처럼 능숙하게 해야 한다는 점을 분명히 파악했다.

앤은 오바마가 다섯 살이 될 때까지 하와이에서 살면서 언어 교육과 감성 교육에 주력하였다. 미국 정서에 맞는 사고와 판단력을 길러주었고, 비록 흑인으로 태어났지만 자존심을 잃지 않도록 자긍심을 길러주었다. 흑인 변호사와 정치가들의 세밀한 프로필을 입수하여 사진도 보여주고 자라온 배경도 읽어주었다. 어릴 때부터 지도자로서의 꿈을 심어준 것이다. 오바마가 여섯 살 때 앤은 인도네시아 유학생과 재혼하여 남편을 따라 인도네시아로 거처를 옮겼다. 아들도 같이 갔다. 그의 인도네시아 생활 5년은 피나는 교육의 기간이었다.

앤은 매일 새벽 4시에 아들을 깨워 영어 공부를 시켰다. 어린 아들이 꼭두새벽에 일어나 눈을 부비며 공부하는 모습이 얼마나 애잔했을까? 공부하는 아들이나 가르치는 어머니나 몹시 힘이 들었을 것이다. 감수성이 예민한 어린 시절에 외국인과 어울려 살다 보면 모국어가 오염되기 쉽다. 오바마는 단 하루도 영어 교육을 거를 수 없었다. 오바마에게 영어는 절체절명의 필수 과목이었다. 앤의 영어 교육에는 철저히 정서 교육이 수반되었다. 인격은 어머니의 감성 교육에 의하여 형성되기 때문이다. 오바마는 11세가 되어서야 하와이로 돌아가 외할머니의 슬하에서 미국의 정규 교육을 받게 되었다. 앤의 치밀한 교육 스케줄이 눈이 부시도록 현란하다.

오바마는 대통령에 당선된 순간 어머니의 교훈을 머리에 떠올렸다. "관용과 평등을 지키고 혜택 받지 못한 사람들의 편에 서라." 앤이 아들에게 강조했던 지도자의 상이다. 오바마는 어머니의 교훈을 가슴에 새기며 법학을 연마하여 하버드대 법학대학원에서 박사학위를 받았다. 그는 시카고의 빈민가에 들어가 인권변호사로 자원 봉사하며 정치기반을 다졌다. 오바마는 한 때 마약에 빠지는 등 아슬아슬한 경우도 없지 않았지만, 어머니로부터 받은 굳건한 감성교육의 저력으로 한계상황을 극복할 수 있었다. 오바마 당선자는 인생에 있어 "어머니"의 기초교육이 얼마나 중요한가를 보여주는 사례연구의 좋은 대상이 될 것이다.

우리나라 어머니들의 교육열은 가륵하다. 반세기가 넘도록 앞만 바라보며 달려온 물량적인 교육열이다. 그러나 이제는 좀 더 경제적이고 현명할 필요가 있다. 우리의 어머니들은 사교육비를 마련하느라 가계를 망치고 건강을 망치고, 더러는 인륜까지 망치는 경우도 있다 한다. 무엇을 위한 교육이며, 도대체 누구를 위한 교육인가? 자녀 교육의 목표와 방향을 명쾌하게 설정해야 한다. 남이 하니까 나도 해야 하고, 남이 가니까 곤두박질을 쳐서라도 갈 데까지 가야 직성이 풀린다는 심사는 더 이상 교육이 아니다. 옹졸한 오기일 뿐이다.

우리 어머님은 정규 교육을 받지 못하셨다. 그러나 어머님은 나에게 평생교육의 방향을 제시하셨다. 어머님은 잡초가 우거질 대로 우거져 금방이라도 독사가 나올 것 같은 풀밭을 깔끔하게 매어 놓고 말씀하시곤 하였다. "세상에 손보다 좋은 것은 없다. 아무리 지저분하고 사나운 것이라 할지라도 손만 닿으면 깨끗해진다. 손은 사용해야 빛이 나는 법이다." "손"에는 함축적인 의미가 많다. 일하는 손, 돕는 손, 봉사하는 손, 정화의 손, 미학의 손, 기도하는 손 등 손에 대한 외연이 무수하다. 나는 어머님의 교훈에 힘입어 열심히는 살아왔다.

어제는 어머님의 92회 생신이었다. 가족끼리 축하예배를 드렸다. 나는 예배를 마치고 맏아들로서 어머님의 두 손을 꼭 쥐어드렸다. 너무나 야위고 여윈 작은 손이었다. 눈물이 핑 돌았다. 그러나 어머님의 손은 결코 약한 손도 아니고 허무한 손도 아니다. 열심히 사용한 "빛나는 손"이시며, 자손들을 강하게 길러낸 능력의 손이시다. 가시에 찔리고 풀잎에 베인 상처투성이의 손일지라도, 그 손으로 뿌리고 가꾼 결실로 오늘날 우리 자녀와 손자들이 여러 분야에서 나름대로 소박한 성공을 거두며 열심히 살고 있다. 어머님의 손에 대한 철학이 우리의 가슴 속에 생동하는 한, 어머님의 감동적인 교훈은 우리와 함께 영원할 것이다.

"어머니"는 창조주가 부여한 자랑스러운 호칭이다. 신은 임신은 물론 육아와 교육, 심지어 보호의 권한마저 철저히 "어머니"에게 위임하였다. 아버지는 어쩐지 한데다. 아이들은 울 때면 약속이나 한 듯이 너나없이 "엄마"를 찾는다. 어찌 아이들뿐인가? 성인이 되어서도, 놀라거나 위급할 때면 자신도 모르는 사이에 "어머나" 또는 "에그머니"를 외친다. 인간이나 짐승이나 동물들은 모두 태생적으로 "어머니"와 밀착되어 있기 때문이다.

최근에 노르웨이의 어느 장관이 휴가를 얻어 육아를 도왔다 하여 외신이 요란하다. 그렇다. 아직도 "남자의 육아"는 신문에 날 일이다. 영국의 대처 수상은 그 바쁜 국정 책임자의 일정에도 불구하고, 결혼할 딸의 신방을 몸소 도배하며 예쁘게 꾸몄다. 그러나 외신의 기삿거리가 되지 못했다. "어머니"의 당연한 권리이며 임무라서 정보가치가 약했던 것이다.

우리 집 둘째 손자 놈은 생후 6개월이 지났는데도 도무지 웃지를 않았다. 웃음에 인색한 놈이다. 우리 집 식구들은 그 놈을 "카리스마 황"이라 불렀다. 그런데 엊그제 변화가 생겼다. 제 어미가 작심이나 한 듯이 "깍~꿍" 공세를 퍼붓더니 놈의 표정이 확 바뀌었다. "카리스마 황"이 "스마일 황"으로 변신한 것이다. 그러면 그렇지. 그놈 제법 똑똑한 놈이다. 그까짓 "카리스마"가 무엇이 그리 대단하다고, 제 어미에게까지 위세를 부려서야 되겠는가? 손자 놈은 인상(?)을 쓰다가도 제 어미만 나타나면 파안대소한다. 모두가 모정의 조화다.

교육과 친화력은 불가분의 관계에 있다. 세상에 모정보다 강한 친화력은 없다. "어머니"는 모정어린 감성 교육을 통하여 자녀의 인성 개발에 전념해야 한다. 지성 교육은 온전히 공교육에 맡겨야 한다. 이제는 물량적인 교육열을 지양하고 질량적인 교육열을 추구해야 한다. "어머니"는 개체보다는 종을 도모하기 마련이다. 비전이 있어야, 민족이 산다. 우리나라의 어머니들은 하루 속히 천부의 자랑스러운 "어머니" 상을 회복해야 한다. 교육 현안의 제반 문제는 어머니들이 고민하며 풀어가야 한다. 권리에는 항상 의무와 사명이 따르기 때문이다.

화목제

화목제는 번제의 한 형태다. 번제는 인간이 속죄를 위하여, 소나 염소 등의 짐승을 장작불에 태워 신이 그 냄새를 흠향하도록 드리는 제사다. 고대 근동지방에서 성행했던 제사의식으로서 주로 농신제로 드렸다. 초기에는 제물을 사람으로 제한하였고 초실初實로서 남자라야 했다. 첫 아들을 제물로 바쳤던 것이다. 제물이 선정되면 제사장은 칼로 제물의 목을 따서 피를 받아 제단의 네 모서리에 뿌린다. 제사장은 제물을 장작위에 올려놓고 제물의 머리에 손을 얹는다. 제사장의 주도로 회중이 함께 속죄의 기도를 드린다.

속죄의 기도를 통하여 회중의 모든 죄가 제사장의 팔과 손을 거쳐 희생 제물에게 옮겨진다. 이때에 장작에 불을 지피면 인간의 죄는 불에 타서 소멸되고, 신은 제물의 향기를 흠향하는 것이다.

인간의 일이란 어느 때나 애환이 엇갈리기 마련이다. 번제에 참가한 회중은 죄를 속량 받아 마음이 후련하겠지만, 아들을 날린 부모의 심정이 어떠했을까? 생떼 같은 아들의 목을 따고 장작불에 화장시킨 부모의 애통함을 상상이나 할 수 있는가? 한 말로 비극이었다. 너무 잔인한 비극이었던 것이다.

대의의 명목으로 개인의 참혹한 비극을 수없이 겪은 끝에 조금이나마 인간의 존엄성이 의식되었다. 인본주의의 여명이랄까? 번제의 제물을 소나 염소로 교체하게 되었다. 구약성서 창세기에 보면 여호와 하나님은 아브라함에게 그의 독자 이삭을 번제에 바치도록 명령한 후 아브라함이 이삭을 결박하고 목을 따려는 결정적인 순간에 미리 준비해둔 숫염소로 제물을 교체시킨다. 다산 fertility과 풍작을 기원하여 농신에게 드렸던 번제는, 유대인들이 신앙적 의식으로 여호와에게 드린 번제의 한 예표이었으리라. 이처럼 죄의 속량을 목적으로 드린 번제를 속죄제Sin Offering라 부른다. 대부분의 번제는 속죄제로 드려졌다.

속죄제에서는 제물의 피를 제단에 뿌리고, 기름과 내장을 포함하여 제물 모두를 불에 태워 신에게 바친다. 제사장과 회중은 정성을 다하여 그야말로 모든 것을 제물로 드리는 것이다. 속죄가 이루어져야 자녀를 많이 얻어 후사도 돌볼 수 있고, 농자물을 풍족히 수확하여 생활의 윤택을 누릴 수 있었기 때문이다. 특히 아브라함의 경우에는, 그의 무조건적인 순종의 번제가 여호와 하나님께 상달되었기에 자신은 믿음의 조상이 되었고 이삭과 야곱으로 이어지는 자손만대의 축복을 받을 수 있었다.

속죄제와 화목제는 동전의 양면과도 같다. 속죄제에 의하여 죄가 속량되어야 신으로부터 화해를 얻어낼 수 있기 때문이다. 화해는 양자 간의 관계가 회복됨으로써 가능하다. 인간이 신을 선한 목자로 받아드리고 그의 인도에 수종해야 화해가 이루어진다. 신과 인간의 관계회복은 일차적으로 인간간의 관계가 회복됨으로써 완성된다. 하나님은 말씀하셨다. "너희가 매면 하늘에 있는 나도 맬 것이요, 너희가 풀면 나도 풀리라." 무엇보다도 인간간의 맺힌 관계가 풀리지 않으면 화해의 멋진 화룡점정畵龍點睛을 기대할 수가 없다.

화목제는 신과 인간이 화해하고, 인간과 인간이 화해하는 대화합의 축제다. 속죄제에서와는 달리, 화목제에서는 제물의 기름과 내장만을 불살라 신에게 드리고 육 고기는 제사장과 회중이 나누어 먹는다. 음식만을 나누는 것이 아니라, 즐거운 대화도 나누고 아름다운 노래도 나누며 인정도 나누고 눈물도 나누고 사랑도 나눈다. 사랑과 평화가 넘치는 번제다. 그러한 분위기를 강조했음인지, 화목제를 영어 표현으로는 "Peace Offering(평화제)"이라 부른다. 사도 요한은 예수께서 세상에 오셔서 십자가에 못 박혀 돌아가신 구원의 역사를 화목제로 해석한다(요1. 4:10) 독생자 예수가 화목제의 제물이 된 것이다. 십자가는 번제의 한 변형modulation이다.

십자가의 사건은 여호와 하나님이 권능으로 마련하신 화목제다. 그가 아브라함에게 독자 이삭을 번제물로 바치도록 명령함으로써 예표한대로 자신도 독생자 예수를 세상에 보내어 화목제의 제물로 삼은 것이다. 예수님은 최후의 만찬에서 친히 축사하신 후에 떡을 떼시고 잔을 나누시며 이렇게 말씀하셨다. "받아 먹으라. 이것은 내 몸이니라.—받아 마셔라. 이것은 많은 사람을 위하여 흘리는 나의 피 곧 언약의 피니라.(막. 14:22-24)" 예수님은 "떡을 떼고, 잔을 나누는 행위"를 하나의 의식으로 행하여 자신을 기념하라 하셨다.

성찬 의식은 화목제의 재현이다. 하나님을 선한 목자로 받아들이는 순종의 믿음이 없거나, 인간간의 갈등을 해소하지 못한 자는 이 성례에 참가하지 않는 것이 합당할 것이다. 화목제의 정신에 어긋나기 때문이다. 나는 사실 성찬식이 있을 적마다 은근히 고민이 된다. 신앙이 모자라서 그렇기도 하지만, 나는 원래 평화주의를 신봉하는 사람이어서 평소에도 화해 없이는 견디기 힘들어하기 때문이다. 과연 내가 성찬식에 참여해도 되는 것인지 늘 망설여진다. 성찬식은 끊임없는 자기 수행修行의 좌표인 것이다.

거년에 우리 교회에서는 결코 작지 않은 분요紛擾가 있었다. 당회에서 시무장로 한 분을 출교시키고 두 분을 정직시킨 치리가 있었다. 공고문에는 출교와 정직의 사유는 밝히지 않고 치리의 결과만을 기재하였다. 총회의 헌법 모범에도 어긋난 일이 발생한 것이다. 죄형罪刑 법정주의法定主義 시대에 가당한 일일까? 주보를 받아든 성도들은 경악하고 분노하였다. 출교는 이단과 육친상간에 적용되는 교회 최고의 징계이기 때문이다. 그런 중과실을 치리하면서 어찌 헌법 모범도 참고하지 않았는지 모르겠다.

청년부 교우들이 치리의 부당함을 주장하는 유인물을 작성하여 배포하였고, 긴급 안수집사 회의가 열리는 등 교회가 어수선했다. 삽시간의 일이었다. 청년부의 어떤 간부는 나에게 물었다. 교회가 분명히 부당한 처사를 강행할 때에도 그저 묵종하는 것이 신자의 도리인지 아니면 부당함을 지적하고 시정을 강구하는 것이 올

바른 신앙의 자세인지를 문의하였다. 또 어떤 안수집사는 나에게 찾아와서, 공고문에 의하면 당회가 스스로 사안을 판단하여 결정한 인지의 치리가 아니라 일부 소수의 성도들이 서명한 진정서에 의한 치리였다는데, 그렇다면 진정을 내지 않은 사람들도 서명을 하여 부당한 처사를 시정해야 되는 것 아니냐고 울분을 터뜨렸다. 고뇌어린 형국이었다.

나는 서명은 절대로 안 된다고 말했다. 교회에서 서명전이 벌어지면 교회는 분열 사태로 치달아 쑥대밭이 된다고도 했다. 그러나 신경이 극도로 날카로워진 성도들의 마음을 어떻게 제어할 수 있으랴? 결국 반대의 입장을 취한 성도들도 서명을 강행하였고, 진정서를 낸 서명자들보다 월등히 많은 성도들이 반대 서명에 가담하였다. 구두논쟁도 표면화되었다. 어떤 성도는 내용과 절차에 결정적인 하자가 있으니 원천 무효라고 주장하는가 하면, 어떤 성도는 일사부재리의 원칙을 내세워 당회의 결정을 무조건 따라야한다고 반박하였다.

급기야 임시 제직회의가 열렸다. 나는 회의석상에서 치리의 부당성과 절차상의 오류를 비교적 상세하게 열거하며 사태의 심각성을 지적하였다. 상황이 너무 민감하게 돌아가고 있을 뿐만 아니라, 상고는 물론 민사소송까지 거론되고 있었기 때문이다. 나는 교회의 내분은 일차적으로 교회 내부에서 해결하는 것이 현명한 일이라고 생각하였다. 자신의 치부를 밖으로 드러내어 이로울 것이 무엇인가? 성토가 벌어져도 수습을 고민해야 하는 것이다. 시행착오를 통하여 보다 성숙해지려는 열정의 충돌이지 어디 원수들의 싸움인가? 나는 소박한 생각에서 발언을 하였지만 그 과정에서 본의 아닌 고성이 교차된 것을 지금도 몹시 안타깝게 생각한다.

사의를 표명한 당시의 당회장 목사님은 개인적으로 보면 능력이 넘치는 분이다. 그러나 공인의 입장에서 보면 직함에 대한 과욕의 측면도 없지 않았다. 원거리 지방 소재의 공직 기관장과 사단법인의 대표이사 등 중직을 겸임하면서, 2000여명의 신도를 가진 교회의 당회장 성직을 어떻게 원만히 수행할 수 있다는 말인가? 무엇이 본직이고, 무엇이 부직이란 말인가? 직장의 윤리문제는 차치하고라도 물리적으로도 초인이 아니고서는 감당할 수 없는 과도한 일과였다. 청빙 과정에서 어찌 이런 중대한 문제가 간과되었는지 모르겠다.

목사님은 워낙 체력이 강건하고 영성이 탁월한 분이라서 7개월 정도를 지탱하였으리라. 들리는 말에 의하면, 목사님은 당회의 서기 장로에게 사의를 표하면서 고충을 실토하고 호소했다고 한다. 상황이 그쯤 되었으면 당회에서 행정력을 발휘하여 목사님의 주변을 정리하고 당회장 직을 원활히 수행할 수 있도록 조처하는 것이 순리였다. 그런데도 당회가 덜렁 목사님의 사의를 수용해 놓고는, 다시 사의를 번복해 달라는 청원서를 마련하며 협조에 소극적인 장로들을 치리하는 방향으로 가닥을 잡은 것은 납득하기 어려운 일이었다. 장로들 간의 "해묵은 분화설"이 불거져 나온 것도 바루 그러한 처사 때문이었다. 하기야 참새가 어찌 봉황의 뜻을 헤아릴 수 있으랴? 필시 장로들에게도 남모를 속사정이 있었으리라.

나는 제직회의에서 공개 발언을 하기 전에, 길이 닿는 대로 당회의 회원들에게 재고해 줄 것을 간언했었다. 부족하고 몽매한 안수잡사의 직분이지만 교회의 분란이 염려되었기 때문이다. 지금도 나의 신앙적 양심은 분명하다. 나의 작은 충정이 오히려 교회에 누가 되었다면 책임을 회피할 생각이 추호도 없다. 이유야 어찌 되었든 나의 발언으로 인하여 마음에 상처를 입은 성도가 있다면 부덕의 소치를 진심으로 사과한다. 다행히 나의 충정을 조금이라도 이해하여 신앙적 화해를 수용하는 관대한 형제자매라면, 나는 누구와도 기꺼이 그 따뜻한 우정의 손을 마주잡고 참회하는 마음으로 화목제에 참여할 것이다.

나는 지난번 우리 교회의 분란이 화해의 모양으로 은혜롭게 해결된 것을 하나님께 감사한다. 주님의 성령께서 친히 화목제의 제물로 오셔서 우리와 동행하시지 않았던들, 그처럼 빠른 시일에 화해가 이루어질 수 없었을 것이다. 교회의 화해에는 굳건한 믿음이 필요하고, 지성과 감성의 조율이 필요하다. 비록 아픔은 있었지만 상처를 속히 치유할 수 있었던 것은 우리 교회의 저력인 동시에 우리 노회의 저력이었다. 나는 우리 교회의 튼튼한 저력에 자긍심을 느끼면서, 같은 교인으로서 성도들을 사랑하고 존경해 마지않는다.

교회의 성찬식은 어찌 보면 너무 엄숙하다. 십자가 사건을 연상하여 그럴 수도 있겠지만 더 중요한 것을 놓치면 안 된다. 십자가 사건은 더 이상 기독교의 패배가 아니다. 십자가는 고난이자 환희이며, 죽음이자 생명이다. 십자가는 신의 성령과 인간의 심령을 아우르는 화해의 큰 축제다. 한자漢字의 "美"자는 화목제를 형상화한 것이다. 산양羊을 불火위에 올려놓은 형상이다. 요즘에는 편의에 따라 火자 대신에 大자를 사용하는 경우가 많으나 고서古書에는 거의 모두 火자를 사용하였다. 동서를 막론하고 화목의 번제는 "아름다운" 것이다. 모두가 즐겁게 참가하여 훈훈한 분위기를 즐겨야 한다.

2월 16일에는 김수환 추기경이 선종하였다. 격동기의 어려운 시기에 종교계의 수장으로서 고난이 많았다. 권력과 싸우고, 불의와 싸우고, 빈곤과 싸우느라 엄청난 고통을 겪었다. 그러나 그의 선한 싸움은 민족에게 위로를 주고, 용기와 희망을 안겼다. 어떤 지도자는 "어려운 시기에 그의 죽음은 국민의 큰 손실이라" 했지만 그의 죽음은 결코 손실이 아니다. 그는 지금 성령께서 제물이 되신 거대한 화목제의 제사장이 되어서 그를 조문한 40여만 명의 회중, 아니 그 몇 십 갑절이 넘는 회중과 더불어 화해의 축제를 집전하고 있는 것이다.

화목제는 언제나 아름답고 생성적이다. 그는 유언으로 감사와 사랑을 남겼다. "나는 너무 많은 사랑을 받았습니다. 감사합니다. 여러분도 사랑하며 사세요." 그는 또한 자신의 안구를 기증하였다. 어두운 세상에 빛을 남기고 떠난 것이다. 추기경을 떠나보낸 허전한 가슴과 가슴의 장사진이 몇 구비를 돌고 돌아 "임"의 빈소에 이르렀던가? 우리의 정든 "임"은 빛과 사랑과 감사를 나누고 우리의 곁을 떠났지만, 김 추기경은 "가시는 듯" 우리의 가슴속에 민족의 영웅으로 다시 돌아와 사랑과 빛으로 길이길이 영원무궁토록 우리를 축복할 것이다.

김 추기경은 우리의 단절을 이어주는 고량이다. 건실한 교량을 통하여 불화와 간극間隙을 치유하고 화해해야 한다. 자신의 주변을 살펴보라. 남편이라고 세도를 부리며 청순한 아내의 자존심을 무너뜨린 일은 없는가? 여권 운동가를 자처하여 이미 고개 숙인 남편을 더욱 비참하게 만들지는 않았는가? 내가 낳아 길렀다고 자녀를 함부로 다루고 노엽게 만든 부모는 없는가? 탕자를 기다리는 아버지의 약한 심정을 이용하여 부모의 가슴에 피멍을 들게 한 자녀는 없는가? 사욕과 지방색을 도말塗抹하고 표를 몰아주었더니 정실인사로 일관하며 국민을 우롱하는 통치자는 없는가? 하나님의 말씀을 대언한다고 말하면서도, 특정인을 표적한 설교는 없었는가? 우리 함께 다같이 김추기경이 집전한 화목제에 참가해야 한다.

인간은 누구나 양면적 성향을 지니고 있다. 이상적 자아와 현실적 자아를 융합하지 못하여 평생을 갈등의 치연熾燃 속에 산다. 원대한 비전을 가지고 끝없이 성장발전하려는 자아와 현실에 안주하여 하루의 안일에 만족하려는 자아가 항상 긴장하고 있는 것이다. 이상이 과하면 망상에 흐르고, 안일이 과하면 속물에 빠진다. 양자가 화해해야 한다. 조화를 찾아야 한다. 과열되면 화재가 난다. 존재의 근원을 잃는다. 무엇이나 존재가치를 상실하면 무용지물이 되는 것이다. 명분을 숭상하던 시대는 지나갔다. 멀리 사라진지 이미 오래다.

영국의 성직자이며 정치평론가요 풍자작가인 스위프트Jonathan Swift, 1667~1745는 ≪걸리버 여행기≫를 써서 많은 독자를 거느리고 있다. 걸리버가 소인국의 국회를 방문하였다. 열띤 논쟁이 벌어지고 있었다. 논쟁의 안건은 "달걀을 먹을 때 달걀의 위 뾰쪽한 부분을 깨뜨릴 것인가 아니면 아래 펑퍼짐한 곳을 깨뜨릴 것인가" 하는 문제였다. 공방은 수일 동안 계속되었지만 해결될 기미는 없고 날로 치열해졌다. 참으로 치졸한 공방이었다. 걸리버는 식상하여 대인국을 찾았다.

대인국에서 제일 먼저 눈에 띈 것은 여자의 가슴이었다. 그런데 여인의 젖꼭지가 얼마나 크던지 걸리버의 머리통보다도 훨씬 더 컸다. 걸리버에게 회의가 왔다. "여자란 알고 보면 다 저런 것인가?" 대인국의 어디를 봐도 관능주의官能主義가 물씬 풍겼다. 소돔과 고모라가 따로 없었다. 걸리버는 혐오감을 느꼈다. 구역질이 났다. 수십 길의 화산재에 묻혀버린 이태리의 남쪽, 봄베이의 폐허는 신판 소돔과 고모라의 불기둥 재앙이었으리라.

나는 요즘 은근히 우리나라가 걱정된다. 방송극마다 불륜의 경연장이 되는가 싶더니, 엽기적인 살인 행각도 배경에는 성폭행의 경연이었다. 나라에 관능과 선정의 물결이 넘실댄다. 이대로 가다가는 머지않아 우리나라가 "관능의 대인국, 정치의 소인국"이 되는 것은 아닐까 두렵다. 이러한 내면적인 갈등도 김 추기경이 주재하는 화목제를 통하여 해소되어야 한다. 지금 우리 앞에는 참으로 건실한 화해의 교량이 놓여 있다. 서양에 이런 격언이 있다. "현명한 사람은 다리위에 집을 짓지 않는다." 다리는 건너는 곳이다. 추기경을 떠나보내기가 아무리 아쉬워도 그 분에게 매달리고만 있을 수는 없다. 지금은 화해의 다리를 건너야 할 때다. 김 추기경은 행복의 파랑새가 되어 머지않아 우리를 찾아줄 것이다.

나는 미국 최초최대最初最大의 국립공원 옐로스톤Yellow Stone에서 난생 처음으로, 말로만 들어오던 파랑새Steller's Jay를 보았다. 옐로스톤에는 만개가 넘는 온천과 간헐천이 산재하는데, 그중의 백미는 맘모스 분수온천Mammoth Hot Springs이다. 온천의 바위에 유황이 녹아 붙어 빛깔이 노랗다. 옐로스톤의 이름이 이 바위에서 나왔다. 이 온천의 왼쪽 작은 관목에 파랑새 한 마리가 앉아 있었다. 우리 중의 어느 한 사람이 "Blue Bird!"라고 외치자 삽시간에 백여 명의 관광객이 몰려들었다. “행복을 찾으려는” 군상들이었다.

파랑새는 마치 관중 앞에서 마임을 공연하는 듯이, 참새 소리, 새매 소리, 말똥가리 소리, 심지어 고양이 소리 등 몇 개의 동물 소리를 차례로 흉내 내더니 포르르 날아가 버렸다. 사람들은 내려앉을 듯 내려앉을 듯 승강을 거듭하며 날아가는 파랑새의 뒷모습을 바라보며 제각기 한마디씩 건넸다. “아, 영락없는 고양이 소리였어.” “아니야, 영락없는 새매 소리였어.” 그렇다. 행복은 눈으로 보는 것이 아니라 마음으로 보는 것이다. 행복은 실체가 없다. 벨기에의 극작가 메테르링크Maurice Maeterlinck가 자신의 동화극 ≪파랑새≫에서 보여 주듯이, 행복은 찾는 것이 아니라 발견하는 것이다. 마음의 눈으로 발견하는 것이다.

마음의 눈으로 보면 뜰 앞을 기어가는 하얀 비둘기도 색깔이 파랗게 보일 수 있고 울타리에 모여 앉아 재잘대는 참새들도 파랑새가 될 수 있다. 화목제의 관건은 마음의 문이다. 마음의 문을 열고, 사랑을 주고 헌신하며 도량을 베풀면 화목과 평화와 행복은 스스로 들어와 우리의 품에 안기는 것이다. 참 고마우신 김 추기경님이시어! 우리의 가슴속에 화목과 평화의 씨앗을 정성껏 뿌리셨으니, 하늘나라에 오르셔서 의의 면류관을 받아쓰심으로 그 열매를 흡족하게 거두시기를 기원합니다. 아멘.

불씨를 살려라

생명처럼 소중한 것이 세상 어디에 또 있을까? 생명체가 없는 세상을 상상해 보라. 무슨 가치가 필요하겠는가? 금은보화가 필요하겠는가, 고관대작이 필요하겠는가? 천만에. 우리가 평소에 중히 여기던 부귀와 영화도 예술과 학문도 윤리와 도덕도 모두가 다 무용지물이 된다. 생명이 있기에 그들이 필요하고 그에 따른 소망과 열정도 필요한 것이다.

성경은 반문한다. "천하를 얻고도 생명을 잃으면 무슨 소용이 있느냐?" 생명은 세상의 그 무엇을 받고도 양도할 수 없으며, 세상의 그 무엇을 주고도 대체할 수 없는 절대적인 가치다. 가격으로 환산할 수 없고, 수량으로 측정할 수 없다. 오직 "존엄성"으로밖에는 그 가치를 표현할 다른 방법이 없는 것이다. 생명은 인간의 철학과 과학이 미칠 수 없는 신비스런 영역에 속하기 때문이다. 한

번 잃으면 다시 얻을 수 없는 것이 생명이요, 한 번 소홀히 다루면 영원히 회복할 수 없는 것이 바로 생명이다. 신이 간섭하는 영역이기 때문이다.

열정passion은 유기체의 고조된 감정을 말한다. 유기체는 소망에 흥분興奮하고, 수난에 의분義憤한다. 열정과 수난은 호인互因 관계에 있다. 열정이 있기에 수난이 있고, 수난이 있기에 열정이 있다. 그럼에도 불구하고 열정은 수난의 의분을 억제해야 한다. 의분의 억제 또한 열정인 것이다. 열정은 다른 가치와 융합할 때 그 가치가 작열灼熱한다. 생명과 융합하면 활력이 솟아나고 지성과 융합하면 석학이 된다. 정의와 융합하면 충절이 탄생하고 사랑과 융합하면 박애가 넘친다. 열정은 인생의 불씨다. 세상이 아무리 모질고 험난해도 삶의 불씨만은 간직해야 한다. 열정을 상실하면 생명을 잃는 것과 무엇이 다르랴?

우리 조상들은 가난과 싸우며 살아왔다. 진저리가 쳐지도록 이를 악물고 빈곤과 싸우며 살아왔다. "농자천하지대본農者天下之大本"을 하늘이 준 신조로 알고, "굶어 죽어도 씨 나락 자루만은 베고 죽어라!"고 절규하며 살아왔다. 수난에 저항하는 열정이 있었기에 쓰러졌다가도 다시 일어나 풀뿌리를 캤고, 주린 배를 움켜쥐고 땅을 기다가도 다시 일어나 풀씨를 훑었던 것이다. 조상들의 열정이 그처럼 찬란하게 빛났기에 우리가 오늘날 이처럼 국부를 누리게 된 것이다. 꿈엔들 상상했으랴? 세계의 10대 경제대국, 우리의 대한민국을!!!

생명의 열정은 본능이다. 본능은 배운 일도 없고 경험하지 않아도 스스로 얻는 능력을 말한다. 배속의 태아는 잉태한지 5개월만

지나면 칠흑 같은 태반에서도 기지개를 켜서 어머니의 젖가슴을 간질이고, 두 발로 양 옆구리를 쿡쿡 걷어차기 시작한다. "이 곳에도 사람이 있다는" 생명의 과시요, 태아라고 "우습게 여기지 말라는" 경고의 몸짓이다. 발로 한두 번 옆구리를 걷어찼으면 될 일을, 세상에 알리라고 시도 때도 없이 머리로 박치기를 시도하며 "킥 복싱"을 계속하는 바람에 임부는 콱콱 숨이 막힌다. 이 모두가 생명의 발로다.

제 딴은 지금 눈앞이 깜깜한 어둠 속에 갇혀 있는 주제에 기氣는 살아서 생명에 대한 열정으로 요란 법석을 떤다. 그의 고고지성呱呱之聲을 들어보라. "발성연습"은 언제 했는지, "성량"은 언제 비축한 것인지 온 방안이 떠나간다. 젖꼭지를 물려보라. 제 놈이 언제 젖을 빨아봤다고 쪽쪽 빨며 꿀꺽꿀꺽 잘도 삼킨다. 도대체 언제 마시기를 배웠단 말인가? 기가 찰 일이다. 어찌나 악착같이 젖을 빨아대는지 젖꼭지에 피가 날 지경이다. 누구나 생명의 시작은 그처럼 당당하고 의연한 것이다. 얼마나 신선해 보이는가?

열정이 지나쳐 소란을 피워대는 태아도 있다. 구약성서 창세기에 보면 쌍둥이로 잉태한 야곱Jacob은 형 에서Esau보다 먼저 세상에 나가겠다고 설치다가 여의치 않자 그만 형의 발목을 붙잡고 늘어졌다. 태중에서 보인 열정은 출생 후에 장성해서도 여전하여 형으로부터 장자권을 간취奸取하고 아버지 이삭으로부터 임종의 장자 축복기도마저 가로챘다. 모두 삶에 대한 열정 때문이었다. 그는 식을 줄 모르는 열정 때문에 더러는 인간적인 오류도 범했지만, 부유한 족장이 되었고 아들 요셉이 애굽의 수상이 되는 등 가정의 축복을 듬뿍 받았다. 여호와 하나님은 매사에 적극적인 그의 열정을 긍정적으로 평가했던 것이다.

한명회韓明會는 팔삭둥이다. 급했던 모양이다. 10개월을 채우지 못하고 팔 개월 만에 태반을 박차고 세상으로 뛰쳐나왔다. 대단한 열정이다. 그는 타고 난 열정으로 세조를 도와 김종서 등을 참살하고 단종의 복위운동을 중절시켜 사육신들의 처형을 주도했다. 그는 그 공으로 도승지, 이조판서, 병조판서를 거쳐 우의정 좌의정에 이어 영의정에 올랐다. 두 딸이 각기 예종비章順王后와 성종비恭惠王后가 되어 가문의 영화가 중첩되었다. 명실공이 일인지하 만인지상이 된 것이다. 넘치면 모자람만 못하다 했다. 영화는 꿈과 같은 것. 그는 이시애의 난에 연루되어 구속되었다가 요행이 석방되었고, 남이南怡 장군을 역모로 다스려 옥사시킨 공으로 영의정에 복직되는 등 세도의 부침을 거듭한 끝에 연산군 10년에는 윤비尹妃의 사사賜死 문제로 부관참시 되었다. 열정은 모름지기 공의롭고 청명해야 하거늘!!

프랑스의 전쟁 영웅 나폴레옹Bonaparte Napoleon은 기도의 힘을 통하여 열정을 승화시켰다. 그는 크고 작은 전투에 앞서 언제나 자문자답했다. "그대는 진정으로 숭엄성the sublime을 찾고 있는가? 그렇다면 주기도문을 끊임없이 암송하라." 영국의 문호 밀턴John Milton은 고난을 당했을 때 삼손의 기도를 통하여 자신의 열정을 가다듬었다. 삼손이 다곤 신전에 끌려와 건물 중앙의 두 기둥에 양손을 짚고 열렬히 간구했던, 그 기도가 바로 밀턴의 기도였다. 기도는 신과의 대화이자 싸움이다. 예수 그리스도는 십자가의 수난이 엄습했을 때 "피땀을 흘리며" 기도했다. 야곱은 형 에서와의 일전을 앞두고 한도 뼈가 으스러지도록 여호와와 씨름했다. 그는 궁지에 몰린 자신을 도와달라고 밤새껏 여호와를 붙들고 늘어졌던 것이다. "씨름"은 기도를 상징한다. 고난의 기도 없이 어찌 참된 열정을 알랴?

오늘도 힘겹게 삶의 오르막길을 내딛는 형제자매들이여! 삶의 전망이 흐려서 불안에 시달리는 청년들이어! 조금만 더 견디며 힘을 내게나. 모퉁이만 돌면 소망의 언덕이 빵긋이 보일 걸세. 가다보면 더러는 역정도 나겠지. 그러나 때를 놓쳐서는 안 되네. 불씨를 살려야 하네. 나도 경험이 있어 하는 말일세. 부시와 부싯돌만 있으면 무엇 하나? 번쩍이는 석화石火를 부싯깃에 옮겨 살려야 해!! 불길을 당겨! 피워 올리라고!! 산 동물은 체열이 필요한 걸세. 생명은 체온이야. 체온이 있어야 산다고. 체온이 오르고, 심장이 뜨거우면 상승기류를 타는 걸세. 누구나 항공기처럼 하늘을 날 수 있는 거라고! 믿기는가?

그렇다. 무릎이 깨지고 발바닥이 부르터서 손발로 기는 한이 있어도, 일단 비행기에 오르면 누구나 창공을 날 수 있는 것이다. 어제는 가슴 뭉클한 신문기사 하나가 날아들었다. 하루 종일 머리가 상쾌하고 가슴이 흐뭇했다. 3급 시력 장애자 최영씨가 시력 장애자로서는 우리나라 사법고시 사상 처음으로 2차 시험에 합격했다는 낭보였다. 변호사의 꿈을 안고 좌절과 재기를 반복하며 정진한지 7년만의 쾌거란다. 최영씨는 합격의 소감을 밝히는 자리에서 평소의 소회所懷를 잊지 않았다. "기회를 갖지 못한 사람이 있을 뿐 세상에 버릴 사람은 하나도 없다." 뼈저린 체험에서 우러나온 회심의 일성이다.

최영씨는 인간의 고유적 가치를 환기시키고 있는 것이다.

"내"가 안 하면, 세상은 무엇인가 "나"로 인한 손실을 보기 마련이다. 창조주가 인간에게 고유의 사명과 고유의 가치를 부여하였기 때문이다. 우리는 그 사명을 감당하기 위하여 적극적으로 열정을 쏟아야 한다. 기회는 기다리는 것이 아니라 만드는 것이다. 강태공도 물리적으로 기다리고만 있었던 것은 아니다. 내연內燃에 열정을 쏟으며 보다 적극적으로 기회를 만들었던 것이다. "귀신 잡는" 우리나라 해병대에는 신조가 있다. "안 되면, 되게 하라." 얼마나 멋진 열정인가?

밀턴은 열정과 수난의 갈등 속에서 한 평생을 보냈다. 그는 구교에 반기를 들고 개신교를 옹호했으며, 영국의 국교 성공회Anglican Church의 감독 중심 체제를 반대하여 성경 중심의 청교도주의를 주장하였다. 그는 또 왕정을 반대하고 국민에게 자유를 담보하는 공화제를 옹호하여 크롬웰Oliver Cromwell의 비서관이 되었다. 그는 국왕 찰스 1세의 처형에도 적극 가담하였다. 그러나 타오르는 혁명의 불길 이면에는 수난의 압박도 강렬했다. 공화국이 무너지고 왕정이 복고되면서 밀턴은 급기야 사형 선고를 받게 되었다. 그는 그의 문학적 업적이 인정되어 다행히 사형은 면했으나 혹독한 심적 타격을 견디지 못하여 그만 실명하고 말았다. 그의 수난이 얼마나 파괴적이었나를 능히 짐작할 수 있을 것이다.

밀턴은 혁명의 실패와 실명의 통한을 억제하며 창작에 몰두했다. 역경을 기회로 만든 것이다. 불후의 명작 ≪실낙원≫*Paradise Lost*과, ≪복낙원≫*Paradise Regained*, ≪투사 삼손≫*Samson the Agonist* 등은 모두 그가 실명의 수난을 딛고 열정을 불태운 작품들이다. 수난과 열정은 긴장 관계를 견지할 때 균형을 잃지 않는다. 서로 당기고 끄는 세력 간에 어느 한 쪽이 긴장을 풀면, 열정은 스스로 와해되어 고삐 풀린 망아지처럼 천방지축으로 감상에 흐르고 만다. 열정은 작용 반작용의 법칙처럼 긴장의 상대역이 필요한 것이다.

우리나라 사람들은 언제부턴가 육갑六甲을 자기의 본 나이로 여기게 되었다. 60세가 넘으면 "내 나이"를 다 먹고 "남의 나이"를 먹기 시작한 것으로 생각한 것이다. "이제, 가야지! 아니, 벌써 갔어야지. 내 나이 다 까먹고, 남의 나이를 세 살이나 얹혀 먹었는데, 더 살아서 무얼 해!" 60세 이상을 살면 미안하고 겸연쩍게 생각하는 노년들이 적지 않았다. 안타까운 일이다. 창세기에 등장하는 인물들 중에는 천년 가까이 장수한 사람들이 적지 않았으니 말이다. 창조주는 원래 인간에게 15육갑이 넘는 장수를 내렸을 것이다. 왜 아니겠는가?

므드셀라Methuselah는 969세를 살았고, 야렛Jared은 962세를 살았으며, 아담Adam은 930세를 향수하였다. 그 외에도 900세를 넘도록 살았던 인물들이 창세기에는 많이 등장한다. 놀랍게도 이들은 모두 거의 말년까지 자녀를 출산한 것으로 기록되어 있으니, 인류의 조상들은 수백 년을 건강하게 열정적으로 향수하였으리라. 인간은 노력여하에 따라서는 만물의 영장靈長 뿐만 아니라 만물의 수장壽長도 될 수 있을 것이다. 창조주의 본뜻이 분명 그러했으리라. 이제라도 인간이 자연의 순리에 따라 삶의 질서를 회복한다면 결코 불가능한 일도 아니다. 어찌 송학松鶴만이 천년장수千年長壽의 특권을 얻었으랴?

"삼천갑자 동방삭三千甲子 東方朔"이라는 말이 있지 않은가? 중국풍 수사修辭의 한 과장된 전설이지만, 그 기개만은 당당하고 고고하다. 동방삭(BC 154~93)은 전한前漢의 문인이다. 그는 해박한 식견과 유창한 언변으로 한무제漢武帝의 총애를 받았다. 그는 곤륜산崑崙山의 선녀 서왕모西王母와 교분이 깊었다. 서왕모는 중국 최고最古(BC 400)의 지리서 백익伯益의 ≪산해경≫山海經이 전하는 불로불사의 선녀다. 그녀는 동방삭의 빼어난 익살에 홀려 개미허리를 비틀며 포복절도했다고 한다. 동방삭은 서왕모로부터 복숭아 세 개를 얻어먹고 삼천갑자를 살았다는 것이다. 우리라고 도전하지 말라는 법이 있는가?

독수리는 수명이 80년이라 한다. 독수리는 생후 40년이 되면 삶에 중대한 변고가 생긴다. 부리와 발톱이 너무 안쪽으로 굽혀져서 사냥도 못하고, 날개의 깃이 부풀어 날지도 못하게 되는 것이다. 독수리는 그 시점에서 냉엄한 결단을 내려야한다. 우유부단하여 퇴화된 신체구조를 그대로 가지고 살다가 일이 년 사이에 죽을 것인가, 아니면 비장한 각오로 환골탈태換骨奪胎하여 새로운 삶을 추구할 것인가? 양자택일을 해야 한다. 후자를 택할 경우에는 제 2의 40년 생애가 보장되지만, 거기에는 그야말로 뼈를 깎는 고통과 수난이 따른다.

후자를 택한 독수리는 먼저 자신의 부리로 바위를 내려쪼아 낡은 부리를 완전히 부수어 떼어낸다. 새로 나온 부리가 완벽하게 재생되면 이번에는 새로운 부리를 사용하여 낡은 발톱을 모조리 뽑아내고 이어서 부풀은 낡은 날개깃을 제거한다. 엄청난 열정을 요하는 작업이다. 그 같은 수난을 치르고 "거듭난" 독수리는 조류의 왕자로서 다시 창공을 비상하지만 그 과정에서 신체적 고통이 얼마나 날카로우며, 위축된 생활이 얼마나 곤고하고 모질까? 독수리는 역시 하늘의 왕자다. 대부분의 독수리는 안일함보다는 수난을 택하여 피나는 열정을 아낌없이 쏟아 낸다. 성경이 신도에게 "독수리처럼 새로워진 믿음"을 촉구한 것도 그 같은 기품氣稟 당당한 독수리의 강인한 삶의 열정 때문일 것이다.

존경하는 노년의 어르신들이여! 공사 간에 행여 연세가 들었다고 점잔을 부리거나 체념하지 마시구려. 먹기 싫다고 함부로 음식을 버리면 죄로 가듯이, 체념은 죄악이라오. 100세를 넘기셨나이까? 그렇다면 어르신은 일종의 "기능적 장수"를 누리고 계신다오. 서울대 박상철 교수의 연구에 따르면, 100세 넘은 어르신들의 체세포를 조사했더니 30대 청년의 체세포보다 더욱 강한 면역력을 지니고 있었다 하오. 장기간의 수난을 통하여 강인한 생명력을 가꾼 결과일 것이요. 문제는 열정이오. 열정이 식으면 "기능적 장수"고 뭐고 다 사라질 거요. 이제는 보다 지혜로운 열정을 불살라 문화적 차원에서 "기능적 장수"를 누리기 바라오.

우리의 타다 남은 등걸 속에는 아직도 살아있는 불씨가 있다. 우리의 영혼이 건재하는 한 영원히 꺼지지 않는 불씨가 살아있는 것이다. 그 불씨를 살려야 한다. 토닥거리며 피어오르는 싱그러운 젊음의 불길은 아닐지라도, 훈훈하고 묵직한 노년 특유의 불길을 피워내야 한다. 노년에는 역시 노년의 불길이 필요하다. 전에 못다한 공부, 전에 못 해본 스포츠, 전에 아쉬웠던 자기성취, 사랑과 위로의 봉사, 연륜이 쌓인 지혜로운 사명 등 애착을 가지고 주위를 돌아보면 할 일이 너무나도 많을 것이다. 서둘지 않고 찾아보면 분명히 보인다.

내가 우리 교회 평생대학에서 일할 때의 감동이 다시금 새롭다. 평생대학 학생 중에 정모 권사님이 계신다. 권사님은 아무도 그 연세를 믿지 않을 만큼 외관이 건강하시고 정정하시지만 사실은 90이 되셨다. 권사님은 왜정 때 청소년 시절을 보내셨고, 그 시절에는 여성에게 사회적 활동이 제한되었던 관계로 학교 교육을 받지 못하셨다. 한글 해독을 못 하신 채로 칠순 팔순을 보내신 것이다. 그러시다가 평생대학 한글 반에 오셔서 한글을 깨우치셨다고 들었다. 성경을 여러 차례 독파하시고, 신구약 66권 전권을 정성으로 필사筆寫하셨다.

정 권사님은 참으로 정교하시다. 그 장중한 책을 필사하는데도 일자 일획도 흐트러진 글자가 없다. 탄복하지 않을 수 없다. 그뿐인가? 필사의 첫 자부터 끝 자까지 모두 인쇄체로 일관한다. 정 권사님의 필사본은 그야말로 기계를 비웃는 수조작의 예술이다. 그 힘이 다 어디서 나왔을까? 그 인내심이 어디에서 왔을까? 다시 붙은 열정의 불길에서 나온 것이리라. 나는 한글, 서예, 묵화, 종이접기 등 선택강좌 전시회에서 권사님의 필사본 성경을 최우수작품으로 시상하면서 눈시울을 적셨다. 우리 교회 평생대학 선택강좌가 아니었더라면 이 위대한 변화를 어떻게 증언할 수 있었으랴? 진정한 열정은 언제나 우리를 감동시킨다.

영국의 낭만시인 워즈워스William Wordsworth는 그의 불멸의 송에서 노래했다.

> 한 때 영롱했던 광채가
> 영영 사라진들 어떠리?
> 초원의 빛, 꽃의 영광이

돌아오지 않은들 어떠리?
우리는 슬퍼하지 않으리라.
오히려, 남은 것들 속에서
생동하는 열정을 찾으리라.

워즈워스는 영혼뿐 아니라 육신의 불멸도 믿는다. 육신의 부활을 확신하기 때문이다. 이 시에는 인생의 2라운드를 향한 시인의 결의가 야무지게 스미어 있다. 집착은 주위를 맴돌며 떠나기를 거부하는 속성을 지닌다. 집착을 버리지 않고는, 새로운 장을 열 수 없는 것이다.

나는 오늘 저녁에도 안산鞍山 기슭의 장수정長壽亭을 향하여 걷는다. 연희동 장희빈張禧嬪의 우물터를 지나, 우리 집 손자 놈 지형이가 좋아하는 자연사 박물관을 왼쪽에 끼고 산모퉁이를 걷는다. 제 2의 "기능적 장수"를 위하여 발길을 세차게 내딛는 것이다. 북한산 봉우리에 명멸하는 아스라한 불빛을 볼 수 있을런지? 마음이 살짝 설렌다.

찾아보기

저자 황 계 정(黃契丁) 1937년 3월 1일 생(남)
kiejung2@hanmail.net / 011 9933 1217

약력 연세대 영문학 교수
연세대 문리대 학장
한국셰익스피어학회 회장 등 역임
한국크리스천문학가협회 회원

저서 ≪메타드라마≫. 연세대학교 출판부
≪셰익스피어의 문제 극≫. 범한서적
≪셰익스피어 길잡이≫. 도서출판 동인
≪셰익스피어의 미학적 수법≫. 도서출판 동인
≪언어의 미학≫. 공저. 국학자료원
≪셰익스피어 작품의 이해(I)≫. 공저. 범한서적
≪셰익스피어 작품의 이해(II)≫. 공저. 범한서적
≪연극이란 무엇인가?≫. 역주. R. F. Clarke 저. 탐구당
≪구원의 신화≫. 역주. Northrop Frye 저. 국학자료원
≪일상을 넘나들며≫. 도서출판 동인

긍정의 미학

발행일 2009. 7. 10.
지은이 황계정
펴낸곳 도서출판 동인
펴낸이 이성모
주 소 서울시 종로구 명륜동 2가 아남주상복합Ⓐ 118호
전 화 (02)765-7145, 55 / 팩 스 (02)765-7165
E-mail dongin60@chol.com / HomePage www.donginbook.co.kr

등록번호 제 1-1599호
ISBN 978-89-5506-402-5
정 가 10,000원